Larass · Der Zug der Kinder

Claus Larass

DER ZUG DER KINDER

KLV – Die Evakuierung 5 Millionen deutscher Kinder im 2. Weltkrieg

Meyster

Schutzumschlag: Cooperation, München
Satz: Hieronymus Mühlberger, Augsburg
Druck und Einband: Franz Spiegel Buch GmbH., Ulm
ISBN: 3-8131-8128-6
Printed in Germany

Inhalt

Einleitung 9

1 Der Bombenkrieg 19

1940: Friedensstimmung in Mitteleuropa · Die ersten Bomben – 20 Meter von Hitlers Schlafzimmer · Führerbefehl zur KLV · Kinder mit Paketkarten um den Hals

2 Der Herr über die Kinderlager 36

Was Baldur von Schirach aus der deutschen Jugend machen wollte · Der Einfluß der HJ in den KLV-Lagern · Auf einen Sitz: Besprechung über Deportation von 60 000 Juden und Evakuierung aller deutschen Großstadtkinder

3 Die unterdrückte Angst 50

Wie Hitler sich seine Jugend vorstellte: hart wie Krupp-Stahl · Angst, ein Makel, ein körperliches Gebrechen · Was Kinder während der Evakuierung wirklich empfanden

4 Die Trennung von den Eltern 60

Wie Kinder reagierten, wenn Todesnachrichten in ihre Lager kamen · Das Gefühl der Hilflosigkeit · Die Briefe der Eltern · KLV-Schüler hören Feindsender

5 Ein geheimer Mängelbericht 69

Wie es anfangs in den Lagern wirklich aussah · 24 Stunden Bahnfahrt ohne Verpflegung · Reise zu falschen Zielen · Überfüllte Lager · Unruhe unter Eltern und Schülern wegen Machtanspruchs der HJ · Landleben mißfällt Stadtkindern

6 Tagebuch einer Lehrerin 78

Als im Sommer 1943 in Hamburg in wenigen Tagen 40 000 Menschen umkamen · Reaktion der Kinder in einem fernen Lager · Ein Diebstahl, der vielleicht keiner war · Schulunterricht in fünf Gaststätten

7 Das Lagerleben 92

„Prima Essen, gute Versorgung“ · Täglich zweimal Flaggenhissung · Flöhe, Läuse und Krätze · Lehrer braucht zweites Braunhemd · Neun „Wallenstein“-Exemplare gehen per Kurier durch ein blutendes Land · Germanische Weihnacht

8 Die Lager im Ausland 107

Was Hitler über die Bevölkerung des Ostens dachte · Polnische Nonnen trösten deutschen Jungen · Dampferfahrt nach Ungarn und Bulgarien · Streit der „Deutschstämmigen“ in Ungarn · Strohsäcke auf Lehmböden · Begegnung mit Zar Boris

9 Leben im Kloster 124

Pädagogische Odysseen · Denunzierung wegen Betens am Weihnachtsabend · Hitler-Bilder statt Heiligenbilder · Angst der Ordensschwestern vor braunen Uniformen

10 Die Gasteltern 132

Was Kinder in fremden Familien erlebten · Schwarzbrot unterm Wasserhahn · Neue Bindung an die Pflegeeltern · Die Briefe der Inge L. · „Aufklärung“ über die Tschechen

11 Der Krieg holt die Kinder ein 158

Kinder spielen während des Krieges Krieg · „Schweinkram“ im KLV-Lager · Erste Flüchtlingsströme ziehen an den Lagern vorüber · Bei 38 Grad Kälte auf offenen Waggons · Dramatische Rettungsaktion mit Flugbooten

12 Die Tragödie von Schwandorf 172
Schwandorf wird Sackbahnhof für Flüchtlingszüge · Versprengte KLV-Kinder allein unterwegs · 633 Tonnen Bomben fallen auf Flüchtlinge · Im Keller verschüttet · Tod auf Stapeln von Todesurteilen · Geheimnisvolle Briefe

13 Endstation Schüttenhofen 183
Kinder knacken Panzer · Tieffliegerangriff · Zu Fuß über die Grenze · Erste Begegnung mit den Amerikanern · Todesschüsse noch nach Kriegsende

14 Vier Prominente erzählen 199
Mildred Scheel: Wenn nachts die Kinder weinten · Loki Schmidt: Ein Brief aus dem Jahr 1940 · Ralf Dahrendorf: Als Fünfzehnjähriger von der Gestapo verhaftet · Jürgen Roland: Im Handwagen den Berg hinab

15 Das Ende 223
Aus dem Tagebuch eines KLV-Verantwortlichen · Die Front rückt heran · Nazi-Lehrer verdrücken sich · SS rekrutiert KLV-Kinder · Einmarsch der Alliierten · Mönche quartieren Kinder aus · Hunger · Zu Fuß nach Hause · Suchdienst im Rundfunk · Berliner Jungs auch in Bayern pfiffig

16 Wie sie es heute sehen 259
Erinnerungsfahrt nach Eisenach · Warum die nationalsozialistische Erziehung gescheitert ist · Die Lehren · „Ein Mischmasch aus Abenteuer und politischer Erziehung“ · Die Kameradschaft · Die KLV-Zeit als Hilfe für das weitere Leben

Einleitung

Am 27. September 1940 schickte Reichsleiter Martin Bormann ein Rundschreiben an die obersten Reichs- und Parteistellen. Es trug den Vermerk „streng vertraulich“, begann mit den Worten „Der Führer hat angeordnet“ und endete ebenso: „Auf Anordnung des Führers.“

Mit genau 33 Zeilen, abgefaßt in der Sprache der Bürokratie, wurde eine Aktion ausgelöst, wie es sie in der Historie der Menschheit bis dahin noch nicht gegeben hatte. Eine Aktion geprägt von Eigenschaften, die in krassem Gegensatz zu der grausamen Zeit standen: Menschenachtung, stille Hilfsbereitschaft und Nächstenliebe. Millionen Menschen waren in diesen Jahren aufgebrochen, um Leben zu vernichten, diese Aktion aber hatte das entgegengesetzte Ziel, nämlich die Bewahrung von Leben – die Bewahrung von Kinderleben.

Unter der Obhut Zehntausender Lehrer und zumeist weiblicher freiwilliger Helfer begann mit diesem 27. September 1940 unter der offiziellen Bezeichnung „Erweiterte Kinderlandverschickung“ (KLV) der größte Kinderzug in der Geschichte.

Über 5 000 000 deutsche Mädchen und Jungen sowie etwa 20 000 holländische und belgische Kinder verließen ihr Elternhaus, ihre Schule, ihre Heimat. Sie zogen in die fernen, abgelegenen Gebiete des „Großdeutschen Reiches“, nach Pommern, Sachsen und Schlesien, nach Bayern und in die Ostmark, ja oft noch darüber hinaus: nach Böhmen und Mähren, nach Ungarn, Rumänien, Bulgarien, Südtirol, Dänemark und Lettland.

Besorgt wurden die Transporte durch über 200 000 Sonderzüge. Anfangs brausten diese mit ihrer Kinderfracht Tag und Nacht, mit zunehmender Bombengefahr aber nur noch im Schutz der

Dunkelheit durch das Land, unterbrochen von langen Wartezeiten auf den Bahnhöfen, wo Frauen in der jeder Notzeit eigenen Geduld Tee, Malzkaffee oder warme Suppen in Pappbechern reichten. Doch die Züge allein genügten bald nicht mehr; Tausende von Rhein-, Elb- und Donaudampfern wurden eingesetzt, Hunderte von Bussen – und nach dem Zusammenbruch sogar Lkws und Pferdewagen.

In einer Zeit, in der man noch nicht an Tourismus gewöhnt war und ferne Länder tatsächlich noch fern waren, wurde dieser plötzliche Aufbruch zum, wie ein englischer Wissenschaftler schrieb, „größten soziologischen Experiment aller Zeiten", zu einer waghalsigen Belastung für die jugendlichen, teils noch kindlichen Seelen. Die 12 000 eilends eingerichteten Lager waren so unterschiedlich wie die soziale Herkunft der einzelnen Gruppen. Die Anonymität einer gewaltigen Bürokratie entschied, wohin die Schüler kamen; Begriffe wie reich oder arm, Herkunft oder Bildung waren außer Kraft gesetzt. Kinder aus den Slums von Berlin, Hamburg oder Köln trappelten plötzlich über Freitreppen, denen sie sich unter anderen Umständen nur zum Putzen hätten nähern dürfen. Sie bildeten damit eine der letzten Etappen jenes gesellschaftlichen Umbruchs unter den Nationalsozialisten, der zwar kurzfristig ungeheure Kräfte entfesselte, gleichzeitig aber Moral und Ethik verletzlich machte wie selten zuvor.

Das aber war nicht das Problem der Kinder. Sie schrieben vergnügte Briefe nach Hause, wie die zehnjährige Gabi Wollner: „In meinem Zimmer sind drei geschliffene Spiegel, an der Decke hängt ein Kronleuchter, vor dem Fenster beginnt ein großer Park, in dem die Vögel singen" – Gabi Wollner aus dem Berliner Arbeiterviertel Wedding wohnte in einem der Kurhotels von Marienbad.

„Unsere Kinder müssen hier auf Lehmböden schlafen", meldete dagegen ein Lehrer aus Ungarn an seine Schulbehörde in Köln. Viele Kinder machten zum ersten Mal die unmittelbare Bekanntschaft von Ratten, Läusen und Krätze, wie die 67 Mädchen aus Hamburg, deren Lehrerin Anneliese Timmermann einen

Alarmbrief nach Hause sandte: „Nachts mußten wir zwei Stunden durch einen ausgetrockneten Bach zu unserem neuen Quartier laufen. Die Betten waren unbezogen, es war eiskalt, am Morgen Kleider und Gepäck durch Ratten angefressen." In manchen Gruppen wurde die Hälfte der Kinder von Krätze befallen, und bis Ende 1940 starben allein in den Lagern der Bayerischen Ostmark mindestens acht Kinder an Diphterie.

Den Kindern, die in großen Sammellagern lebten, blieben derartige Erfahrungen eher erspart. Dafür waren sie stärker als anderswo der nationalsozialistischen Propaganda ausgesetzt. Dann erhielten Eltern plötzlich Briefe, wie diesen der zwölfjährigen Annette R. aus Hamburg, die in einem Lager in Böhmen lebte: „... hörten wir heute einen Vortrag, daß die Tschechen mehr germanisches Blut in sich haben als andere Völker im Osten. Aber richtige Germanen sind sie nicht, sie sind faul und arbeiten nur, wenn sie einen Herren über sich haben. Und dazu sind wir Deutschen besser geeignet als alle anderen Völker der Welt."

In den großen Lagern erfuhren die Kinder auch seltener den persönlichen Trost, den Lehrer oder Lehrerinnen je nach persönlichem Naturell gaben. Aus Kulmbach schrieb eine zwanzigjährige Junglehrerin an die Hamburger Schulbehörde: „Besonders abends, wenn sie ins Bett steigen, sind die Mädchen in einer so weichen Stimmung und erzählen so viele kleine persönliche Sorgen, weil sie wissen, daß man im Augenblick nur für sie allein da ist..." Der Name der Junglehrerin: Hannelore Glaser. Wenige Monate später heiratete sie den Soldaten Helmut Schmidt, den späteren Kanzler der Bundesrepublik Deutschland.

Was alles in den Seelen der Kinder vorging – wer weiß das schon? Aber ihre Reaktionen, ihr Verhalten geben deutbare Signale. So klagten die Lehrer aus allen Lagern über die ungewöhnlich hohe Zahl an Bettnässern – sicherer Hinweis auf die psychische Unausgeglichenheit der Kinder. Und Mildred Scheel, die Frau des ehemaligen Bundespräsidenten, die als Schülerin in einem Lager bei Nürnberg lebte, erinnert sich heute: „Wir waren 25 Mädchen in einem Saal... Vor allem frühmorgens gegen vier

Uhr, wenn man alle im Schlaf wähnte, kam plötzlich aus einem der Betten vor lauter Heimweh ein heftiges Schluchzen."

Nur allzu oft meldete sich der Krieg mit einem unscheinbar wirkenden Brief – die Eltern ausgebombt... der ältere Bruder gefallen... die Mutter oder die Schwester verschüttet...

Hannelore Schmidt heute: „Fünf Mädchen habe ich während der Evakuierung sagen müssen, daß ihre Mütter, die in Hamburg geblieben waren, nicht mehr lebten." Die Berliner Hausfrau Brunhilde Anger erinnert sich: „Immer wenn so ein Brief ins Lager kam, waren alle wie gelähmt. Ein Mädchen warf sich aufs Bett, schrie zuerst, dann weinte sie nur noch still für sich, zitternd am ganzen Körper."

Pflegeeltern gewöhnten sich in den Jahren so an die Kinder, daß sie sie oft nur unter Schmerz zurück in die Heimatstädte gaben; nicht selten wurden von ihnen Kinder adoptiert, die während der Pflegezeit ihre Eltern verloren hatten.

Andere KLV-Teilnehmer aber haben andere Erinnerungen, wie der Filmregisseur Jürgen Roland: „Eine tolle Zeit, voller Streiche." Die Schauspielerin Barbara Rütting: „Wir wurden zu gläubigen Nationalsozialisten erzogen und schnitzten mit den Freundinnen Herzen in die Gartenlaube." Der Journalist Hans-Jürgen Trocha: „Wir spielten im Dorf Krieg, bauten uns Schützengräben – eine absurde Situation."

Insgesamt spürten die Kinder wenig von der größten Massenvernichtung aller Zeiten. Sie lebten auf friedlichen Inseln, plapperten die Hitler-Losungen nach – dann aber, plötzlich, 1945, schlug das Unglück auch in diese Idylle ein. Was bis zum Tag zuvor noch einen fast magischen Wert gehabt hatte, galt nicht mehr. Lehrer nestelten heimlich ihr Parteizeichen ab, verbrannten oder vergruben Hakenkreuze; in einem Lager sahen die Kinder nur noch, wie sich ihr Lehrer frühmorgens mit dem Fahrrad davonstahl. Konrad M. aus Bochum: „Bis dahin war der Führer tagtäglich für uns eine Art Gott, und nun sollte er es nicht mehr sein – wir waren deprimiert und niedergeschlagen." Viele Klassen mußten zu Fuß aus Böhmen flüchten, und – was für eine Zeit! – mehrere von ihnen machten 1945, abgerissen und hungrig, noch einen Umweg über Braunau, um das Geburtshaus des „Führers" zu sehen. Sie versteckten sich in fränkischen Höhlen, schlugen sich allein in Wochenmärschen zu ihren Heimatorten durch; einige schlossen sich marodierenden Banden an oder starben noch in den letzten Bombenangriffen.

Der zehnjährige Helmut Zik nach dem Bombenangriff auf Schwandorf: „. . . als ich wieder zu Bewußtsein kam, wühlte ich mich durch Staub, erfaßte einen Mädchenschuh mit einem blutenden Beinstumpf." Der Berliner Rudolf Scharnowski wurde in einem Kinderzug noch im Mai 1945 von amerikanischen Tieffliegern angegriffen: „Wir kannten den Krieg nur vom Hörensagen. Plötzlich sahen wir über dem Wald das Mündungsfeuer der Bordkanonen. Es war ein Höllenlärm. In Panik stürzten alle hinaus, alles fiel übereinander." Der Krieg hatte auch die fünf Millionen evakuierten Kinder eingeholt.

Die jüngsten von ihnen waren zu Beginn der Aktion erst sechs Jahre alt, die ältesten fünfzehn, in Ausnahmefällen sechzehn; einige blieben nur drei Monate von zu Hause fort, die meisten in Etappen den ganzen Krieg über, immer wieder in verschiedenen Lagern, nicht wenige kamen achtmal in eine neue Obhut.

Über die Geschichte des Dritten Reiches und über den Zweiten Weltkrieg haben Berufene und weniger Berufene bisher schätzungsweise mehr als 12 000 Bücher und Untersuchungen geschrieben. Über die Geschichte, die Odyssee, die Leiden und die Rettung dieser fünf Millionen deutschen Kinder gibt es so gut wie nichts: eine Erzählung *(Die Magermilchbande)*, eine ausgezeichnete Dokumentation der Arbeitsgemeinschaft KLV *(KLV – die erweiterte Kinderlandverschickung)* und ein einziges Kapitel in der Biographie von Alfred Ehrentreich *(Pädagogische Odyssee)*.

Die Archive geben heute jedem Forscher oder Angehörigen Auskunft über das Schicksal eines jeden Soldaten des Zweiten Weltkrieges. Doch keine staatliche Stelle hat bis heute Unterlagen über diesen gigantischen Kinderzug, die Lager und den gewaltsamen Tod von Schülern gesammelt oder aufgezeichnet.

Warum nicht?

Der einfachste Grund: Kriegsanalysen, Schlachtenbeschreibungen und die Eroberungen von Städten gehören zu den klassischen Fächern der Geschichtsschreiber; eine selbstverständliche Pflicht, oftmals lukrativ dazu. Über die großen, fast immer leidvollen Kinderzüge wissen wir dagegen herzlich wenig. Etwa aus Märchen: der Kinderzug des Rattenfängers von Hameln, dem eine wahre Begebenheit zugrunde liegt. Oder sie sind eingesponnen in Mysterien, so wie der Kinderkreuzzug, zu dem sich im Jahre 1212 Tausende deutsche und französische Kinder im Namen Jesu Christi auf den Weg in den Süden machten; in Marseille wurden sie dann von gewissenlosen Kaufleuten getäuscht und als Sklaven nach Afrika verkauft. Selbst die großen Kinderzüge unseres Jahrhunderts sind fast völlig vergessen. So der „Große Marsch" Mahatma Gandhis mit Tausenden von Familien und Kindern 1913 durch Südafrika, die Millionen russischer Kinder, die, durch die Revolution entwurzelt, 1918 durchs Land vagabundierten, oder der Weg von über eineinhalb Millionen Armeniern 1915 aus den anatolischen Hochebenen in die syrische Wüste – ein Marsch, bei dem Hunderttausende von Kindern ebenso qualvoll starben wie die Insassen der jüdischen Kinderzüge, die in deutsche Konzentrationslager fuhren.

Gewiß, dem deutschen Kinderzug zwischen 1940 und 1945 lagen völlig andere Motive zugrunde, für das Schweigen darüber gibt es aber noch einen Grund: die Unsicherheit bei der Einordnung von Taten während der Hitler-Zeit, vor allem dann, wenn sie letztlich positiv waren.

Die einen sehen in Hitlers Befehl zur Massenevakuierung deutscher Kinder eine gute Seite der Nationalsozialisten; Hitler habe den Kindern das Leben gerettet und sie beschützt – Grund genug, um darüber zu schweigen, meinen sie.

Die anderen wiederum sehen in der Aktion eine perfide Maßnahme der Faschisten, um die Kinder von ihren Eltern zu trennen und damit bedingungslos der NS-Ideologie auszusetzen. In nicht wenigen Geschichtsbüchern werden die Kinderlager so einfach wie falsch mit den Adolf-Hitler-Schulen verwechselt oder gar in die Nähe der berüchtigten Aktion Lebensborn der SS gerückt.

Sicher war die nationalsozialistische Beeinflussung ein erwünschter Nebeneffekt, wie zahlreiche Äußerungen Hitlers belegen. Als Pluspunkt verbuchen aber kann man ihm die Evakuierung nun wirklich nicht – bei einem Mann wie Adolf Hitler, der aus verbrecherischem Ehrgeiz einen ganzen Kontinent mit Krieg überzogen hat, läßt sich diese eine humanitäre Aktion nicht zu seinen Gunsten in die Waagschale werfen. Bei großzügiger Auslegung könnte man bestenfalls sagen, daß er sich nicht auch noch auf diesem Gebiet eines Verbrechens schuldig gemacht habe. Alle 12 000 Lager wurden von Lehrern geleitet, die mit den Schülern aus der jeweiligen Heimatstadt die Fahrt angetreten hatten. Wenn überhaupt, dann ist der letztlich positive Ausgang der Aktion dem Berufsethos der eingesetzten Lehrer und der entsagungsvollen Arbeit der Helfer zuzuschreiben. Lagermannschaftsführer waren Vertreter der Hitler-Jugend. Doch kaum einer von ihnen zählte mehr als sechzehn, siebzehn oder achtzehn Jahre; die meisten waren wesentlich jünger und somit ein weiterer Pflegefall für die Lehrer. Militärischer Drill sollte aus den Lagern ferngehalten werden, doch Ausnahmen gab es mehr als genug: Verwundete Soldaten bildeten Kinder an Panzerfäusten aus; Angehörige der SS rekrutierten unter den Dreizehn- bis Vierzehnjährigen ihren Nachwuchs. Die Evakuierung der Kinder entlarvt aber das Lügengespinst der verantwortlichen Nationalsozialisten, die vor dem Kriege und zu seinem Beginn dem deutschen Volk immer wieder suggeriert hatten, niemals werde ein feindlicher Soldat deutschen Boden betreten. Hitler: „Ich werde die Engländer verhaften lassen, wenn sie auf dem Festland landen sollten." Oder Hermann Göring, der schwer gewordene Fliegerheld aus dem Ersten Weltkrieg, der im Berliner Sportpalast die Bevölkerung mit einem billigen Versprechen zu beruhigen versucht hatte: „Wenn ein einziges englisches Flugzeug unsere Luftabwehr durchbrechen kann, wenn eine einzige Bombe auf Berlin fällt, dann will ich Meier heißen."

Deshalb durfte während des Krieges auch niemals das Wort Evakuierung benutzt werden. In dem Rundschreiben Bormanns hieß es verniedlichend: „... sollen vor allem Kinder aus Laubenkolonien und solchen Stadtteilen, die keine ausreichenden Luftschutzkeller besitzen, berücksichtigt werden... Eine öffentliche Propaganda, insbesondere durch die Presse, hat nicht zu erfolgen... Hierbei ist nicht von einer Evakuierung, sondern lediglich von einer Landverschickung der Großstadtjugend zu sprechen." Damit spannten die Nationalsozialisten wieder einmal einen Begriff für ihre Zwecke ein, der durchaus einer guten Tradition entstammt: Die Landverschickung war ein Teil der deutschen Jugendherbergs- und Wanderbewegung.

Die über fünf Millionen Landverschickten von damals sind heute fünfundvierzig bis fünfundfünfzig Jahre alt; als Kinder erlebten sie den Zwang der Lager, in den sechziger Jahren entsprang aus ihrer Mitte die antiautoritäre Erziehung. Ein Zusammenhang? Auf jeden Fall bestimmt diese KLV-Generation heute auf allen Ebenen die Struktur unseres Landes. Zu ihr gehören sowohl Bundeskanzler Helmut Kohl wie die Brüder Dohnanyi, die in Hamburg als Bürgermeister und als Operndirektor amtieren, der Soziologe Ralf Dahrendorf wie Mildred Scheel, die Schauspieler Barbara Rütting und Hardy Krüger wie die Drehbuchautoren Herbert Reinecker und Jürgen Roland...

Zum ersten Mal in der Geschichte des Abendlandes wurde eine große Zahl von Kindern in ihren entscheidenden Entwicklungsjahren nicht im Elternhaus erzogen, sondern, in welcher Form auch immer, vom Staat.

Die langen Schlangen von Kindern, die mit Schildern nach Art von Paketkarten um den Hals auf ihre Züge warteten, symbolisieren noch einen weiteren schwerwiegenden Einschnitt. Zum ersten Mal mußte die Familie als eine der wichtigsten gewachsenen Institutionen kapitulieren – nicht vor Hitler und noch nicht vor kommunistischen Funktionären, sondern vor der Übermacht der modernen Technik und einem ihrer ärgsten Produkte: Flugzeugen und Bomben als Massenvernichtungsmittel. Ohne eigenes Verschulden versagte die Familie in diesem Moment als Schutzfaktor, und gleichsam wie in einem griechischen Drama brachten die Familien ihre Söhne und Töchter zu den Kinderzügen – wie zu einem Opferaltar. Sicherlich waren sich damals weder die Eltern noch der Staat dieser Dimension bewußt; es war Not, und es ging um das mindeste, dessen ein Mensch bedarf, ein Kind um so mehr – die Erhaltung des Körpers. Und doch sind diese vielen Tausende von Eisenbahnzügen voller Kinder eines der auffälligsten Signale der bis heute bestehenden Krise um die Familie. Nicht ohne Grund schickten 1940 die Engländer, in ihrer Geschichte sicherlich selbstbewußter zu Hause als die Deutschen, ihre Kinder nur mit den Müttern aufs Land. Aber diese Aktion scheiterte: Die evakuierten Mütter vertrugen sich nicht mit den Gastfamilien und fast alle kehrten mit ihren Kindern nach kurzer Zeit in die durch deutsche Bomben gefährdeten Städte zurück. So absurd es klingen mag, aber vielleicht stand der Zeitgeist unseres Jahrhunderts, unabhängig von den gerade herrschenden Ideologien, über der deutschen Art der Kinderlandverschickung mit all ihren Konsequenzen.

Grund genug, dieses Thema aufzugreifen. Hannelore Schmidt in der Zusammenstellung der Arbeitsgemeinschaft KLV: „Eine objektive Dokumentation mag eine Hilfe bei der Antwort sein, wenn unsere Kinder und Enkel und wenn spätere Generationen fragen: Wie ist es damals wirklich gewesen?“

Ohne die mühsame Arbeit der Arbeitsgemeinschaft KLV unter ihrem Vorsitzenden Gerhard Dabel wären die vielen Dokumente der KLV niemals gesammelt worden. Für diese stille, aber wichtige Arbeit gilt ihm und seinen Helfern besonderer Dank.

I

Der Bombenkrieg

1940: Friedensstimmung in Mitteleuropa
Die ersten Bomben – 20 Meter von Hitlers Schlafzimmer · Führerbefehl zur KLV · Kinder mit Paketkarten um den Hals

Das Foto auf der ersten Seite des Bildteils zeigt einen kleinen, acht Jahre alten Jungen. Er steht auf einer Bordsteinkante vor dem Bahnhof in Hamburg-Altona; die Schuhe blitzen trotz des Schattens so blank wie der sperrige Pappkoffer, den das Kerlchen für das Foto vom Boden hochwuchtet. Lange Strümpfe, der Mantel nicht länger als die kurze Hose, auf dem Kopf eine Schirmmütze – und um den Hals jenes Papier von der Art einer Paketkarte, wie es zwischen 1940 und 1946 Millionen deutsche Kinder trugen: Name, Vorname, Kennummer, Schule, Nummer des Kinderzuges ... Das Foto klebte jahrzehntelang im Album einer Familie in Hamburg, bis es jetzt für die Dokumentation über die Kinderlandverschickung zur Verfügung gestellt wurde. Das Relikt einer verschwommenen Erinnerung, das Bild ein rührendes Symbol für die Verlorenheit des Individuums, aber auch für das spezielle Menetekel unseres Jahrhunderts: Menschen mit Nummern, mit Zeichen, die sie als minderwertig oder als privilegiert erscheinen lassen sollen, sie in Wahrheit jedoch, ungeachtet ihrer kraß unterschiedlichen Folgen, alle zu Abgestempelten machen.

Der Junge auf dem Bild heißt Herbert Bösche und lebte nach

dem Krieg wieder da, von wo er 1940 mit einem der ersten Kinderzüge aufgebrochen war – in Hamburg.

Das Foto hat sinnbildlichen Charakter, und das nicht nur für die ersten Etappen der Kinderlandverschickung, den Weg zum Bahnhof, den Abschied und die Fahrt ins Lager. Die Symbolik reicht weiter. Gewiß, seit Menschengedenken hatten immer wieder mal Familien oder Frauen mit Kindern oder auch Kinder allein für mehr oder minder kurze Zeit vor einer anrückenden Gewalt fliehen müssen, aber noch nie war das in so planmäßiger Form, so sachlich nüchtern und vor allem in solchen Dimensionen geschehen wie in diesem Krieg. Wie hatte es zu einem solchen letztlich für alle Menschen beschämenden Bild kommen können: ein Kind, zwar bewahrt, aber eben doch von allem getrennt, was ihm wichtig und teuer war?

Der Entschluß Hitlers zur Evakuierung der deutschen Jugend kam für die zuständigen Behörden ebenso überraschend wie für die Bevölkerung. Nichts war vorbereitet. Adolf Hitler hatte sich zwar schon 1933 ostentativ vom Reichsluftschutzbund (RLB) ein Mitgliedsbuch mit der Nummer 4605 überreichen lassen, und später wurden überall erste Betonbunker gebaut. In Wahrheit aber stand der Aufwand an Energie zum Schutz der Zivilbevölkerung bis 1939 in keinem Verhältnis zu der gewaltigen Wucht, mit der Rüstung und Aufbau der Wehrmacht vorangetrieben wurden.

Immer wieder hatte Hitler dem Volk eingehämmert, es gebe nur Sieg oder völligen Untergang, und so versucht, das Schicksal seiner Spielernatur mit dem aller Deutschen zu verbinden. Er wollte Siege, Blitzsiege möglichst, schnelle Gewinne; er setzte mit dem Kapital seines gesamten Volkes in einem Roulette, dessen Kugel bald um den ganzen Erdball rollen sollte. Zu diesen höchst neurotischen Eigenschaften paßten nicht mehr Werte wie Bewahren und Behüten, langsame Weiterentwicklung, auf Treu und Glaube basierender Aufbau eines Landes und Vorsorge für die Zukunft.

Gewiß, das volle Ausmaß der Bombenlasten, die dann auf Europa niedergingen, war kaum vorhersehbar gewesen. Vergleichbare Luftkriege hatte es noch nie gegeben. Im Ersten Weltkrieg beschossen sich die Piloten anfangs mit Pistolen, so als führten sie ritterliche Duelle; erst gegen Kriegsende wandte man auch in der Luft die maschinelle Art des Tötens an, installierte automatische Bordkanonen und klinkte Bomben aus.

Im Spanischen Bürgerkrieg und ein paar Jahre später in den Kämpfen gegen Polen und Frankreich begannen dann die mörderischen Vernichtungen aus der Luft. Doch selbst in der Vorphase und in den ersten Kriegsmonaten gingen noch nicht dutzendweise und programmiert Städte oder Dörfer in Flammen auf. So viele Bomben auch fielen, sie trafen vor allem Flugplätze, Straßen, Schienen und Kriegsgerät.

Im Sommer 1940 herrschte auf dem Kontinent eine seltsame, fast unheimliche Friedensstimmung. Frankreich war besiegt, die Waffen schwiegen. Der Krieg in Mitteleuropa schien vorbei. Hitler gab den Befehl zur Teildemobilisierung von nicht weniger als 35 Divisionen. Der Führer verließ seinen düsteren Gefechtstand am Rhein. Doch sein großer Gegenspieler, der englische Premier Winston Churchill, ließ zur gleichen Zeit seinen Kommandostand inmitten von London an der Ecke St. James' Park und Storey's Gate ausbauen, lag oft stundenlang in seinem rotgoldenen Schlafrock auf dem Bett und gab seine Befehle – die Befehle eines genialen Strategen. Die Frage über Krieg oder Frieden mit England würde auch über einen mörderischen Bombenkrieg und somit über die Notwendigkeit einer Evakuierung der Stadtkinder entscheiden.

Hitler erwartete täglich, wie aus vielen Aufzeichnungen und auch aus seinen Reden jener Wochen hervorgeht, ein Friedensangebot Englands. Churchill aber antwortete mit einem Unternehmen, das lange Zeit das Verhältnis zwischen Engländern und Franzosen belastete, doch in dieser Phase des Krieges unabhängig von der moralischen Wertung Weitblick verriet. Das Unternehmen hieß „Catapult“: In einem Handstreich ließ er sämtliche französischen Häfen überwältigen und gegen den Widerstand seiner Admiralität die in Mers el-Kébir bei Oran vor Anker liegende Hauptmacht der französischen Flotte nach einem Ultimatum am 3. Juli 1940 um 17.45 Uhr in den Grund schießen. Churchill argumentierte, es wäre zu riskant gewesen, sich auf das Wort des französischen Admirals Darlan zu verlassen, der versprochen hatte, nach dem deutsch-französischen Waffenstillstand auf keinen Fall gegen England zu kämpfen. 1297 Matrosen starben bei dem ungleichen Gefecht, und Englands Seehoheit war einem Risiko weniger ausgesetzt.

Nach diesem Angriff hätte Hitler kaum noch am Verteidigungswillen der Engländer zweifeln dürfen. Zwar hatte es davor in England noch eine Strömung für einen Frieden mit Deutschland gegeben – durch den Schlag von Mers el-Kébir mußten sich aber auch diese Kräfte hinter Churchill stellen. Nur Hitler wiegte sich noch in der Hoffnung, die Engländer könnten einlenken. In fast jeder Rede suggerierte er erneut die Möglichkeit eines europäischen Friedens. Nach dem Sieg über Frankreich badete er im Triumph – und Berlin in einem Meer von Fahnen. Der sowjetische Außenminister Molotow übermittelte „die wärmsten Glückwünsche der Sowjetunion zu den glänzenden Siegen der deutschen Wehrmacht über die Franzosen". Bei der Siegesfeier am 19. Juli in der Berliner Kroll-Oper umstanden Hitler goldblitzend zwölf neuernannte Marschälle, die Menge jubelte, strahlende Kinder reichten ihm Blumen – Kinder, die wenige Wochen später aufgerufen waren, mit der Paketkarte um den Hals Berlin zu verlassen. Hitler in der Oper: „In dieser Stunde fühle ich mich verpflichtet, vor meinem Gewissen noch einmal einen Appell an die Vernunft, auch in England, zu richten. Ich sehe keinen Grund, der zur Fortsetzung dieses Krieges zwingen könnte. Ich bedaure die Opfer, die er fordern wird. Auch meinem eigenen Volk möchte ich sie ersparen."

Drei Tage später antwortete aus London Lord Halifax: „Deutschland wird den Frieden erhalten, wenn es die von ihm besetzten Gebiete geräumt, alle von ihm unterdrückten Freiheiten wiederhergestellt und Garantien für die Zukunft gegeben hat." So spricht keiner, der zur Unterwerfung bereit ist, so sprach der Gegner der nächsten Runde. Hitler verstand. Irritiert und überrascht, gewohnt an die Jasager in seiner Umgebung vom Schlage des Marschall Keitel, zog er sich auf den Obersalzberg zurück, brütete wie im Wahn über neuen Schlachtplänen, verschob auf der Landkarte Divisionen und Ländergrenzen, so wie einst Napoleon in Ägypten. Ein sofortiger Blitzkrieg gegen die Sowjetunion wurde erwogen, dann erst einmal fallengelassen, schließlich am 1. August 1940 die Weisung Nr. 17 erteilt: der „verschärfte Luftkrieg" gegen England. Die deutschen Fliegertruppen sollten mit allen zur Verfügung stehenden Kräften die englische Luftwaffe niederkämpfen. Ihre Angriffe seien „gegen die fliegenden Einheiten, die Bodenorganisationen und Nachschubeinrichtungen, die Luftrüstungsindustrie" sowie Fabriken zur Herstellung von Flakgeräten zu richten. Die Entscheidung über „Terrorangriffe als Vergeltung" behielt sich Hitler ausdrücklich noch vor.

Die Luftoffensive gegen England, als vorbereitender Schlag für eine Landung gedacht, sollte am 5. August beginnen, wurde aber auf den 13. August verschoben. Der erhielt den glorreichen Namen „Adler-Tag".

Mit diesem Luftkrieg begann zwangsläufig, ob beabsichtigt oder nicht, ein anderer, ein ungleicher und beschämender Kampf: englische Bomber gegen deutsche Frauen, Kinder und deren Wohnstätten – deutsche Bomber gegen englische Frauen, Kinder und deren Wohnstätten.

In diesem Jahrhundert will man nichts von der geheimnisvollen Macht des Wortes wissen, auch nicht von der Möglichkeit seiner tragischen Verstrickung. Wie leichtfertig werden Wünsche oder gaukelnde Verheißungen ausgesprochen, die dann möglicherweise – wer weiß es schon? – durch die Kraft des gesprochenen Wortes Wirklichkeit werden. Worte, oft im Rausch, im Massenrausch gesagt und doch – so bigott es heute klingen mag – von der gleichen Kraft und Macht wie jene in den heiligen Büchern, an die die Menschen Jahrtausende glaubten. Wir kennen diese verhängnisvollen Worte jener Jahre, die uns heute je nach Empfindlichkeit gruseln oder belustigen: „Wollt ihr Kanonen statt Butter?" Und später: „Wollt ihr den totalen Krieg?" Die Masse antwortete, verführt oder nicht, mit „Ja!" Und so geschah es dann auch. Die Verführer waren Männer ohne Vergangenheit und ohne Zukunft.

Und die Menge, die Masse im Sportpalast – ausgerechnet in einem Sportpalast! –, trägt sie Verantwortung für ihren schnellen Schiedsspruch? Nach unserem heutigen Bewußtsein müssen wir es, bei allem Zweifel, bejahen, aber kaum ein Herrscher hat jemals so blutig für ein leichtsinniges Wort bezahlen müssen wie diese Massen zwischen 1939 und 1945.

Bis zum „Adler-Tag" waren nur vereinzelte englische Bomberflugzeuge nach Deutschland vorgedrungen; der Schaden war gering, selbst bei den ersten Angriffen auf die Krupp-Metropole Essen. Relativ schwere Verluste hatte es lediglich am 10. Mai 1940 in Freiburg gegeben, als drei Bomber ihre Last über der schlafenden Stadt abwarfen und 57 Menschen töteten oder verletzten, darunter 21 Kinder. Die drei Bomber aber gehörten zur deutschen Luftwaffe – sie hatten sich im Zielort geirrt.

Am 13. August flog die Luftwaffe mit knapp 1000 Flugzeugen zum Angriff auf England, am 15. August sogar mit 1786 Maschinen. Alle Bomber hatten zwar den strikten Befehl, keine Wohngebiete anzugreifen. Aber bei Aktionen von diesem Ausmaß muß man den Irrtum zum Bestandteil der Aktion machen. Der Irrtum geschah dann auch am 24. August. Das Funkpeilgerät einiger Bomber funktionierte nicht, sie luden ihre Fracht wahllos über London ab, mehrere Häuser wurden getroffen. Winston Churchill stand während des Angriffs auf dem Dach des Imperial Chemical Building, sah die ringsum ausbrechenden Brände und gab den seit dem 11. Mai bereitliegenden Gegenbefehl: Am nächsten Tag sollten britische Bomber Berlin angreifen.

Von den 80 englischen Flugzeugen kamen in der Nacht vom 25. August 38 über Berlin an und klinkten bei einer 1000 Meter hohen Wolkendecke wahllos über den Wohngebieten die Bomben aus. Eine schlug nur wenige Meter von Hitlers Schlafzimmer ein. Etwa zwanzig Menschen starben.

Die deutsche Luftabwehr hatte versagt, Hitler und Görings Versicherungen entlarvten sich als Lügen. Die Überlegenheit der Engländer ließ sich den Berlinern nicht verschweigen, Hitler flüchtete sich am 4. September vor dem Kinderhilfswerk in einen Schwall von Drohungen: „Sie kommen in der Nacht ... werfen ihre Bomben wahllos und planlos auf zivile Wohnviertel. Sie werden verstehen, daß wir jetzt nun Nacht für Nacht Antwort geben, und zwar im steigenden Maße ... Wenn sie unsere Städte angreifen, dann werden wir ihre Städte ausradieren!"

Das Furchtbare: Beide Seiten taten es. Coventry, Hamburg und Dresden wurden Symbole für die Grenzenlosigkeit menschlicher Vernichtung. Die englische und die deutsche Sprache bereicherten sich mit dem neuen Wort „to coventry" respektive „coventrieren": eine Stadt auslöschen. Der Name Dresdens eignete sich für derartige Wortspiele nicht.

Seit der Versenkung der französischen Flotte durch die Engländer und der klaren Antwort Lord Halifax' gab es keinen Zweifel über den entschlossenen Widerstand, der sich gegen Hitlers Armeen aufbaute; spätestens seit dem ersten Bombenangriff auf Berlin war aber auch klar, daß die Zivilbevölkerung eine der Hauptlasten der nächsten Kriegsphase zu tragen haben würde.

Die mehrmals geäußerte Vermutung, Goebbels habe als erster die Massenverschickung der deutschen Kindern angeregt, ist an sich nicht unlogisch; er war Gauleiter von Berlin, kannte wie wenige die Stimmung in der Bevölkerung. Seltsam, mit welch feinem Empfinden das Volk diese tödliche Bedrohung vorausahnte. Spitzelberichte der Gestapo meldeten seit Ausbruch des Krieges wiederholt und aus fast allen Landesteilen Gerüchte, daß schwere Bombenangriffe erwartet würden. So hieß es in einem Geheimdienst-Report aus Köln: „In Dutzenden von Telefonanrufen, aber auch in anonymen Briefen wird immer wieder gefragt oder behauptet, der Feind werde ganze Stadtteile vernichten." Sehr oft tauchten auch Vermutungen auf über mögliche Gasangriffe, die, aus dem Ersten Weltkrieg bekannt, in noch stärkerem Maße unbewußte Ängste schürten. In einer Schule in Hamburg-Harburg kam es zu einem Eklat, weil mehrere Schulkinder erklärten, ihre Eltern wüßten genau, daß die Engländer bald Gasgranaten über der Stadt abwerfen werden.

Trotzdem wirkten die ersten wirklichen Bombenanwürfe wie ein lähmender Schock auf die Bevölkerung, die sich jetzt, unmittelbar nach dem Siegesrausch, wieder an ihre eigentlichen reservierten Empfindungen erinnerte, die sie bei Hitlers Kriegserklärung gehabt hatte.

Manches spricht dafür, daß die Pläne zur Kinderlandverschickung erst nach dem ersten Luftangriff auf Berlin am 25. August erörtert wurden. Darüber gibt es aber bis heute keine genauen Angaben. Stil und Inhalt des Rundschreibens vom 27. September 1940 deuten zwar auf einige Vorüberlegungen hin, können aber auch, vor allem bei der Arbeitsweise Hitlers, das Produkt eines einzigen abendlichen Gespräches gewesen sein. So heißt es über die Unterbringung der zu verschickenden Kinder in dem 33 Zeilen langen Erlaß vage: „Sie erfolgt in Jugendherbergen, Gaststätten und anderen geeigneten Räumen. Sind derartige Räumlichkeiten zur Zeit als Hilfslazarett oder für andere Zwecke belegt, so können sie, wenn nicht ganz besondere Gründe im Einzelfall vorliegen, ebenfalls für diese Aktion in Anspruch genommen werden."

Auch die erste Bestimmung der Gaue, die für eine Aufnahme in Frage kamen, ergab sich mit einem Blick auf die Landkarte; es mußten ländliche Gebiete sein, und sie durften möglichst nicht in Reichweite englischer Bomber liegen oder zumindest für den Feind kein lohnendes Ziel abgeben. Deshalb waren erst einmal folgende Gebiete ausgewählt worden: „Bayerische Ostmark, Mark Brandenburg, Oberdonau, Sachsen, Schlesien, Sudetenland, Thüringen, Wartheland, Ostland." Relativ präzise war die Verteilung der Kompetenzen: „Die NSV [Nationalsozialistische Volkswohlfahrt] übernimmt die Verschickung der vorschulpflichtigen Kinder und der Kinder der ersten vier Schulklassen. Die Hitler-Jugend übernimmt die Unterbringung der Kinder vom fünften Schuljahr an." Diese Regelung hielt sich bis Kriegsende, wobei es nur zwei geringe Abweichungen gab:

Die NSV blieb zwar für die Verschickung der Kinder bis zum zehnten Lebensjahr verantwortlich, aber immer häufiger wurde deren Unterbringung bei den Pflegeeltern auch von den mitverschickten Heimatlehrern kontrolliert.

Die Verantwortung der Hitler-Jugend für die Unterbringung der Kinder ab dem zehnten Lebensjahr blieb ebenfalls bestehen, wirkte sich jedoch in der Praxis immer weniger aus, denn vom fünften Schuljahr ab wurden die Kinder grundsätzlich in Lagern untergebracht. Lagerleiter aber war immer ein Lehrer, und von seiner Einstellung hing es meistens ab, welcher Geist dort herrschte. Die Lagermannschaftsführer wurden von der Hitler-Jugend gestellt. Am Anfang der Aktion waren sie meist achtzehn Jahre alt, im Laufe des Krieges aber wurden, da die älteren an die Front mußten oder Flakhelfer-Dienste leisteten, immer jüngere eingesetzt – oft nicht älter als zwölf oder dreizehn. Faktisch oblag ihnen die Führung der Kinder außerhalb des Schulunterrichts, jedoch unter der Oberhoheit des Lehrers. Vor allem in der Anlaufzeit gab es eine Reihe von Reibereien, dann aber, mit dem stetigen Jüngerwerden der Lagermannschaftsführer, bestimmte fast immer der Lehrer allein, was zu geschehen hatte.

Wirklich präzise wurde nur der Starttermin der Kinderlandverschickung eingehalten. „Die Unterbringungsaktion beginnt am Donnerstag, 3. Oktober."

Welch tragische Verstrickung: Während sich in Deutschland ein riesiger Apparat anschickte, Millionen von Kindern in Sicherheit zu bringen, wurde von der deutschen Marine am 1. Oktober die „Empress of Britain" versenkt – an Bord englische Kinder auf dem Wege zur Landverschickung nach Kanada.

Zwischen der Niederschrift des Rundschreibens und der Abfahrt der ersten Kinderzüge aus Berlin lagen bloß sechs Tage, in denen nicht nur die Eltern, sondern auch die Behörden, die Bahn und die Aufnahmeorte vorbereitet werden sollten. Aber: Befehl war Befehl, gleichgültig auf wessen Kosten, und oft genug ging es in der Anfangsphase auf die Kosten der Kinder und der Eltern.

Das erst später zusammengestellte Vorschriftenbuch der KLV erläutert auf 256 Seiten jedes, aber auch jedes Detail, von der Ausgabe der Elternmerkblätter und den ärztlichen Untersuchungen bis hin zur Kleiderordnung. Einen Tag vor der Abfahrt prüfte der jeweils zuständige Lehrer bei einem Appell, ob jedes Kind genügend Kleidung besaß. Kinder, bei denen das nicht der Fall war, wurden kostenlos aus den Beständen der NSV eingekleidet. In der Verordnung hieß es aber ausdrücklich: „Diese Möglichkeit ist der Öffentlichkeit nicht bekanntzugeben und soll nur in begründeten Einzelfällen angewendet werden."

Klar geregelt war auch, wer nicht verschickt werden durfte: Bettnässer, Herzkranke, schwere Asthmatiker. In eigenen Lagern sollten Hilfsschüler, schwer erziehbare Kinder, Epileptiker, Taubstumme und Blinde zusammengefaßt werden. Diese Regel wurde jedoch vor allem in der Anfangszeit und zum Schluß der Kinderlandverschickung nicht eingehalten.

Wie die Vorbereitungen auf die Kinderlandverschickung 1940 aus der Sicht der Betroffenen abliefen, schildert die Mutter des damals achtjährigen Hans-Werner B. aus Hamburg: „Im Herbst hieß es, alle Kinder würden nach Bayern verschickt. Hans-Werner, mein Buz, war begeistert: ‚Melde mich schnell an, Mutti, sonst komme ich nicht mehr mit!' Mittwochs meldete ich ihn an, Freitag war Untersuchung, am Montag ging es in einem unbeschreiblichen Tempo ans Vorbereiten. Erst mal zum Wirtschaftsamt, die Lebensmittelkarte abgeben und einen Bezugsschein für neue Stiefel holen. Aber den bekam ich erst, als ich einen Dringlichkeitsschein von der Kreisstelle geholt hatte. Abendbrot gemacht und noch schnell zur NSV-Geschäftsstelle gelaufen, um Buz' Reiseschein zu holen. Hosen und Hemden in die Waschwanne gelegt. Fliegeralarm. Wir blieben aber oben, sonst wäre nichts mehr trocken geworden. Wusch im Korridor, in der Küche bestand die Gefahr, daß Flaksplitter durch das Fenster flogen. Nächsten Mittag ging es los. Ein langer, langer Zug von Kindern stand am Bahnhof. Es waren auch vier Kinder von unserem Haus dabei, aber leider vorn in der zweiten Gruppe. In jeder Gruppe gab es 30 Kinder. Dann marschierten die Kinder auf den Bahnsteig, stiegen in den Zug und bekamen ihre Koffer durch das Fenster gereicht. Hans-Werner rief noch: ‚Au fein, Schaukelsitz!' Er hatte noch nie einen Zug von innen gesehen und durfte nun gleich 2. Klasse auf große Fahrt gehen."

Dann beschreibt die Mutter den kurzen Abschied: „Wir hatten einander noch immer wieder die Hände gedrückt, da ging es ohne ein Zeichen und ohne einen Ruf mit einem Ruck los. Ich sah noch, wie ein Schreck über Buz' zuvor noch so stolzes Gesicht zog, dann hatten ihn andere Kinder vom Fenster weggedrängt, und ich sah nur noch die kleine dicke Hand meines Buzis, dann war er weg. Aber seine Hand habe ich dann im Traum noch immer gesehen."

In ähnlicher Eile, in ähnlichem Schmerz ging es in diesen Tagen in Tausenden Familien zu. Immer wieder das Schwanken der Mutter: auf der einen Seite der Instinkt, sich in der Gefahr niemals zu trennen, notfalls gemeinsam zu sterben, dann wieder die Vernunft – daß das Kind dort irgendwo auf dem Lande, in der Abgeschiedenheit und Ruhe, vielleicht gesünder lebte als inmitten der fast täglichen Alarme, der mangelnden Ernährung ... Was die Kinder, die nicht verschickt wurden, später zu Hause erwartete, schilderte Mildred Scheel. Sie lebte nach ihrer Verschickung wieder bei ihren Eltern in Köln: „Wir mußten jede, aber wirklich jede Nacht in den Keller gehen, später sogar in den Sammelbunker vorn an der Straßenecke; sahen den hellen Feuerschein am Himmel, dann auch ganz dicht, nur eine Straße weiter, bis auch unser Haus getroffen wurde ..."

Jedesmal wenn in einer Heimatstadt neue Bomben niedergingen, brachen in den zuständigen Lagern Unruhen aus, selbst schon in der Anfangszeit, als die Kinder noch keine klaren Vorstellungen über die Bomben und ihre Wirkung haben konnten. Die beiden Hamburger Lehrer Vogelskamp und Winckler berichteten Anfang Dezember 1940 ihrer Schulbehörde aus Kulmbach: „Die Stimmung unter den Kindern ist nicht gut. Sie sind in Unruhe über die letzten Angriffe auf unsere Wohnviertel in Hamburg. Außerdem hat der Kreisleiter bei seiner Besichtigung am 12. November den Mädels gesagt, daß sie Weihnachten nicht zu Hause sein können."

Dieser pessimistische Bericht stammt aus einer Zeit, als Bombenangriffe auf deutsche Städte noch nicht zum Alltag gehörten und der Soldatentod kein millionenfaches Massenschicksal war. Verbleiben in den Städten bedeutete nicht automatisch Todesgefahr; es ließ sich noch an ein Schicksal glauben, das den einen trifft, den anderen aber verschont.

Damals verfügten die Briten über eine heute fast lächerlich anmutende Zahl von Fernbombern – knapp über 100 Stück. Doch schon 1942 stieg allein die Produktion an Frontflugzeugen auf 45 000 und ein Jahr später auf 100 000.

Bis Dezember 1940 hatten die Engländer über dem Reichsgebiet 14 600 Tonnen Bomben abgeworfen, die meisten davon erst im letzten Drittel des Jahres. 14 600 Tonnen Sprengstoff – eine Zahl, die allein genommen dem Laien wenig sagt. Anders, wenn man sie mit den Abwurfmengen der Alliierten in den folgenden Jahren vergleicht:

1941	35 500 Tonnen
1942	53 755 Tonnen
1943	226 500 Tonnen
1944	188 580 Tonnen
1945	477 000 Tonnen.

Das bedeutet, rein rechnerisch gingen während des Krieges auf jeden Quadratkilometer zwischen Nordsee und Alpen, zwischen Trier und Königsberg 4000 Kilogramm Sprengstoff nieder.

In der englischen Sprache entwickelte sich der Begriff „area bombing"; in Deutschland hieß es absurderweise „Bombenteppich". Gemeint war das gleiche: Nicht mehr allein auf kriegswichtige Industrien, auf strategisch bedeutsame Straßen oder Schienenwege, auf Soldaten und ihr Material sollten die Bomben fallen, sondern sie sollten Städte vernichten, planmäßig von Nord nach Süd, von Ost nach West.

Schon 1940 hatte der damalige Chef des Bomber Command, Sir Charles Portal, zusammengefaßt: „Öl und Moral des deutschen Volkes sind für uns die wichtigsten Angriffsziele."

„Öl und Moral" – die teuflische Mischung beider Begriffe wurde zum Fluch unseres Jahrhunderts. Öl und Moral, so scheint es, wurden in Europa zu äußerst seltenen und deshalb begehrenswerten Rohstoffen.

Sir Portals Plan beruhte auf zwei schweren Fehleinschätzungen; man hatte, absichtlich oder nicht, falsch gerechnet. Nach einem von Sir Archibald Sinclair ausgearbeiteten „Ölplan" sollten durch britischen Bombereinsatz mit nur 539 Tonnen Sprengstoff 15 Prozent der deutschen Hydrierwerke vernichtet werden können. Der britische Geheimdienst vertrat in einer Studie die Meinung, die Moral der Deutschen sei schwächer als die der Briten, der deutsche Charakter labiler; deshalb könne man die Moral dieser Menschen durch Angriffe auf ihre Wohngebiete entscheidend beeinträchtigen.

So wurden 1940 vor allem die Hydrierwerke angegriffen und – auf Befehl Churchills – die jeweils benachbarten Städte: Magdeburg, Hannover, Bremen und Oppau. Binnen vier Monaten sollten alle 17 deutschen Hydrierwerke ausgeschaltet sein – doch nach Ablauf dieser Frist hatten die ebensowenig gelitten wie die Moral der Bevölkerung.

Churchill setzte außerdem noch die Industriezentren Berlin, Hamburg, Frankfurt am Main, Stuttgart und Mannheim auf die Liste für die Bomber. Erste Trümmer auf den Straßen, Rauchschwaden und der Geruch von Brand und Tod kündigten an, was den Ballungsgebieten bevorstand. Zunächst aber erwies sich auch diese Aktion als Fehlschlag, denn die Schäden in den Städten waren geringer als erwartet, die eigenen Verluste an Flugzeugen dagegen ungewöhnlich hoch. Bei den Anflügen auf Berlin blieben 12,5 Prozent der eingesetzten Maschinen auf der Strecke, bei denen auf Mannheim 13 Prozent und bei denen aufs Ruhrgebiet sogar 21 Prozent. 1941 gingen die Luftangriffe auf deutsche Städte zeitweilig zurück; die britischen Flugzeuge mußten sich stärker auf den atlantischen Zufuhrkrieg konzentrieren.

Sogleich verlor auch die Kinderlandverschickung an Bedeutung. Die Mängel bei den ersten Transporten hatten die Aktion bei vielen Eltern in Mißkredit gebracht; die KLV-Stelle sah sich genötigt, in Hamburg, Bremen, Berlin und im Ruhrgebiet die Gauleiter um verstärkte Propaganda zu bitten. In den Wochenschauen tauchten nun regelmäßig Filmberichte aus den Kinderlagern auf: strohblonde Jungen beim Wettlauf am Kreidestrand von Rügen, strohblonde Mädchen beim Sticken, Nähen und Basteln von Liebesgaben für die Soldaten an der Front und für die Daheimgebliebenen. Bilder aus einer schönen, heilen Welt. Die Leute sahen die Berichte gern, sie lenkten von dem tristen Alltag zu Hause ab.

Und doch hatten sie, typisch für ein Übermaß von Propaganda in einem totalitären Staat, einen negativen Effekt. Durch die schönen Bilder wurde bei Eltern und Kindern eine so hohe Erwartung in bezug auf die KLV-Lager geweckt, daß die Enttäuschung über Mißstände, über verdreckte Unterkünfte, schlechtes Essen oder unmäßigen Drill vereinzelter Lehrer oder HJ-Führer dann um so größer war. Der Bremer Lehrer Kurt T. beschwerte sich Anfang 1941 bei seiner Schulbehörde: „Die Kinder sind enttäuscht. Sie hatten eines der großen Kurhotels erwartet, die sie in den Wochenschauen sahen; sie hatten nicht damit gerechnet, in einem so öden Dorf untergebracht zu werden, wo sie trotz der Kälte über den Hof zu den Toiletten laufen müssen."

In England bereitete unterdessen ein Mann einen neuen Plan vor, der zur eigentlichen Bruchstelle zwischen Krieg und Terror werden sollte und die Kinderlandverschickung veränderte. Dieser Mann hieß Frederick A. Lindemann und stammte aus Deutschland, Sohn eines erfolgreichen Bauunternehmers in Baden-Baden. Lindemann war zur grauen Eminenz an der Seite Churchills herangewachsen. Seine Eigenschaften waren wie in ein Klischee geprägt: Vegetarier wie Hitler, asketisch in der Lebensführung, stets blaß aussehend und mit leiser, gleichtöniger Stimme sprechend, die jeden Einwand erfrosten ließ.

Er arbeitete in einem Memorandum eine neue Strategie für die Bombenflugzeuge aus. Von jetzt an sollten sie ohne Einschränkung deutsche Städte vernichten. „Die durchschnittliche Transportkapazität der Kampfflugzeuge", schrieb er, „die wir in den nächsten 15 Monaten bauen werden, liegt bei 3 Tonnen. Daraus folgt, daß jeder dieser Bomber während seiner Verwendungszeit 40 Tonnen abwerfen kann. Fallen sie auf bebautes Gelände, so werden 4000 bis 8000 Menschen obdachlos. 1938 lebten 22 Millionen Deutsche in 58 Städten mit über 100 000 Einwohnern, die aufzufinden und zu treffen mit unserer modernen Ausrüstung leicht sein dürfte." Bei absoluter Konzentration aller Kräfte auf Herstellung und Einsatz von Bombenflugzeugen werde es möglich sein, in sämtlichen größeren Städten Deutschlands 50 Prozent der Häuser zu zerstören.

Der englische Naturwissenschaftler, Schriftsteller und enge wissenschaftliche Berater mehrerer britischer Regierungen C. P. Snow schrieb über das Lindemann-Papier: „Lassen Sie mich von der Annahme ausgehen, diese offiziellen Berichte kämen Lesern in die Hand, die in einem späteren, menschenfreundlicheren Zeitalter leben als wir. Sie würden feststellen, daß Menschen unserer Art, das heißt also nach unseren Begriffen gebildete und anständige Menschen, die oft sogar von starken humanen Impulsen beseelt waren, sich mit solchen Berechnungen abgeben konnten ... Was werden die Menschen der Zukunft von uns denken? Werden sie uns ‚Wölfe mit Menschenverstand' nennen ...?"

Mit Beginn der Lindemann-Strategie Anfang 1942 nahm die Kinderlandverschickung eine völlig neue Dimension an. Bis dahin waren die Gefühle von Eltern und Kindern durchaus gemischt gewesen: natürlich die Angst vor Bomben, aber auch Reiselust, ein bißchen Abenteuer im Kreis der Schulkameraden. Da die Kinderlandverschickung kostenlos war, sahen viele arme Menschen, und die gab es ja durchaus im Dritten Reich, eine gute Gelegenheit, für einige Zeit einen Esser mehr loszuwerden. Das zeigte sich in der soziologischen Zusammensetzung der ersten Lager: Die Zahl der Kinder aus armen Familien und armen Stadtteilen lag bei rund 70 Prozent. Zudem war die traditionelle Kinderlandverschickung in den ärmeren Kreisen schon immer begehrt gewesen. Anfangs sahen viele in der Aktion von 1940 tatsächlich nichts anderes als eine Erweiterung, einfach eine bedeutende Vermehrung der Plätze, eine Chance für Luftveränderung, für eine besonders günstige Art des Urlaubs, da ja viele Lager dort lagen, wo die meisten Leute gern Urlaub gemacht hätten, nämlich in den Mittelgebirgen, an der Ostsee, in den Alpen und sogar da, wo es schon die Sonne des Südens gab, in Ungarn und später auch in Rumänien, Bulgarien und Südtirol. Ab 1942 aber schmolzen solche Gedanken an Ferienlandschaften und Ferienstimmung dahin; alle Argumente des Für und Wider hoben sich auf und mündeten in einer zwingenden Pflicht: Es ging nur noch um das Überleben der Kinder. Durch die nun fallenden Bombenteppiche, durch die planmäßige Vernichtung von Stadtteilen, ja ganzer Städte verloren sogar die tiefsten, die sensibelsten Empfindungen der Familie endgültig einen großen Teil ihrer Bedeutung. So der Gedanke, oft auch der Schwur vieler Mütter und Kinder zu Beginn des Krieges, auf jeden Fall in der Not zusammenzuhalten, sich niemals zu trennen. Wir dürfen nicht vergessen, der Schutzgedanke macht das Wesen einer Familie aus, ist einer ihrer substantiellen Bestandteile. Und dieser jahrtausendealte Pakt, der niemals geschrieben worden war und deshalb so ewig gültig schien, brach nun plötzlich. Die moderne Technik und ihre ersten massenvernichtenden Produkte wie Bomben und Flugzeuge erwiesen sich, im Moment jedenfalls, als mächtiger.

Die Teilnahme an der Kinderlandverschickung war von Anfang an freiwillig; so gewaltig die Propaganda auch hämmerte, Zwang wurde nicht ausgeübt, abgesehen von der Endphase, wo man indirekte Mittel einsetzte. Aber was nutzte diese Freiwilligkeit noch nach den 1942 einsetzenden Flächenbombardements? Die ließen vielen Eltern keine andere Wahl mehr – das Risiko wurde zu hoch. Die Engländer hatten inzwischen ein neues Radarsystem zur Anpeilung der Bombenziele entwickelt. Es hieß in der Fachsprache TW 1335 und wurde später auch als „Gee“ bezeichnet. Der erste Schlag traf die Franzosen: Am 3. März luden 235 Bomber ihre Last über den Renault-Werken bei Paris und den angrenzenden

Arbeitervierteln ab. 251 Menschen fanden den Tod. Am 28. März flogen 405 Bomber auf Lübeck; „Die Stadt brannte wie Feuerholz", hieß es im offiziellen Bericht der Royal Air Force. Wieder kam ein neuer Begriff auf, man sprach jetzt von „1000-Bomber-Angriffen". Der erste galt Köln: In der Nacht vom 30. zum 31. Mai fielen 1455 Tonnen Sprengstoff auf die alte Domstadt. Der Historiker Raymond Cartier: „Viele Menschen, die in jener Nacht das Dröhnen der Bomberstaffeln vernahmen, ahnten, daß der Krieg nun einen Wendepunkt erreicht hatte."

Und was für einen Wendepunkt! Aus den meisten deutschen Großstädten wurden fast alle Kinder evakuiert. Sie fuhren in die KLV-Lager oder mußten mit ihren Müttern zumindest in der Umgebung aufs Land. Für drei Jahre kam es zu etwas, das man sich heute kaum noch vorstellen kann: In großen Ballungsgebieten, in denen man immerhin noch Hunderttausende von Menschen antraf, lebten so gut wie keine Kinder mehr! Und – für jene, die es nicht miterlebt haben, nicht minder schwer vorstellbar – diese drei Jahre lang hagelte es immer wieder neue Bomben auf das, was bereits angebombt oder zerbombt war. Eine ganze Städtekultur im Herzen Europas wurde unwiederbringlich vernichtet. Gleich faulen Zahnstümpfen ragten sie nach Kriegsende aus der Landschaft, die brandgeschwärzten Ruinen – von Metropolen wie Hamburg oder Kleinstädten wie Rothenburg ob der Tauber, von München, der Hauptstadt der Bewegung oder von dem unbedeutenden Eisenbahnknotenpunkt Schwandorf in der Oberpfalz. Während all dieser Zeit lebten die Kinder jener Städte versteckt an den Rändern des zerbröckelnden Reiches, in einem Scheinfrieden, vordergründig beschäftigt mit den Problemen und Freuden der Kinder: mit Schulaufgaben, mit dem ewigen Hunger der Heranwachsenden, mit Wanderungen und Schwimmen, mit Beerenpflücken und Sportwettkämpfen. Doch das scheinbar friedfertige Bild trog, der für die Kinder ferne Bombenkrieg traf auch sie, hinterließ in ihnen tiefe Narben.

2

Der Herr über die Kinderlager

Was Baldur von Schirach aus der deutschen Jugend machen wollte · Der Einfluß der HJ in den KLV-Lagern Auf einen Sitz: Besprechung über Deportation von 60 000 Juden und Evakuierung aller deutschen Großstadtkinder

Zum Führer der gesamten Evakuierungsaktion hatte Hitler Reichsleiter Baldur von Schirach bestimmt. Schirach, der schon relativ früh zur NSDAP gestoßen war (Mitgliedsnummer 17251), gehört zu jenen Figuren in der Führungsmannschaft des Dritten Reiches, die sich nicht eindeutig einordnen lassen. Machtgierig war er wie alle anderen; zu großbürgerlich, um überzeugend als Revolutionär auftreten zu können, aber wiederum nicht großbürgerlich genug, um vor dem Verfassen primitiver Hetzschriften zurückzuschrecken. Er, der große Jugendführer, war immer ein wenig zu dick für seine Uniform, und wenn alle NS-Propagandisten so schwache Redetalente gewesen wären wie er, hätte die NSDAP nie mehr als fünf Prozent der Wählerstimmen erobert. Er schimpfte auf Semiten und Kulturbolschewisten und ließ in Wien 60 000 Juden deportieren; anderseits machte er als einer der wenigen Hitler Vorhaltungen über die Judenvernichtung und ging – allerdings erst angesichts der bevorstehenden Niederlage – in der Kulturpolitik auf Distanz zum Führer, was dann seine Kaltstellung beschleunigte. Schirachs Mutter war Amerikanerin, sein Vater

Theaterintendant in Weimar, er selbst lernte erst im Alter von sechs Jahren Deutsch. Über Baldur von Schirachs Rolle im Dritten Reich und über seine Aufgaben in der KLV brauchte man nicht mehr als fünf Sätze zu sagen, wenn er nicht zumindest auf einem Gebiet einen erheblichen Einfluß ausgeübt hätte, der durchaus auch seiner Initiative entsprang: bei der totalen Umerziehung der deutschen Jugend für die Ideen der Nationalsozialisten, dem Versuch, Kinder ihren Eltern zu entfremden und sie auch dem Einflußbereich der Kirche zu entziehen. Er wandelte dafür eine Losung Hitlers ab: Die Jugend müsse durch die Jugend erzogen werden. Mit seinen Plänen scheiterte er früher als andere Nazi-Führer, immerhin aber bereitete er durch seine Jugendarbeit den jungen „Rohstoff Mensch" für den Krieg vor. Ob er es aus Naivität oder aus kalter Berechnung tat, läßt sich heute kaum noch entscheiden und ist auch das wenigste, was uns an der Person Baldur von Schirachs interessiert.

Wichtig ist vielmehr: Wie hoch war sein eigener Anteil an der Verführung der deutschen Jugend, und welche Auswirkung hatte seine Ernennung zum obersten Beauftragten der Kinderlandverschickung im September 1940?

Zu Anfang war er selbst ein Verführter. Mit siebzehn Jahren stand er in Weimar, dem Wohnsitz seiner Eltern, Adolf Hitler gegenüber. Hitler drückte ihm lange die Hand und schaute ihm tief in die Augen. Der Jung-Nazi bedankte sich mit einem Gedicht:

Mein Führer

Du gabst uns Deine Hand und einen Blick,
von dem noch jetzt die jungen Herzen beben:
Es wird uns dieser Stunde mächtig Leben
begleiten stets als wunderbares Glück.

Im Herzen blieb der heiße Schwur zurück:
Du hast uns nicht umsonst die Hand gegeben!
Wir werden unser hohes Ziel erstreben,
verkettet durch des Vaterlands Geschick.

Wenn sie Dich auch entrechten und verraten,
Dich schützt die Reinheit Deiner großen Taten,
man mag Dich auch umgeifern und bespein.

Das Eine können sie uns doch nicht rauben,
daß wir an Dich von ganzer Seele glauben,
denn Du bist Deutschlands Zukunft, Du allein!

Dieses Poem war nicht der Betriebsunfall eines schwärmerischen Jugendlichen. Baldur von Schirach dichtete bis zum Ende des Dritten Reiches weiter und fabrizierte noch etliche Führer-Gedichte, die millionenfach in Deutschland vertrieben wurden. Hier eines seiner letzten:

Hitler

Ihr seid viel tausend hinter mir,
und ihr seid ich, und ich bin ihr.

Ich habe keinen Gedanken gelebt,
der nicht in eurem Herzen gebebt.

Und forme ich Worte, so weiß ich keins,
das nicht mit eurem Wollen eins.

Denn ich bin ihr, und ihr seid ich,
und wir alle glauben, Deutschland, an Dich!

Adolf Hitler muß man immerhin zugute halten, daß er sich nie etwas aus den Reimen seines poetischen Gefolgsmannes gemacht hat – worüber sich dieser noch in den fünziger Jahren im Spandauer Gefängnis beklagte.

Schirach suchte über die Studentenschaften Einfluß und Macht in der Partei zu gewinnen. Er schaffte es mit Intrigen, weniger mit Mut. Als während einer Kundgebung in Jena kommunistische Störtrupps in den Versammlungssaal drangen, ergriff Baldur von Schirach, der eben noch in heldischer Pose auf der Tribüne gestanden hatte, die Flucht und verbarg sich in einem Nebenraum. Studentenführern, die ihn deshalb der Feigheit ziehen, erklärte er, sie verdienten, mit der Hundepeitsche geschlagen zu werden. Jahre später, nun geschützt durch Amt und Würden, griff er wirklich einmal zur Peitsche. Als sich der Rennfahrer Manfred von Brauchitsch angeblich abfällig über Schirachs Frau geäußert hatte, drang der aufgebrachte Ehemann in die Wohnung des Rennfahrers ein und verprügelte ihn mit einer Reitgerte. Schirach mußte Schmerzensgeld bezahlen.

1931 avancierte er zum Reichsjugendführer der NSDAP, später zum Reichsleiter der NSDAP für die Jugenderziehung. Damit war er oben, gehörte fortan zur Elite der Partei. Wie die meisten nationalsozialistischen Führer kam Baldur von Schirach ungewöhnlich jung zu Amt und Würden. Goebbels wurde mit achtundzwanzig, Karl Kaufmann mit fünfundzwanzig Jahren Gauleiter, und Himmler war bei seiner Beförderung zum Reichsleiter SS erst achtundzwanzig. Baldur von Schirach wurde als Sechsundzwanzigjähriger zum Reichsjugendführer ernannt. Dazu bemerkt Joachim Fest in seiner Hitler-Biographie: „Hitlers Bestreben, die jungen Menschen anzusprechen, zu stimulieren und mit Verantwortung zu betrauen, erwies sich als überaus wirksam... Die Unbedingtheit und ungeschwächte Glaubenskraft dieser jugendlichen Führungsleute, ihre ‚rein körperliche Energie und Rauflust', so erinnerte sich einer von ihnen später, ‚verliehen der Partei eine Stoßkraft, der vor allem die bürgerlichen Parteien je länger, je weniger kaum etwas Gleichwertiges entgegenzusetzen hatten'."

Schirachs Hitler-Jugend beteiligte sich an den Straßenkämpfen in Berlin, an den Schlägereien mit kommunistischen Trupps und demokratischen Verbänden, um den eigenen Einfluß in der Bewegung zu stärken: Einundzwanzig Hitler-Jungen kamen dabei um. Schirach ungerührt: „Je mehr sterben für eine Bewegung, um so unsterblicher wird sie." Rabiat zerschlug er konkurrierende Jugendverbände, ernannte mangels eines ideologischen Fundaments die Hitler-Jugend zu einem „Kunst-Werk" und beanspruchte den Wert einer Religionsgemeinschaft mit Hitler als Religionsführer:

„So wie die Schinto-Vorstellung die Verehrung des Kaisers und der Ahnen und des Volkes fordert, so könnte die nationalsozialistische Vorstellung, der nationalsozialistische Glaube, sagen wir einmal fordern: erstens die Verehrung des Führers, zweitens die Verehrung des Volkes und der Ahnen ..." Folgerichtig sollten die evangelischen und katholischen Jugendverbände der Hitler-Jugend einverleibt werden. Die evangelischen Gruppen fielen nach nur geringer Gegenwehr um, die katholischen dagegen widerstanden und konnten in der Folgezeit ihre Organisationen sogar noch stärken.

Als nächstes ging Baldur von Schirach gegen zwei weitere wichtige Institutionen vor, die Einfluß auf die Kinder und Jugendlichen hatten, nämlich Schule und Elternhaus. Der Erfolg war unterschiedlich. Es wurde der Staatsjugendtag proklamiert. An ihm, jeweils einem Samstag, fiel die Schule aus, und die Schüler wurden nicht von den Lehrern, sondern von HJ-Führern auf die Ziele der NSDAP eingestimmt. Außerdem sollte jeder Hitler-Junge pro Jahr mindestens drei Wochen in einem Zeltlager verbringen – fern von Elternhaus und Schule. In den meisten Lagern wurde zwar oft nur das alte Brauchtum deutscher Wandervögel weitergepflegt, die Zielsetzung der HJ-Führung aber war eine ganz andere. So stand in den Programmheften etwa: „Tagesspruch: Ihr seid nicht umsonst gefallen! Tagesthema: Der Lagerführer spricht von der Ehrfurcht, die die ganze Jugend vor den zwei Millionen Toten haben muß, die im Weltkrieg gefallen sind. Sie fielen für Deutschland, wir stählen uns ebenfalls für Deutschland. Wir sind damit die Erben der Front." Geschickt verbanden die HJ-Führer den durchaus legitimen Gedanken nach Ehrung der gefallenen Soldaten mit dem Ziel der neuen Machthaber – dem nächsten Waffengang. Systematisch wurde die HJ auf einen neuen Krieg vorbereitet, und ebenso systematisch suchte man die deutsche Jugend antisemitisch zu erziehen.

Sicher waren in diesen Jahren nur wenige Menschen, auch in der Jugend, ausgesprochen kriegslüstern. Es wurde viel von Frieden und Versöhnung geredet. Jugendliche aus Frankreich, Belgien, den Niederlanden oder Italien verbrüderten sich mit ihren deutschen Altersgenossen in gemeinsamen Zeltlagern. Baldur von Schirach veröffentlichte 1937 einen Aufruf, der auch heute noch (fast) so in einem Heft über deutsch-französische Freundschaft stehen könnte: „Die so erfolgreich begonnene Fühlungnahme zwischen der deutschen und der französischen Jugend erscheint mir als eine der schönsten Verheißungen dieser Zeit... Wenn wir in den törichten Fehler verfallen sollten, uns zu hassen, haben wir alles zu verlieren... Die deutsche Jugend hat mit Achtung auf Frankreich zu blicken... Möge in den Lagerfeuern unserer geliebten Jugend die alte Gegnerschaft unserer Länder für immer verbrennen."

Wußte Schirach nichts von Hitlers Angriffsplänen? Die Nürnberger Richter jedenfalls sprachen ihn 1946 in diesem Punkt frei: „Die Hitler-Jugend legte besonderen Wert auf militärischen Geist, und ihr Ausbildungsprogramm betonte die Wichtigkeit der Wiedergewinnung der Kolonien, die Notwendigkeit, Lebensraum zu gewinnen... Trotz der kriegsähnlichen Tätigkeit der Hitler-Jugend hat es jedoch nicht den Anschein, als ob von Schirach in der Ausarbeitung des Hitlerschen Planes für territoriale Ausdehnung durch Angriffskriege verwickelt war oder als ob er in der Planung oder Vorbereitung irgendeines der Angriffskriege beteiligt war."

Am Frankreich-Feldzug nahm Baldur von Schirach als einfacher Soldat teil – ein „leuchtendes Vorbild für die Jugend", wie Goebbels' Propagandamaschinerie posaunte. Von Hitler kam ebenfalls Lob. Er ernannte Schirach zum Gauleiter und Reichsstatthalter von Wien und erfüllte damit einen Herzenswunsch des Nazi-Dichters. Wenig später begann die KLV-Aktion.

Über die Ernennung zum KLV-Beauftragten heißt es in dem Rundschreiben Bormanns lapidar: „Mit der Durchführung dieser Maßnahme hat der Führer Reichsleiter Baldur von Schirach beauftragt, zu dessen Unterstützung insbesondere die NSV, die Hitler-Jugend und der NS-Lehrerbund tätig sein werden." Da nun taucht eine merkwürdige Unstimmigkeit auf. Das Rundschreiben war datiert vom 27. September. Später aber, während der Nürnberger Prozesse, sagte Baldur von Schirach aus, er sei erst im Oktober zu Hitler gerufen worden, um diese Aufgabe zu übernehmen. Könnte er sich tatsächlich um einen Monat geirrt haben? Kaum. Die wahrscheinlichste Lösung dürfte sein, daß die Aktion geplant, beschlossen und sogar mit ihrer Ausführung begonnen wurde, ohne daß Baldur von Schirach überhaupt beteiligt war. Die ersten Kinderzüge wurden im Namen des Führers und des Reichsleiters zusammengestellt, und dieser Reichsleiter reiste zur gleichen Zeit erst von Wien nach Berlin, um den Befehl für eine Aktion entgegenzunehmen, die in seinem Namen bereits begonnen hatte.

Schirach nahm erst am 2. Oktober 1940 im Berliner Hitler-Büro den Auftrag zur erweiterten Kinderlandverschickung entgegen. Für diesen Tag ist seine Anreise nach Berlin aktenkundig. Zwei Themen gab es zu besprechen: die Evakuierung der deutschen Kinder und die Deportation der noch 60 000 Wiener Juden. Rettung und Vernichtung – ein Tintenstrich oder auch nur ein zwischen Tee und süßem Gebäck hingeworfenes Wort entschied über das Schicksal, über Tod und Leben von Millionen Menschen. Im Nürnberger Protokoll heißt es: „Als von Schirach Gauleiter von Wien wurde, hatten die Judendeportationen bereits begonnen, und von den ursprünglichen 190 000 Juden Wiens waren nur noch 60 000 übrig. Am 2. Oktober teilte er Hitler mit, daß er 60 000 Juden in Wien habe, die das Generalgouvernement von ihm übernehmen müsse. Am 3. Dezember 1940 erhielt von Schirach ein Schreiben von Lammers, demzufolge Hitler auf Grund des von Schirach gemachten Berichts befohlen hatte, die noch in Wien verbliebenen 60 000 Juden wegen der in Wien herrschenden Wohnungsnot ins Generalgouvernement zu deportieren. Darauf setzte die Deportation der Juden aus Wien ein, die bis zum Frühjahr 1942 fortgesetzt wurde. Am 15. September 1942 hielt von Schirach eine Rede, in der er seine Handlungsweise mit der Begründung verteidigte, er habe ‚Zehntausende und aber Zehntausende von Juden in das Ghetto des Ostens' getrieben als ‚Beitrag zur europäischen Kultur'."

Kultur als Rechtfertigung von Verbrechen – typisch für Potentaten. Hitler mit seiner Architektur, noch schlimmer Stalin, der nicht einmal einen Filmtitel ohne seine persönliche Prüfung duldete und der in Georgien Hunderte von blinden Sängern ermorden ließ, um die von ihnen mündlich weiterverbreitete Volkskultur auszurotten, da sie sich seiner Macht, seiner Zensur entzog. Baldur von Schirach war, will man etwas Positives von ihm sagen, kein Meister dieses Fachs, nicht einmal ein Geselle, höchstens ein willfähriger Lehrling. Unter seiner Hoheit wurden Juden deportiert, unter seiner Verantwortung Kinder verschickt – aber das alles geschah im Magnetfeld des fernen Meisters in Berlin. Nichts, nicht einmal seine leiernden Verse produzierte Schirach wirklich in sich. Albert Speer, Hitlers Architekt und Rüstungsminister, umstritten bis heute, spürte diese Schwäche Baldur von Schirachs während der gemeinsamen Zeit im Spandauer Gefängnis. Speer in seinem *Tagebuch*: „Beziehungen zu Schirach wieder einmal auf dem Nullpunkt. Wir reiben uns ständig aneinander... Es sind gewiß nicht nur die Meinungsverschiedenheiten über die Vergangenheit, was uns trennt; entscheidender ist wohl, daß er nicht besitzt, was ich einmal die Rückzugslinie nennen möchte, ohne die kein Mensch in sich selbst ruhen kann. Bei mir war und ist es die Architektur, bei Dönitz und Raeder das militärische Handwerk. Schirach hat eigentlich nichts. Als Schüler lernte er Hitler kennen, und wenig später, mit Beginn seines Studiums, stellte er seine Existenz ganz auf Hitler ein. Er lernte keinen Beruf, hat auch nie einen ausgeübt, er war Funktionär. Manchmal denke ich darüber nach, welche Bedeutung die Literatur, sein Dichten für ihn hatte. Immerhin galt er im Dritten Reich als einer der führenden Lyriker. Aber schreibt er hier überhaupt noch etwas? Ich habe ihn niemals davon reden hören. Dabei macht doch, wie die europäische Literaturgeschichte lehrt, Gefangenschaft produktiv: Wie viele große Werke, bis hin zu Dostojewski, verdanken der Haft ihre Entstehung! In Schirachs Fall scheint mir aber, daß seine Lyrik nur

Dienstleistung war; daß nicht ein künstlerisches Element und ein Formwille dahinterstanden, sondern Verehrungsbedürfnis, und mit dem einen mußte das andere enden; mit Hitler seine Produktivität."

Speers Beobachtungen entlarven viel vom Wesen moderner Führungsgestalten. Kein Wunder, daß Schirach während der nationalsozialistischen Zeit etwas zu verbergen suchte, die Tatsache nämlich, daß er bei Hitler seit 1939 nur noch wenig und seit 1943 überhaupt keinen Einfluß mehr besaß. Erst nach dem Krieg, als es – automatisch auch für ihn – neue Mächte und neue Mächtige gab, sprach er über diesen Umstand wie selbstverständlich. Die entscheidende Stelle in den Nürnberger Protokollen gibt übrigens die einzige ausführlichere Erwähnung der Kinderlandverschickung wieder, zu der es in Nürnberg kam – ein sicheres Zeichen, daß an der Aktion letztlich nichts auszusetzen war. Im Protokoll heißt es:

„*Dr. Sauter [Schirachs Verteidiger]:* Herr Zeuge! Wie Sie dann in Wien waren, haben Sie dann noch einen weiteren Auftrag erhalten, der sehr viel Zeit in Anspruch nahm?

Von Schirach: Ich war gerade dabei, mich in Wien einzuarbeiten, als ich im Oktober 1940 den Befehl erhielt, in die Reichskanzlei zu kommen ... Dabei hat mir Hitler persönlich den Auftrag gegeben, die Evakuierung der ganzen deutschen Jugend aus den luftgefährdeten Gebieten durchzuführen und gleichzeitig auch die Evakuierung der Mütter und Kleinkinder. Und er sagte, daß diese in Berlin beginnen sollte und dann das ganze Reich umfassen sollte. Der Unterricht sei jetzt nebensächlich, Hauptsache sei die Erhaltung der Nervenkraft der Jugend und Erhaltung des Lebens. Ich habe aber doch sofort darum gebeten, daß mir die Möglichkeit gegeben würde, eine Unterrichtsorganisation aufzubauen, und habe es auch dann getan.

Eine der Forderungen – es ist im Zusammenhang mit der Anklage wichtig –, die ich sofort stellte, war, daß hinsichtlich der Ausübung des Gottesdienstes, der Teilnahme am Gottesdienst, den Jugendlichen keinerlei Schwierigkeiten gemacht werden dürfen. Das ist mir zugesagt worden und in meiner ersten Anordnung für die Kinderlandverschickung klar zum Ausdruck gekommen.

Es war die schwierigste, psychologisch komplizierteste organisatorische Arbeit, die ich überhaupt durchgeführt habe. Ich habe Millionen von Menschen auf diese Weise verschickt, verpflegt, unterrichtet, ärztlich versorgt und so fort. Allerdings hat mich diese Arbeit nur in den ersten Jahren ganz in Anspruch genommen oder sehr in Anspruch genommen; dann hatte ich mir meine Mitarbeiter auch dafür herangebildet.

Dr. Sauter: Wie oft sind Sie nun während der ganzen Jahre vorgelassen worden, um dieses wichtige Arbeitsgebiet mit Hitler zu besprechen?

Von Schirach: Ich habe über diese ganze Kinderlandverschickungsarbeit zum Beispiel ihm nur zweimal einen Vortrag halten können, das erste Mal 1940, nachdem ich das Ganze in Gang gebracht hatte, und das zweite Mal 1941, als die Verschickung ein großes Ausmaß angenommen hatte. Und sonst über Wien habe ich ihm sehr, sehr selten berichten können. Mit 1943 hörte die Möglichkeit der Berichterstattung überhaupt auf mit dem Bruch, den ich etwas später beschreiben werde."

Sicher, es war die „schwierigste, psychologisch komplizierteste organisatorische Arbeit". Aber was für eine Verworfenheit, sich angesichts der großen Katastrophe im Herzen von Europa noch mit den Worten zu brüsten: „Ich habe Millionen von Menschen... verschickt, verpflegt, unterrichtet, ärztlich versorgt"! Tatsächlich loben die meisten der heute noch lebenden Verantwortlichen der erweiterten Kinderlandverschickung das Organisationstalent Baldur von Schirachs. Fest steht auch, daß durch sein Eintreten eine gewisse Radikalisierung in den Lagern vermieden wurde. Sein alleiniges Verdienst aber war das sicher nicht. Die KLV-Aktion war für alle Beteiligten so heikel, daß kaum ein Nazi-Führer es hätte wagen können, Millionen Eltern zur freiwilligen Teilnahme zu überreden, wenn die Kinder – was vereinzelt dann doch geschah – wie in Militärlagern gedrillt worden wären.

Von den Organisationen, auf die sich Schirach stützen konnte, wäre lediglich die HJ zu einem derartigen Drill fähig gewesen, und das auch bloß am Anfang; später waren die als Lagermannschaftsführer eingesetzten Hitler-Jungen zu jung dazu. Die meisten anderen beteiligten Organisationen hatten sich einer völligen Radikalisierung widersetzen können, so die Volkswohlfahrt, der Lehrerbund, die Frauen-Verbände sowie auch viele Vertreter ehemaliger Organisationen, die sich schon vor der Machtübernahme mit Jugendverschickung befaßt hatten.

Der Begriff der Kinderlandverschickung war in Deutschland ja nicht neu. Bereits im 19. Jahrhundert hatten kirchliche Verbände damit begonnen, Landheime einzurichten und Kinder aus den Industrie-Slums der Großstädte in den Sommerferien dort hinzuschicken. Später kümmerten sich auch die „Arbeiterwohlfahrt" der SPD sowie kommunistische Gruppen um die Verschickung der Kinder ihrer Parteimitglieder. Wer immer hinter derartigen Aktionen stand, diese hatten einen guten Namen und galten wohl in der gesamten Bevölkerung als positiver Ausgleich für die Benachteiligung armer Schichten, als ein Akt der Nächstenliebe oder der sozialen Pflicht. Hitler übernahm einfach diesen Begriff, vermied damit den anrüchigen Ausdruck „Evakuierung" und verschaffte den großen Kinderzügen noch vor Beginn einen positiven Akzent.

Hinzu kam, daß es aus der Tradition der deutschen Jugendbewegung, den Wander- und Sportvereinen, ein großes Reservoir fähiger Erzieher, ausgebildeter Wirtschafter und Jugendpfleger gab, die nun zu Tausenden für die Evakuierung der Kinder eingesetzt werden konnten. In Schirachs Stab arbeiteten zum Beispiel mehrere führende Köpfe der aufgelösten Arbeiterwohlfahrt der SPD; sie standen zwar immer noch in Opposition zu Hitler, meinten aber, auf diesem Gebiet wenigstens einen positiven und helfenden Beitrag für die Menschen leisten zu können.

In der Berliner Reichskanzlei erhielt Baldur von Schirach ein Büro mit Sekretärin. Doch noch ehe der offizielle Sitz mit dem umständlichen Namen „Reichsdienststelle des Beauftragten des Führers für die erweiterte Kinderlandverschickung" fertig eingerichtet war, rollten bereits die ersten Kinderzüge nach Sachsen und in die Beskiden.

Die Pannen der frühen KLV-Monate lassen sich weder Schirach noch seinen Mitarbeitern anlasten. Dazu war die Aufgabe, vor die sie sich jetzt mitten im Krieg gestellt sahen, zu gewaltig und vor allem zu neu; ohne Anlaufschwierigkeiten hätte es auch keine andere Organisation geschafft. Allerdings, Baldur von Schirachs schon vor dem Krieg praktizierter Ehrgeiz, sich mit Hilfe der Hitler-Jugend mehr Macht im Staat zu verschaffen, wirkte sich auch während der Kinderlandverschickung negativ aus. Die Hitler-Jugend und mit ihr Schirach wollten sich diesen Massenzuwachs, dieses Millionenheer von Kindern außerhalb der Einflußsphäre von Elternhaus und Kirche nicht entgehen lassen. Wäre die HJ allein zuständig geblieben für die Verschickung und Betreuung der Kinder, hätte es bald ein unvorstellbares Chaos in den Lagern gegeben. Nur dem Wirken der vielen anderen Jugenderzieher und der immer dominanter werdenden Arbeit der Lehrer ist der letzten Endes positive Ausgang der Evakuierung zu verdanken. Noch 1942 unternahm Schirach einen letzten Vorstoß, den Einfluß der Lehrer in den Lagern auszuschalten, was jedoch mißlang – zum Wohle von Millionen Kindern.

Der Herr über alle KLV-Lager besuchte zwar mehrere von ihnen (und ließ sich dort seine eigenen Gedichte vortragen), doch geriet er immer mehr in den Bann des Wiener Lebens. Goebbels äußerte verächtlich gegenüber Hitler, Schirach würde „verwienern", und trug so zur Entfremdung zwischen dem Führer und dem Gauleiter bei, den manche schon als Kronprinzen des Dritten Reiches angesehen hatten.

Am 24. Juni 1943, Fronleichnam, fuhr Schirach mit seiner Frau auf den Berghof zu Hitler. Abends am Kamin trat er für eine mildere Besatzungspolitik ein, und Henriette von Schirach berichtete empört über die Verschleppung von holländischen Juden, die sie bei einem Besuch in Amsterdam miterlebt hatte. Goebbels hielt den Abend in seinem Tagebuch fest: „Der Führer bezeichnet sich als den objektiven Sachwalter der deutschen Reichsinteressen. Er erklärt, man müsse ihn nach seinem Tod aus dem Grab herausholen, wenn er irgendwo gegen seine bessere Überzeugung die Reichsinteressen verletzt habe. Diese Fragen bespricht der Führer ohne jedes Ressentiment, was auf Schirach und seine Frau um so aufreizender wirkt. Frau von Schirach ist sehr bestürzt über die Eröffnung, und die Tränen treten ihr in die Augen. Aber der Führer bleibt unerbittlich. Er antwortet ihr mit einer Härte, die außerordentlich erstaunlich ist. Schirach wird demgegenüber sehr klein und zurückhaltend ... insbesondere Frau von Schirach benimmt sich wie eine dumme Pute und geht in keiner Weise auf die Argumente des Führers ein ... Schirach hat danach nicht mehr viel zu bestellen."

Im Nürnberger Prozeß sagte Schirach über die Konsequenz dieses Kamingesprächs: „Ich war seit dem Jahr 1943 politisch ein toter Mann. Ich habe über das hinaus, was ich 1943 auf dem Berghof versucht habe, nichts tun können." Und auf die nachstoßende Frage Dr. Sauters „Nichts?" wiederholte er: „Nichts."

Nach 1945 ließ sich das einfach und auch für den eigenen Vorteil sagen, 1943 aber tat Schirach alles, um seine Machtlosigkeit zu kaschieren. Er residierte an Metternichs Schreibtisch, bestellte Künstler, förderte wie ein Fürst die Wiener Oper, empfing Delegationen, denen er versprach, sich bei Hitler für sie einzusetzen, und ließ sich von Millionen Kindern als ihr oberster Vorgesetzter feiern. Seine Amtsräume waren mit dicken Teppichen ausgelegt, an den Wänden hingen die Porträts der österreichischen Kaiserseit – feudale Kulisse für geborgte Macht. Als sich dann die Kriegsschauplätze hinein ins eigene Reich verschoben, wurden an den Fronten Schirachs Hitler-Jungen eingesetzt. Manche davon zählten nicht mehr als zwölf, dreizehn Jahre, aber diese Kinder kämpften mit der Verzweiflung von Fanatikern, und zu solchen waren sie ja erzogen worden. Tausende von ihnen fanden den „Heldentod". Wenn Schirach jetzt auch keinen Einfluß mehr darauf hatte, die Voraussetzungen waren von ihm geschaffen worden, schon vor dem Krieg – und auch, soweit man es ihm erlaubt hatte, in den KLV-Lagern.

Am 24. Februar 1945 sahen sich Baldur von Schirach und Hitler bei einem Empfang zum letzten Mal. Es war eine kurze und frostige Begegnung. Wieder in Wien, feuerte er am 11. März 1945 die Kinder mit folgenden Worten zum Kampf um die Verteidigung der Stadt an: „Erst vor wenigen Tagen habe ich beim Besuch beim Führer wieder das Wunder der Persönlichkeit erlebt. Adolf Hitler hat sich nicht verändert ... Seine Frage galt vor allem auch der Jugend: Wird sie sich bewähren, wird sie tapfer sein, das Schwerste auf sich nehmen? Ich weiß, ihr werdet den Führer nicht enttäuschen! Ihr habt nicht umsonst so viele Jahre lang seinen Namen getragen."

Er selbst aber dachte an sein Überleben. In Zivil, getarnt mit Brille und Schnurrbart, setzte er sich nach Tirol ab, wo er sich Richard Falk nannte und seiner Umgebung erzählte, er schreibe an einem Roman mit dem Titel *Das Geheimnis der Myrna Loy*. Am 5. Juni stellte er sich den Amerikanern und bot ihnen an, die jungen Deutschen vom Antisemitismus zu heilen, sie von bewaffnetem Widerstand im Untergrund abzuhalten und zu guten Demokraten zu machen. Als Göring in seiner Nürnberger Zelle davon hörte, fragte er den Militärpsychologen Gilbert: „Glauben Sie im Ernst, die deutsche Jugend kümmert sich auch nur einen Deut darum, was ein heruntergekommener Jugendführer von seiner Zelle aus verzapft?"

Baldur von Schirach wurde verurteilt, als die letzten KLV-Lager längst aufgelöst und die Kinder zu ihren Eltern zurückgekehrt waren. Am 1. Oktober 1966 öffneten sich für ihn die Tore des Spandauer Gefängnisses und entließen einen alten Mann, der dann, halb erblindet und krank, am 8. August 1974 in der Obhut von zwei ehemaligen BDM-Damen in einer Pension an der Mosel starb.

3

Die unterdrückte Angst

Wie Hitler sich seine Jugend vorstellte: hart wie Krupp-Stahl · Angst ein Makel, ein körperliches Gebrechen Was Kinder während der Evakuierung wirklich empfanden

Der erste Kinderzug aus Berlin ging – wie befohlen – am 3. Oktober 1940, der erste aus Hamburg erst am 10. Oktober ab.

In den gleichgeschalteten Zeitungen des Reiches erschienen auf Grund des Rundschreibens von Bormann fast wörtlich übereinstimmende verharmlosende Ankündigungen. Allein die Überschrift: „Kinderlandverschickung wird verstärkt". Sie sollte suggerieren, daß die seit Jahrzehnten üblichen Sommer-Landverschickungen ein wenig umfangreicher ausfallen werden – kein Grund zur Beunruhigung. Neben den Artikeln wurden in allen Schulen Aufklärungsversammlungen einberufen; da erfuhren die Eltern bedeutend klarer, um was es wirklich ging.

Für die ungewöhnliche schnelle Umsetzung des Führerbefehls gab es keinen Grund. Die Bombardements nahmen zwar täglich zu, die Verluste waren aber noch relativ gering. Doch es scheint im Wesen so persönlichkeitsbezogener Diktaturen zu liegen, daß jeder Befehl, ob sinnvoll oder nicht, sofort ausgeführt werden muß, als hingen Autorität und Bestand der Diktatur von der Schnelligkeit ab. Vielleicht ist es auch wirklich so.

Die Eltern der Kinder brauchten für die Verschickung, für Unterbringung, Essen und Unterricht keinen Pfennig zu bezahlen, auch die Lehrer wohnten frei, bekamen sogar eine Sonderzulage.

Anfangs wurden die Schüler noch nicht nach Klassen verschickt, wie aus einem Mängelbericht des Lehrers Harry Laub hervorgeht: „Der ernsteste Einwand gegen die Vorbereitungen des Transports ist: Warum werden nicht die Kinder, soweit sie von den Eltern zur Verschickung gemeldet werden, mit ihren Klassenlehrern verschickt, wie es zuerst geplant war? Wie die Dinge jetzt liegen, werden Klassenverbände zerrissen, Lehrer aus ihren Klassen fortgenommen und in Sachsen mit fremden Kindern wieder zusammengetan. Die Eltern, die den Lehrer ihres Kindes kennen, fürchten sich in über fünfzig Prozent, ihre Kinder unbekannten Helfern mitzugeben."

Harry Laub begleitete selbst den ersten Hamburger Zug. Die von ihm beschriebene Szene, die lange, lange Reihe von Kindern vor den Bahnhöfen, sollte für Jahre zu einem gewohnten Bild werden: „Die Kinder trafen mit ihren Eltern gegen 18 Uhr in der Präsident-Krahn-Straße ein. Dort waren in Abständen Fähnchen aufgestellt mit den Nummern des Eisenbahnwagens, in den die Kinder gehörten. Zu meinem Fähnchen 7 gehörten fünf Transportgruppen, ich erhielt die Gruppe 42a: 13 Kinder; die Ältesten waren 13 Jahre alt, das Jüngste 4½, elf Knaben und zwei Mädchen; alle fremd, alle verschieden. Aufgeweckte und Stumpfe, Vorlaute und Bescheidene. Obgleich mir alle unbekannt waren, ließen sie sich verhältnismäßig leicht lenken."

Nach den ersten negativen Erfahrungen gingen die Behörden dazu über, die Kinder tatsächlich klassenweise zu verschicken, möglichst in Begleitung des Klassenlehrers. Das wiederum hatte auch einen Nachteil: Das Gebot der Freiwilligkeit ließ sich nicht immer korrekt einhalten. Wenn sich aus einer Klasse von vielleicht 30 Schülern 27 zur Landverschickung gemeldet hatten, blieb den Eltern der übrigen drei oft nichts anderes übrig, als ihre Kinder ebenfalls anzumelden. Denn die Zurückgebliebenen wurden in Sammelklassen zusammengefaßt, solange es in den Städten überhaupt noch Unterricht gab. Dadurch verloren sie nicht nur die ihnen vertrauten Lehrer und Kameraden, sie mußten manchmal auch zu anderen, weiter entfernten Schulen gehen, was bei den Luftangriffen ein zusätzliches Risiko bedeutete.

Alle Zeitungen versuchten, mit lustig-launigen Berichten über den wahren Grund der Aktion hinwegtäuschen. Die Propaganda spannte auch die KLV als passives Werkzeug zur Erzeugung eines Feindbildes ein. Ein Beispiel aus der Küche des Joseph Goebbels im *Hamburger Mittagsblatt* vom 14. Oktober 1940, also zu Beginn der Verschickung:

„Während gerade der Berichterstatter sich zurückmeldet, der den ersten ‚Kinderzug' von Hamburg nach Sachsen begleitet hat, der am Donnerstag von Hamburg abgegangen ist, bringt der Funk eine Meldung von jenseits des großen Teiches, nach der Clark Gable von dem letzten britischen Schiff, das Plutokratenkinder und Hunde drüben landete, 15 edle Vierbeiner in Pflege genommen hat. Die Kinder der Lords und Magnaten, so wird gekabelt, seien bestens untergebracht, und für die 1200 wertvollen Windhunde aus Old England werde im Augenblick eine Art Tierschutzverein zur Betreuung geschaffen. Manager: Clark Gable.

Nichts kann deutlicher den Unterschied England–Deutschland klar werden lassen als dieses Zusammentreffen. Dort sind nach den Kindern einiger millionenschwerer Kapitalisten Rennhunde das wichtigste Kapital, während man die Kinder des arbeitenden Volkes in der Hölle der Bombardements läßt, die von unglaublich leichtsinnigen Hasardeuren heraufbeschworen wurden. Hier gibt es eine Gefährdung, die auch nur annähernd den Londoner Verhältnissen vergleichbar wäre, überhaupt nicht. Und dennoch macht man sich Arbeit und Mühen um die Jugend, in der Deutschland seine Zukunft sieht und die daher vor allen Beeinträchtigungen der Gesundheit und des Wachstums geschützt werden muß."

Auffällig an der Lohnschreiberei der deutschen Propaganda jener Jahre ist, daß dem Wunschbild des Führers über die deutsche Jugend nicht der leiseste Zweifel entgegengesetzt werden durfte.

Begriffe wie Angst, Tränen, Zagen und Zaudern sollten aus der Erlebnisskala verbannt werden. Über die Fahrt des ersten Hamburger Kinderzuges nach Sachsen konnte man damals in der Presse lesen: "... einige Stunden später werden sämtliche Lampen im Zug gelöscht. Was ist? In der nächsten Stadt ist Fliegeralarm. Ach so, das kann die kleinen Hamburger nicht erschüttern!"

In dem Bericht des begleitenden Lehrers Harry Laub heißt es dagegen glaubhaft: „Der D-Zug geriet in eine Fliegergefahrenzone. Es wurde die Meldung durchgegeben, alle Kinder müßten in die Abteile, das Licht wurde augelöscht. Der Zug hielt auf offener Strecke; nach einiger Zeit erloschen auch die letzten schwachen, blauen Lämpchen in der Wagenmitte. Erfreulicherweise ging das sehr ruhig in unserem Wagen ab. Die Kinder kuschelten sich in allen möglichen und unmöglichen Stellungen zu fünfen auf den ausgezogenen Wagensitzen zusammen und schliefen."

Wer aber wollte wohl seine Angst, sein Heimweh bereits in dieser Anfangsphase offen zeigen, wer konnte sich schon dem alles betäubenden Druck des angeblichen „inneren Heldentums" widersetzen, zeigen, was wirklich in ihm vorging? Angst war ein Makel, fast ein körperliches Gebrechen im Dritten Reich. Man hatte sie zu verdrängen; nicht umsonst setzt noch heute die volkstümliche Sprache der Angst den „inneren Schweinehund" entgegen.

Im ersten Kinderzug nach Sachsen weinte ein Mädchen. In dem Propagandabericht klingt das so: „Im sechsten Wagen ist großes Hallo. Ein kleines Mädchen weint und scheint schier untröstlich. ‚Nanu – schon Heimweh?' Der Reiseleiter bemüht sich um das kleine Persönchen und sucht sie mit Schokolade zu trösten. Nichts will nützen. Endlich – nach langem Hin und Her – kommt die Ursache des kleinen Dramas ans Licht. Da ist doch, sage und schreibe, die Lieblingspuppe der kleinen Ursula versehentlich mit ihrem Gepäck in einem anderen Wagen gelandet... Bald hat Klein-Ursula ihren Liebling wieder, und eitel Glück herrscht ab jetzt im Wagen 6."

Selbst wenn man den Zeilen des Schreibers keine besondere

Bedeutung zugestehen will und soll, verraten sie doch viel über das, was in den Kindern wirklich vorging und was sie allesamt zu kaschieren hatten.

Es heißt nicht: Ein Mädchen weint, weil seine Puppe verlorengegangen ist oder weil es Heimweh hat. Nein, am Anfang wird nur die Tatsache verkündet: „Ein kleines Mädchen weint ..." So alleinstehend wirkt es wie ein erschütterndes Ereignis, könnte etwas ganz Furchtbares, vielleicht sogar Abnormales, Verbrecherisches sein. Die Dramaturgie steigert sich noch: „Nanu – schon Heimweh?" Hätte das kleine Mädchen schüchtern genickt, wäre diese Begebenheit kein Stoff mehr für den Schreiberling gewesen. Es kommt die Pointe: Das kleine Mädchen sucht nur seine Puppe – keine Spur von Angst also, kein Verbrechen, keine Abartigkeit!

Man stelle sich vor: Mehr als fünf Millionen Kinder wuchsen unter solchen Verdrehungen und Verklemmungen auf, wenn nicht ihr Lagerlehrer als Mutter- oder Vaterersatz für einen notdürftigen Ausgleich sorgte.

Ralf Dahrendorf: „Während meiner Lagerzeit wurde ich fast nur von alten, bereits pensionierten Lehrern betreut. Sie standen meistens schon über den Dingen, waren allein Kraft ihres Alters auf Distanz zum Nationalsozialismus – oder zumindest seinen Auswüchsen gegenüber."

Loki Schmidt, die Frau des früheren Bundeskanzlers, über ihre Zeit als Junglehrerin in der KLV: „Ich sollte ihnen Vater und Mutter sein, nachts kamen sie manchmal heulend zu mir ans Bett."

Alexa Unbehauer-Horchera aus Griesheim erinnert sich: „Die Kinder litten, vor allem die 52 Sextanerinnen, mit denen ich den Schlafsaal als Ersatzmutter teilte und deren tränenfeuchte Gutenachtküsse alle abendlich immer neue, tröstende Worte von mir forderten, so daß ich meine eigenen Ängste um meine Kölner Familie im Bombengebiet fast vergaß. Jede Nacht verirrte sich eins der Kinder zwischen den vielen Bettreihen auf dem Weg zum Klo, und morgens fand sich stets ein Verzweiflungspfützchen zum Aufwischen."

Sicher, diese Art fürsorglicher Betreuung in den Lagern wird die Regel gewesen sein. Bei so vielen Millionen verschickten Kindern, bei Zehntausenden begleitenden Lehrern und Helfern ließen sich die Wunschträume des Führers nicht voll verwirklichen. Aber sein Ziel war seit dem Machtantritt 1933 die totale Einbindung der Jugend in den Staat, ihre Loslösung aus Familie und Religionsgemeinschaft. Mit Hilfe der deutschen Jugend wollte Hitler aus Mitteleuropa, Westrußland, der Ukraine und dem Kaukasus ein gigantisches tausendjähriges Reich zusammenmeißeln. In seiner Sprache hieß das so: „Meine Pädagogik ist hart. Das Schwache muß weggehämmert werden. Stark und schön will ich meine Jugend, herrisch und unerschrocken. Das freie, herrliche Raubtier muß aus ihren Augen blitzen.“ Und: „Unsere Rettung wird das Kind sein.“

Der Hitler-Jugend gab er die Leitsätze mit auf den Weg: „Der deutsche Junge muß schlank und rank sein, flink wie ein Windhund, zäh wie Leder und hart wie Kruppstahl. Er muß lernen, Entbehrungen auf sich zu nehmen, Tadel und Unrecht zu ertragen, zuverlässig, verschwiegen, anständig und treu zu sein . . .“

Für die Mädchen hatte Adolf Hitler vor allem einen Satz: „Das Ziel der weiblichen Erziehung hat unverrückbar die kommende deutsche Mutter zu sein.“

Ein Mann mit solchen Gedankengängen bekam durch die KLV, wohl auch für ihn unerwartet, noch mehr Gewalt über die deutsche Jugend, als er sie sich seit 1933 ohnehin angeeignet hatte. Unverblümt hatte er schon damals sein Programm formuliert: „Wenn diese Knaben mit zehn Jahren in unsere Organisation hineinkommen und dort eine frische Luft fühlen, dann kommen sie vier Jahre später vom Jungvolk in die Hitler-Jugend. Dort behalten wir sie wieder vier Jahre. Und dann geben wir sie erst recht nicht zurück in die Hände unserer alten Klassen- und Standeserzeuger, sondern dann nehmen wir sie sofort in die Partei, in die Arbeitsfront, in die SA oder in die SS, in das NSKK usw. Und wenn sie dort zwei Jahre waren, kommen sie in den Reichsarbeitsdienst und werden dort wieder sechs bis zwölf Monate geschliffen, alles mit einem Symbol beim Arbeitsdienst: unter dem deutschen Spaten. Dann übernimmt sie die Wehrmacht zur Behandlung auf zwei Jahre. Und wenn sie von da zurückkehren, dann nehmen wir sie sofort wieder in die SA, SS."

Liest man heute diese Sätze, so paßte die Kinderlandverschikkung perfekt in sein System. Deshalb wurde auch mit der Organisation der KLV die Hitler-Jugend betreut. Aber in Europa herrschte Krieg, die Menschen, die er am meisten verachtete, der deutsche Lehrer und der deutsche Professor, bekamen mehr und mehr die Oberhoheit über die Kinderlager. Hitler hatte in seiner Begründung der erweiterten Kinderlandverschickung die pädagogische Zielsetzung dieser Aktion nicht erwähnt. Er sprach nur von der Nervenkraft der deutschen Jugend, die es zu erhalten gelte. Was er über den deutschen Professor dachte, hatte er in einem seiner Tischgespräche kundgetan: „Würde die Welt auf einige Jahrhunderte dem deutschen Professor überantwortet, so würden nach einer Million Jahren lauter Kretins bei uns herumwandeln: Riesenköpfe auf einem Nichts von Körper."

Trotz möglicher Korrekturen durch ältere oder noch in anderem Geist erzogene Lehrer wuchs die Jugend im Dritten Reich durchaus in diesen Vorstellungen auf. Ralf Dahrendorf: „Man kann es leider nicht verschweigen. Mit sensiblen und feinfühligen Mitschülern gingen wir im Lager nicht zimperlich um. Wer weinte, mußte nachts damit rechnen, von der übrigen Stubenbesatzung zur Abhärtung verprügelt zu werden."

Ein Junge aus Norddeutschland schrieb über den Beginn seiner Verschickung mit der Harmlosigkeit eines Elfjährigen in sein Tagebuch: „Das Heimweh ist 'ne harte Qual, es drückt aufs Herz wie Beil und Stahl; doch uns hat's nicht gefangen ... Wir stehen fest ... Kameradschaft läßt ihm keinen Raum ... So geht es bei uns im KLV."

In diesen jungenhaften Zeilen steckt ein hohes Maß an unterdrückter Angst, eine unbewußte Geisterbeschwörung. Die Jugendliteratur, die Broschüren für die KLV-Zeit waren voll „tapferer Taten". Ein Junge, der nicht gleich von einem Dreimeterbrett ins Wasser springen wollte, war nicht nur ein „Schlappschwanz" und ein „Versager", er hatte auch einen schlechten Charakter – wenn er nicht doch noch sprang.

Laufend wurden die Kinder in den Lagern auf diesen friedlichen Inseln inmitten des Krieges, mit für sie theoretischen Heldengeschichten von der Front vollgestopft. Sie wußten nichts von der Wirklichkeit, und nicht wenige von ihnen wurden deshalb in den letzten Kriegsmonaten eine leichte und sogar noch begeisterte Beute von SA und SS.

Fast alle Briefe und Tagebücher während der Verschickung wurden von den begleitenden Lehrern gegengelesen, und selbst wenn das nicht geschah, standen die Kinder unter ständiger Kontrolle. Zum Teil aus heute noch einsehbaren Gründen: Sie sollten nicht plötzlich und unvorbereitet tragische Nachrichten erfahren oder umgekehrt durch ihre kindliche Phantasie die Eltern zu Hause beunruhigen. Zudem waren die Kinder meist in großen Schlafsälen untergebracht, und dort konnten sie kaum ihre geheimsten Gefühle ausleben. Sie standen Tag und Nacht unter Kontrolle, letztlich unter einem ständigen Druck, oft unter Angst, und die durften sie nur in einigen Lagern offen zeigen. Die ungeheuer hohe Zahl von Bettnässern, und von Klassen, die geschlossen in Krankenstationen verlegt werden mußten, spricht eine deutliche Sprache.

Heute aber, Jahrzehnte danach, erinnern sich die Kinder noch ziemlich genau an ihre Ängste, die nicht selten schon beim Abschied oder während der Fahrt einsetzten.

Mildred Scheel: „Natürlich waren wir stolz auf diese lange Reise, aber der Mut sank doch merklich mit jedem Kilometer, der zwischen uns und dem Elternhaus lag."

Bernhard K. aus Essen: „Ich weinte am Bahnhof, wollte aber den wahren Grund verheimlichen und log deshalb völlig absurd, mich hätte nicht meine Mutter zur Bahn gebracht; es sei eine ferne Verwandte gewesen, die mich auf diese Weise lossein wollte. Ich müßte sofort zurück zu meiner Mutter."

Gertrud W.: „Im Abteil kicherten alle, heimlich wischte ich

meine Tränen ab und kicherte lauter als alle anderen, damit keiner etwas merkte."

Die Schauspielerin Barbara Rütting: „So neugierig wir auch auf die große Fahrt waren, mit der ersten Dunkelheit begann meine Freundin leise zu weinen."

Hans D., heute Fuhrunternehmer: „Kinder können grausam sein. In unserem Abteil machte ein Mitschüler in die Hose. Wir grölten über ihn – wahrscheinlich aber nur weil wir unbewußt fürchteten, uns könne das gleiche passieren."

Und nach dem Krieg schrieb der Pädagoge Dr. Alfred Ehrentreich über die Ankunft eines Transportes – ein Bericht, der wohl kaum in dieser Form schon damals geschrieben worden wäre: „Es wurde eine kurze Nacht. Am Morgen sollte der Zugtransport mit 750 Mädels eintreffen, was mit zweistündiger Verspätung um 7.30 Uhr geschah. Übermüdete, blasse, frierende und schon von Trennungsweh befallene Schülerinnen ordneten sich zum Abmarsch in die Häuser. Man hatte die Verdunklungspflicht für den Augenblick der Ankunft aufgehoben, Bahnhof und Kurheime lagen im strahlenden Licht. Unsere 79 Mädchen aus Karlshorst wurden im ‚Sanatorium' untergebracht."

Ein Kölner Geschwisterpaar erlebte erschütternde Stunden auf dem Würzburger Hauptbahnhof. Die Frau erinnert sich heute: „Mein Bruder und ich waren noch nie mit dem Zug gefahren, er war sieben, ich neun Jahre alt. Die ganze Zugfahrt saßen wir dicht nebeneinander verkrampft. Ich hatte wahnsinnige Angst. Auch heute wache ich manchmal auf und spüre diese Angstgefühle."

In Lagern, wo die Mannschaftsführer über Autorität verfügten, kam es zu Szenen, die sich tief in die Kinderseelen einprägten.

Bernd S. erinnert sich: „Unser Lagermannschaftsführer veranstaltete Boxkämpfe. Wer verlor, mußte zur Strafe am nächsten Tag die Latrinen putzen, erntete oft Hohn und Spott."

Kurt T.: „Einer meiner Klassenkameraden getraute sich nicht, an einem Seil über einen Bach zu hangeln. Der Lagerführer hänselte ihn. Der Junge weinte, zog sich zurück und wurde in den nächsten Tagen nur noch verstörter. Statt mit ihm zu sprechen, verordnete unser Lagermannschaftsführer den sogenannten Stubengeist: Nachts mußten wir den Jungen in ein Bettlaken einwickeln, er wurde vor der Tür mit Wasser übergossen. Zu allem Unglück wurde der Junge in den nächsten Wochen auch noch Bettnässer. Seine Eltern holten ihn ab."

Nicht immer traten die Lagermannschaftsführer so auf. Andere KLV-Teilnehmer erinnern sich, daß sie sehr behutsam von den HJ-Führern geführt und von mancher kriegerischen Härte gegenüber Klassenkameraden abgehalten wurden. Da die meisten HJ-Führer sehr jung waren, muß ihre „Pädagogik" nicht immer Methode gewesen sein. Sie waren meist einfach noch nicht reif genug, trotz der Schulungen, die sie in den Jahren zuvor absolviert hatten. Der KLV-Schüler Wolfgang M. berichtet von einem, der zwar sehr gut Geige spielte, die Kinder aber auch mit dem Geigenbogen nach Lust und Laune verprügelte. Und in einem Lager in Zittau erlebte er, wie auf Befehl eines Lagermannschaftsführers ein Junge auf folgende Weise bestraft wurde, nur weil er Bettnässer war: „Mehrere Kinder mußten den Jungen festhalten. Einer stellte einen flachen Teller auf seinen Kopf und schnitt alle Haare ab, die nicht vom Teller verdeckt wurden. Viele Haare blieben nicht übrig." Dieser Tellerschnitt war eine Steigerung jenes üblichen und harmlosen Topfschnittes, an den sich viele Kinder der Vorkriegszeit erinnern werden.

4
Die Trennung von den Eltern

Wie Kinder reagierten, wenn Todesnachrichten in ihre Lager kamen · Das Gefühl von Hilflosigkeit · Die Briefe der Eltern · KLV-Schüler hören Feindsender

Umgeben von Wald und sanften Hügeln, saftigen Wiesen und in der Nähe eines kleinen Ortes im Erzgebirge lag das KLV-Lager „Nußknackerbaude“. Eines Tages erhielt dort ein zwölfjähriger Junge einen Brief von seiner Mutter aus Düsseldorf:

„Lieber Dieter, gestern abend fand wieder ein Bombenangriff auf Düsseldorf statt. Eine Bombe fiel gleich vor Brenders Fenster, eine zweite aufs Haus von Dunckerbeck. Dieses Haus stürzte ein und brannte lichterloh. Eine dritte Bombe ging rechts vom Tor vom Gertrudisheim nieder und dann eine weitere bei Nelchen, wieder eine vor dem Bäckerladen von Groß, und bei Retz schlug eine in den Keller ein. Die Läden wurden zerstört. Herr Retz ist tot. Auch die Familie, die bei dem letzten Angriff das kleine Mädchen verloren hat, ist getötet worden.“

Diese Zeilen mußte plötzlich inmitten einer friedlichen Landschaft, ein Junge lesen, der sich Monate zuvor in gedämpfter Neugier von seiner Mutter verabschiedet, in der langen Reihe der Kinder vor dem Düsseldorfer Hauptbahnhof gestanden und das elterliche Haus vermutlich ohne einen Blick zurück verlassen hatte – mit der spielerischen Kraft der kindlichen Seele, die noch nichts von Zerstörung, von Tod und Vergänglichkeit ahnt, die sich und die Menschen ihrer Umgebung, sei es die Mutter oder den Großvater, den Spielfreund oder den Lehrer, zeitlos im Raum sieht, immer gültig?

Aber die Psychologie weiß auch um eine andere Kraft, einen anderen Instinkt im Kind: zu helfen und zu schützen – vor allem Menschen, die ihm lieb und nah sind. Es gibt genügend Beispiele, wie dramatisch sich das Persönlichkeitsbild eines Kindes zu verändern vermag, wenn ihm irgendwann in Not und Gefahr verwehrt ist, diese Hilfe zu geben. Eine Art Spaltung kann eintreten, zumindest eine Schieflage: Zwei noch unversöhnliche Faktoren stehen gegeneinander, auf der einen Seite der bereits ausgeprägte und sensibilisierte Wunsch zu beschützen und auf der anderen die Schwachheit, also das Unvermögen des kindlichen Körpers zur Hilfe; eingegrenzt auch durch die Gesellschaft, die völlig zu Recht das Kind daran hindert, schon eine Beschützerrolle zu übernehmen.

In diesen Konflikt kamen während des Krieges Hunderttausende, wenn nicht gar Millionen von Kindern. Und damit wird neben dem Problem der unterdrückten Angst eine zweite bis heute unbeachtete Auswirkung des Krieges deutlich. Die Bomben trafen in den Städten nicht nur die Menschen, die sich in ihnen aufhielten, die Bomben trafen nicht nur Häuser, Straßen, Bahnhöfe oder Fabriken, sie erfüllten nicht nur den Soldaten an der Front mit Sorge und Schmerz über die Zurückgebliebenen, sondern die Detonationen richteten auch Verheerungen in den Seelen der Kinder an, die fern von allem Unglück lebten – Verheerungen, die nicht unmittelbar meßbar sind, aber möglicherweise gerade deshalb größere Auswirkungen hatten und immer noch haben als etwa die Eindrücke, denen ein Kind bei Bombenangriffen oder bei den Greueln des Kriegsendes unmittelbar ausgesetzt war. Deshalb wurden die Auswirkungen des Bombenkriegs, die erschütternden Nachrichten aus den Städten und von der Front zum eigentlichen Kernproblem der Aktion. Und als Folge, welche Möglichkeiten die Lager und die NS-Ideologie boten, die daraus resultierende Angst zu verarbeiten. Wie viele Kinder in den KLV-Lagern mögen es gewesen sein, die irgendwann einmal, urplötzlich einen Brief wie den an den zwölfjährigen Dieter in den Händen gehalten haben? Mehr als fünf Millionen lebten in den Lagern, viele wurden sogar öfter mit solchen Zeilen konfrontiert!

In einem Lager in Libusza in den Karpaten listete Mitte 1943 die Lehrerin Margarete M. unter den rund 250 Kindern auf, wie viele schwer vom Krieg getroffen worden waren. Die Lehrerin beschreibt einleitend das Lager und betont die Schönheit der Umgebung und die schützende Ordnung, in der sie alle lebten: „Das Lager ist in einem parkähnlichen Gelände untergebracht; die Häuser freundlich, in der Nähe fließt ein Fluß durch die Felder ..." Dann aber folgt eine grausame Liste. Zuerst fein säuberlich die Namen von 184 Kindern, deren Elternhaus zerbombt worden war, deren Eltern sich selbst nicht mehr zu Hause aufhielten, also Flüchtlinge waren. Die alphabetische Liste beginnt mit „Bartsch, Gertrud, geboren am 9. 8. 1932" und endet mit „Ziegler, Inge und Waltraud". Anschließend folgen weitere sechs Namen:

Margot Wolschky: Eltern und kleiner Bruder tot.
Elly Witthans, geb. 24. 1. 32: Mutter tot.
Ruth Steen, geb. 22. 9. 32: Keine Nachricht über das Schicksal der Eltern.
Hertha Köhler, geb. 16. 3. 32: Eltern tot.
Ursula Bantien, geb. 16. 1. 1933: Mutter und Geschwister tot.
Ursula Raithel, geb. 5. 3. 1931: Mutter und Geschwister tot."

Dies ist die Bilanz eines einzigen Lagers ungefähr in der Mitte des Bombenkrieges: Von rund 250 Kindern hatte der ferne Krieg sechs zu Waisen oder Halbwaisen gemacht und bei 184 etwas zerstört, was vielen in jenen Tagen die innere Sicherheit gab: die Wohnung, das Kinderzimmer ...

Über die unmittelbaren Reaktionen der Kinder liegen genügend Auskünfte vor. Sie waren je nach persönlichem Naturell verschieden; sie waren auch, wie aus den Erinnerungen vieler Kinder hervorgeht, am Anfang des Krieges anders als in der letzten Phase. In jedem Fall begann es mit einer herzlähmenden Erschütterung.

Die Berliner Hausfrau Brunhilde A. erinnert sich: „Immer wenn so ein Brief ins Lager kam, waren alle wie gelähmt. Ein Mädchen warf sich aufs Bett, ich sehe diese Szene noch deutlich vor mir. Zuerst schrie sie, dann weinte sie nur noch still für sich, zitternd am ganzen Körper. Ich ging zu ihr, wollte sie trösten. Erschrocken wich sie zurück; erst nach Tagen konnte ich behutsam mit ihr reden."

Stefanie M.: „Als eine Klassenkameradin erfuhr, daß ihr Vater an der Front gefallen war, mochten wir mehrere Tage nicht mit ihr reden. Um ehrlich zu sein: Wir mieden sie. Sicher nicht, um ihr weh zu tun. Heute denke ich: Wir wurden mit dieser Situation einfach nicht fertig."

Bernd M.: „Ich kann mich genau erinnern, mittags traf die Post ein, der Lehrer sah sie durch, reichte die Briefe weiter. Einen Brief behielt er bei sich. Ging kurz aus dem Klassenzimmer, sagte noch, wir könnten in den Garten gehen. Einen kleinen Jungen winkte er zu sich heran, legte einen Arm um seine Schulter und ging mit ihm den Flur entlang ... Wir sahen den Jungen erst am Abend wieder, blaß, still kroch er in sein Bett, zog die Decke über den Kopf, und erst nach Stunden, als ich zufällig wach wurde, hörte ich sein Weinen ... Erst nach Tagen erfuhren wir, daß seine Mutter und Großmutter und seine kleine Schwester bei einem Bombenangriff ums Leben gekommen waren."

Es gab aber auch andere Reaktionen. An eine besonders grausame erinnert sich Harald X.: „Wir mußten im Karree um den Fahnenmast antreten. Der örtliche HJ-Führer und unsere Lehrer standen vor uns; wir sangen. Der HJ-Führer begann mit einer Ansprache, sprach über den Opfertod an der Front, über Helden. Dann ließ er drei Jungen vortreten. Ich weiß noch, daß sie sehr blaß waren. Dann verlas der Lehrer einen Text über den Tod des einen Vaters, über den Tod eines Bruders und über das Elternpaar des dritten, das in den Ruinen von Köln umgekommen war. Sie mußten strammstehen, und ich bin heute nicht einmal mehr sicher, ob die drei vor dieser Kulisse für Sekunden nicht stolz waren auf den Tod ihrer Angehörigen ..."

Gerhard S.: „Am Nachmittag erfuhren zwei Jungen, daß ihre Mütter während der Angriffe auf Hamburg ums Leben gekommen waren. Am Abend, als wir zum Schlafengehen abzählen mußten, waren sie beide verschwunden. Sie versuchten von Böhmen, wo unser Lager war, nach Hamburg zu Fuß zu gehen. In der Nähe von Würzburg wurden sie aufgegriffen. Angeblich völlig ausgemergelt und ihre Kleider zerrissen."

Ähnliches wissen Tausende der heute Fünfzig- bis Fünfundfünfzigjährigen aus ihrer Erinnerung zu berichten. So verheerend die Auswirkungen der Todesnachrichten in den kindlichen Seelen auch waren, möglicherweise gab es noch Schlimmeres – wenn Kinder vom Leiden ihrer Eltern hören mußten, so wie der anfangs erwähnte Dieter aus Düsseldorf. Vielleicht fällt es Kindern leichter, sich mit der Tatsache des Todes zu arrangieren als mit der Vorstellung, daß in der Ferne die Mutter oder der Vater leiden und sie ihnen nicht helfen können. Aus dem Heer der herangebildeten Psychologen hat sich bisher – soweit bekannt – keiner dieser Probleme des Zweiten Weltkrieges angenommen. Doch hat der amerikanische Psychoanalytiker Erik H. Erikson in einem anderen Zusammenhang drei Fälle aus unserem Jahrhundert herausgesucht, an denen exemplarisch deutlich wird, welche Folgen die von einem Kind oder jungen Menschen dem Älteren nicht gewährte Hilfe in späteren Jahren haben kann. Der wohl interessanteste ist das Schicksal von Eleanor Roosevelt. Sie wurde als Zwölfjährige zu ihrem Vater gerufen. Er war Trinker, lebte in einer Heilanstalt und war nur für einen Tag entlassen worden, um an der Beerdigung seiner Frau teilnehmen zu können. Vor seiner Rückkehr in die Anstalt bat er seine Tochter, doch bei ihm zu bleiben und mit ihm nach Europa zu fahren, damit er dort ein neues Leben beginnen könne. Dann mußte er gehen. Wenige Wochen später starb er. Eleanor Roosevelt wurde ein überaus schüchternes Mädchen, bedrückt, wie sie in ihrer Biographie schrieb, durch ihre Hilflosigkeit und ihr Versagen gegenüber dem Vater. Sie heiratete den späteren Präsidenten Franklin D. Roosevelt. Als ihr Mann wegen seiner Kinderlähmung in eine Anstalt sollte – ähnlich wie ihr Vater – verwandelte sie sich, konnte plötzlich die vermeintliche Schuld ihrer Kindheit abtragen. Mit der Energie und dem Mut einer Löwin verhinderte sie die Einweisung ihres Mannes in eine Anstalt und blieb bis zu ihrem Tode die resolute Frau, wie sie in der amerikanischen Geschichte beschrieben wird. Die beiden anderen Beispiele betreffen Mahatma Ghandi und den Soziologen Max Weber. Ghandi sollte am Sterbebett seines Vaters wachen, ging aber zu seiner Frau, um mit ihr zu schlafen. Plötzlich klopfte sein Onkel an die Tür und sagte, der Vater sei tot. Seit dieser Zeit führte Ghandi ein enthaltsames Leben. Max Weber wiederum wollte gegenüber dem Vater die Rechte der Mutter durchsetzen – vergebens. Der Vater starb, Max Weber wurde später in eine Irrenanstalt eingeliefert, beschäftigte sich dort mit dem Spielzeug seiner Kindheit.

Alle drei waren Menschen mit ausgeprägtem Charakter und starkem Willen, bei denen solche Schlüsselerlebnisse sicherlich stärkere Auswirkungen hatten als bei anderen. Aber die drei Fallbeispiele lassen doch das Spektrum ahnen, zumindest die äußeren Werte einer Skala, auf der irgendwo das Schicksal jedes einzelnen Kindes der Millionen Betroffenen aus der KLV-Zeit verzeichnet sein müßte.

Von dem zwölfjährigen Dieter wissen wir sein späteres Lebensschicksal nicht, wir kennen nur jenen eingangs erwähnten Brief und einen anderen, in dem die Mutter nicht nur vom Schicksal der Nachbarn erzählt, sondern auch von ihrer eigenen Not. Was für eine Kette von Gedanken, Gefühlen und Träumen wird wohl durch Dieters Kopf gezogen sein, als er abends im Schlafsaal lag, umgeben von einem Dutzend anderer Kinder, und folgende Zeilen seiner Mutter in ihm wieder lebendig wurden:

„Unser Haus sieht von innen herrlich aus. Keine Haus- und Hoftür mehr und die Platten von den Wänden gerissen. Die Fenster raus und das Dach ganz entblättert, ein Bordstein von der

Straße lag auf dem Speicher. Die Straßenplatten herausgerissen und zentnerweise Dreck und Schutt in den Wohnungen. Manche hätten in ihren Wohnungen einen Garten anlegen können. Unsere Wohnungsfenster und die Balkontür sind mit Stumpf und Stiel rausgerissen, die Türen teilweise sogar mit dem Türrahmen.

Als das Nachbarhaus einstürzte, dachten alle, es sei das unsrige. Später haben wir dann fleißig Wasser geschleppt, damit die Brandmauer kalt blieb. Die brennenden Balken hat Herr Wagner losgerissen, damit das Feuer nicht auf unser Haus übergriff. Auf einmal schlugen die Flammen aus dem Durchbruch in Heuers Keller, schnell haben wir Sand geschleppt und damit das Loch, nachdem es mit Steinen ausgelegt war, zugeworfen. Lange wurde die Wand noch kontrolliert, ob sie nicht zu heiß wurde, aber es hat prima geklappt.

Einen Bürgersteig erkennt man überhaupt nicht mehr, alles Schutt und Erde. Die Bombentrichter sind ganz anständig. Später erzähle ich Dir mal mehr, denn ich sitze beim Kerzenschein. Gas, Wasser und Licht gibt es nicht mehr. Nun fange ich zum Schluß noch an zu weinen. Also, lieber Dieter, bis auf ein späteres Wiedersehen ...“

An dem Brief fällt heute, vierzig Jahre später, der offene Stil mit den genauen Schilderungen auf. Heute würden wir Zweifel haben, ob ein Kind so viel verträgt, so viel aufnehmen kann ohne die ausgleichende und tröstende Nähe der Familie. Die Mutter behandelt ihren Sohn wie einen Bruder, zumindest wie einen Erwachsenen. Eine ähnliche Tendenz läßt sich in vielen Briefen jener Zeit an die Kinder in den Lagern feststellen. Ein möglicher Grund: Die Mütter lebten in dieser Zeit oft allein zu Hause; der Mann war an der Front, vielleicht sogar gefallen, die Reise zu nahen Verwandten oder der eigenen Mutter aber nicht selten unmöglich. So wurde der Sohn, die Tochter zum einzigen vertrauten Ansprechpartner, dem man seine Sorgen erzählte – nicht ahnend, was diese grausamen Nachrichten in der Seele des Kindes anrichten konnten. Vielleicht aber waren die genauen Schilderungen auch Absicht; da die Nachrichten über die Bombenangriffe selbst die fernsten Lager relativ schnell erreichten, konnten detaillierte Angaben das Kind beruhigen – unausgesprochen etwa so, daß der Angriff auf keinen Fall noch schlimmer gewesen sei als in den offiziellen Nachrichten geschildert und daß der Sohn oder die Tochter der Mutter auch glauben können, wenn sie das nächste Mal schreibt, es sei überhaupt nichts passiert.

Vor allem dieses Motiv wird viele Eltern zu einer mehr oder minder genauen Darstellung veranlaßt haben, denn die traurigste Wahrheit war manchmal besser als die Gerüchte, die im Dritten Reich so blühten wie in jedem totalitären Regime ohne freie Presse. Wohl keines der KLV-Lager erlebte nicht irgendwann einmal die verheerenden Auswirkungen der Gerüchtewellen. So vertraute der elfjährige Robert B. am 6. November 1943 seinem geheimen Tagebuch an: „Die Engländer haben über mehreren Städten Gift gesprüht, alle sind tot." Und die dreizehnjährige Monika K. schrieb im Sommer 1942: „Meine Freundin erzählte mir heute, wir würden alle aus dem Lager abgeholt und nach Bayern gebracht, da die Tschechen viele Kinder umbringen oder verschleppen ..."

So absurd die Gerüchte waren, oft wurden sie geglaubt, und in den Lagern entstand erhebliche Unruhe, von deren Ursprung der Lehrer oft keine Kenntnis hatte und die er manchmal als Heimweh abtat. Über die Bombenangriffe erfuhren die Kinder aber aus vielen Kanälen. Einmal aus den gleichgeschalteten Zeitungen. In den Berichten über den „Bombenterror" wurde das ganze Ausmaß immer verschwiegen, gleichzeitig aber waren die Schilderungen stark genug dosiert, um den Haß auf den „perfiden Feind" zu schüren. So hieß es beispielsweise über den schweren Angriff auf Lübeck am 28. März 1942 in Goebbels' Zeitungen, es habe 50 Tote und 200 Verwundete gegeben; in Wahrheit waren es aber 320 Tote, über 800 Verletzte und 1044 zerstörte Häuser. In den meisten Lagern wurden einmal am Tag, meist mittags, die wichtigsten Nachrichten verlesen. Viele Lager hatten außerdem in den Aufenthaltsräumen Volksempfänger, manchmal gab es sogar, wie in ehemaligen Luxus-Hotels und manchen Kuranlagen, in jedem

Zimmer ein Radio, doch fast immer stand der Empfänger unter strenger Aufsicht des Lagerleiters oder eines Lagermannschaftsführers. Wie in jeder Diktatur war die Furcht vor dem Feindsender extrem, und die für das Abhören verhängten Strafen sind heute unfaßbar. So wurde am 27. Oktober 1942 in Hamburg der siebzehnjährige Helmut Hübner hingerichtet – wegen Abhörens und Verbreitens feindlicher Sendungen. Aber trotz solcher barbarischen Strafen hörten auch Kinder in den Lagern heimlich Feindsender und somit die Bilanz des täglichen Bombardements.

Der ehemalige KLV-Schüler Daniel Schulz aus Düsseldorf erinnert sich: „Unser aller Geheimnis war ein großes Radiogerät, das unser Lagermannschaftsführer von seinen Eltern geschickt bekommen hatte. Hier hörten wir abends um 12 Uhr oder um 1 Uhr die Nachrichten von Radio London oder die Sendungen des Soldatensenders Calais. Beides waren englische Sender, die in deutscher Sprache betrieben wurden. Es war eine gespenstische Szene, die sich nachts regelmäßig abspielte. Sechs oder sieben Jungen kauerten unter einem kleinen Zelt aus Wolldecken, das wir über dem Radio errichtet hatten. Alles war stockdunkel, die Saalbeleuchtung war ausgeschaltet, nur das Skalenlicht des Radios brannte und ließ die Gesichter schwach erkennen. Zwei Kameraden mußten an den Eingangstüren zum Saal Wache stehen, damit uns keiner überraschen konnte. Wir hatten uns alle sechzig feierlich geschworen, über diese Radiogeschichte absolutes Stillschweigen zu bewahren, wußten wir doch alle, was im Jahre 1944 auf das Abhören von Fremdsendern für eine Strafe stand, nämlich die Todesstrafe. Dieser Umstand ließ diese ganze Sache natürlich für uns zu einem Nervenkitzel werden. Komischerweise haben auch alle sechzig Jungen in dieser Angelegenheit Verschwiegenheit gewahrt, wahrscheinlich deswegen, weil jeder wußte, was auf dem Spiel stand."

5

Ein geheimer Mängelbericht

Wie es anfangs in den Lagern wirklich aussah
24 Stunden Bahnfahrt ohne Verpflegung · Reise zu falschen Zielen · Überfüllte Lager · Unruhe unter Eltern und Schülern wegen Machtanspruchs der HJ · Landleben mißfällt Stadtkindern

Die unglaublich kurze Zeit zwischen Hitlers am 27. September 1940 ergangenem Erlaß zur Evakuierung der deutschen Jugend aus den Städten und der bereits Anfang Oktober erfolgten Abfahrt der ersten Kinderzüge verbuchten die nationalsozialistischen Führer als einen Erfolg ihres Leistungswillens und Organisationstalents – sie konnten Vollzug melden, wie es der Führer liebte. Opfer dieser überstürzten Aktionen waren die Kinder, wie aus einem vertraulichen Mängelbericht hervorgeht, der wenige Wochen nach Beginn der Verschickungsaktion zusammengestellt wurde. Dabei ist zu berücksichtigen, daß die meisten Fehler im Laufe der Monate abgestellt wurden, sie betrafen nur die Anfangsphase. Später kamen allerdings andere Probleme dazu: einmal die ungeheuer wachsende Anzahl der verschickten Kinder (weit mehr als 5 Millionen) und zum anderen die ständige Verlegung der Lager, da immer wieder Platz für Lazarette oder für irgendwelche Dienststellen freigemacht werden mußte.

Die Eltern beobachteten die ersten Kinderzüge mit großen Vorbehalten, und sie reagierten auf jede negative Nachricht aus den

Lagern begreiflicherweise besonders empfindlich. Gründe dafür gab es in den ersten Wochen tatsächlich zur Genüge, wie der geheime Mängelbericht aus Hamburg beweist:

„*Auszug aus einem Brief des Heimleiters M. Voigt, Dresden, Kurhausstr. 3:* ‚Ich stellte fest, daß gegenüber der vorgesehenen Belegung von 30 Hamburger Kindern unser Heim am 27. 10. 40 mit 61 Kindern, 2 BDM-Führerinnen und 2 Lehrkräften belegt worden ist. Dagegen äußerte ich meine Bedenken, weil unser Heim für Wintermonate nicht mit dieser Zahl Kinder zu belegen geht. Ich stelle fest, daß inzwischen ohne mein Wissen Betten in mein Heim gebracht wurden. Ich lehne diese Zustände rundweg ab.' ...

Aus dem Ferngespräch zwischen dem Verbindungsstab im Gau Sachsen und dem Aktionsausschuß in Hamburg: ‚Die Schulen im Kreis Pirna wurden vom Verbindungsstab mehrfach besichtigt. Sie sind mit 120, 60 und 30 Kindern belegt; die Unterbringung ist sehr unterschiedlich, zum Teil ganz unmöglich und nicht zu verantworten; z. B. klägliche Waschräume, Strohsäcke ohne Bettwäsche, Betten stehen viel zu eng, manchmal 60 in einem Raum, kein Platz zum Auspacken der Sachen und zum Aufhängen der Kleider. In einer Dresdener Schule müssen die Hamburger Kinder den Luftschutzkeller als ständigen Schlafraum benutzen, was die Hamburger Lehrerin als die beste Lösung unter den gegebenen Notstandsverhältnissen bezeichnete. Die sächsische Frauenschaft und sächsische Schulärzte haben die Zustände für unhaltbar erklärt.' ...

Auszug aus einem Brief der Gruppenführer in der Jugendherberge Zittau an die Gauwaltung Hamburg des NSLB [Nationalsozialistischer Lehrerbund]: ‚70 Kinder, 2 Lehrerinnen und 3 BDM-Führerinnen sind dort untergebracht, obgleich die Herberge nur für 50 Personen vorgesehen ist. Das Heim ist völlig neu hergerichtet, doch sind z. Zt. die Wasch- und Toilettenräume völlig unzulänglich. Das Essen ist in keiner Weise zureichend, weder mengenmäßig noch in seinem Gehalt.' ...

Aus einem Ferngespräch der Jugendherbergsleiterin Vilstalsäge im Allgäu: ‚Die Jugendherberge ist mit 150 Kindern aus dem Kreise 8 belegt, obgleich dort nur 90 Betten vorhanden sind, so daß z. Zt. 2 Kinder in einem Bett schlafen müssen. Die Weitersendung einer Gruppe von 41 Kindern in eine Jugendherberge bei Augsburg kann erst erfolgen, wenn ein weiterer Hamburger Lehrer dort ankommt.‘

Aus Ferngesprächen und Berichten über die Unterbringung Hamburger Kinder in der Jugendherberge Coburg: ‚In Coburg waren 150 Kinder in der unzulänglichen Jugendherberge ‚Am Brauhof‘ untergebracht (diese ist laut Reichsherbergsverzeichnis nur im Sommer geöffnet und hat 102 Betten in 7 Schlafräumen, von denen nur 2 heizbar sind und die von Kennern als Kellerlöcher bezeichnet werden). Von dort riefen die Lehrer und Lehrerinnen um Hilfe in Bayreuth und Hamburg an.‘ ...

Brief der Lehrerinnen Erbst und Krüger aus Coburg vom 26. 10. 40 an Schulrat Millahn: ‚Sehr geehrter Herr Schulrat! Heute ist Sonnabend. Bislang traf noch keiner der Erzieher für das Lager ein. Wann haben wir mit der uns zugedachten Entlastung zu rechnen? Die Coburger Schulräte erwarten, daß wir ab Montag, 28. Oktober 1940, mit dem Unterricht der in den Familien untergebrachten Grundschulkinder beginnen. Seit 2 Tagen arbeiten wir in jeder freien Stunde an der Organisation der aufzustellenden Klassen. Nebenbei hält wenigstens 2 von uns der Dienst von morgens 8 bis abends 8.30 Uhr in der Jugendherberge bzw. Schule fest. Geändert an dem unmöglichen gesundheitswidrigen Zustand der Jugendherberge soll anscheinend nichts werden. Im Gegenteil: Das Lager wird wahrscheinlich aufrechterhalten; Handwerker haben Anweisung, verschiedene leichtere Übelstände abzustellen. Ein Telefon soll gelegt werden. Ein Tagesraum ist allerdings entstanden, Tag und Nacht von einem qualmenden Ofen erwärmt. Spät abends müssen wir meistens noch den Arzt holen, täglich schicken wir 10 bis 15 Jungen zu ihm. Wir wollen auf Anweisung des Arztes vorsichtig sein, da Diphteriegefahr besteht. Am Donnerstag erschien ein Vater aus Hamburg, um seinen Sohn abzuholen. Sie können sich denken, daß unser Gesundheitszustand wenig erfreulich ist.‘ ...

Der Kreisamtsleiter Heher berichtet über den Kindertransport nach Böhmisch-Kubitzen am 30. 10. 40: ‚Die 750 Kinder erhielten während der fast 24stündigen Reise keinerlei Verpflegung, auch keine Erfrischung, obwohl von seiten des Transportleiters, Fritz Korth, nichts unterlassen wurde, um fernruflich eine entsprechende Betreuung auf den Durchgangsbahnhöfen sicherzustellen. In der Ausladestation Schwandorf stiegen zwei Gruppen von insgesamt 65 Kindern, HJ-Begleitern und Lehrkräften aus, um sich in ihre Heime zu begeben. Erst hier wurde ihnen bekannt, daß diese Heime nicht in der Nähe gelegen waren. Es bedurfte einer Weiterreise über Regensburg-Passau von annähernd weiteren zehn Stunden. Auf den Fahrscheinen war diese Weiterreise nicht vorgesehen. Der Transportleiter konnte die erforderlichen Fahrscheine erst nach so langen Verhandlungen mit dem Stationsvorstand erstehen, daß inzwischen der Sonderzug ohne ihn weiterfuhr. Die Leitung des Transportes übernahm ich, im übrigen ein Beweis dafür, daß jedem Transport ein Sonderbegleiter des NSLB unbedingt beizugeben ist. Im Durchgangsbahnhof Furth waren abermals Verhandlungen mit dem Stationsvorstand nötig. Der Zug war nur bis Furth bestimmt, während unsere Fahrscheine für die 450 restlichen Kinder auf Kubitzen-Babilon lauteten.‘ ...

Ein anderer Lehrer berichtet: ‚Ein von uns zu besetzendes Hotel »Kovanna« war bereits belegt, so daß die Gruppe eine Stunde weit auf offenen Kraftwagen landeinwärts abtransportiert werden mußte. Auch im übrigen konnten nicht so viele Kinder untergebracht werden, wie vorgesehen war. Im übrigen wurden unsere Kinder in Kubitzen und Babilon gut untergebracht, ausgenommen im Bahnhofshotel Kubitzen, das vor Schmutz strotzte und erhebliche Mängel an Betten und Beheizungsmöglichkeiten aufwies.‘ ...

Aus einem Brief des Lehrers Kühl aus Aschberg: ‚Ich könnte ein Klagelied zusammenstellen über die allerärgste Überstürzung, mit welcher sich der Anlauf abspielen mußte, so daß z. B. während der nächtlichen Fahrt plötzlich im Dunkeln Gruppenführer den Zug verlassen mußten; daß die Herberge nicht gerüstet war; die Heizung nicht funkte.‘ ...

Aus einem Brief der Lehrer in Kubitzen: ‚Es war nicht unsere

Schuld, sondern lag an der Organisation, daß wir hier zunächst in drei Gruppen auseinandergerissen wurden. Es bedurfte tagelanger Bemühungen, um die Wiedervereinigung zu erreichen. Jetzt wohnen sämtliche Kinder und Lehrkräfte im Hotel Kovarne, das aus vier unmittelbar zusammenliegenden Häusern besteht und für uns mehr als ausreichend Platz hat.' ...

Aus einem Brief des Lehrers Meyer über seine Eindrücke in Selb: ‚2 Tage vor Ankunft der Hamburger Klassen war das Kurhaus noch von der Wehrmacht belegt. Als die Wehrmacht auszog, war das Haus buchstäblich leer. Innerhalb 48 Stunden gelang es dem Kreisleiter Kellermann, in seinem Kreise von der Bevölkerung so viele Betten mit vollständiger Ausstattung zur Verfügung gestellt zu bekommen, daß jeder Junge in einem normalen Haushaltsbett schlafen kann. Keine 2- oder gar 3stöckigen Betten, geschweige irgendwelche Notlager auf Matrazen oder gar Strohsäcke sind im ganzen Lager zu finden. Viele Zimmer haben Zentralheizung und fließendes warmes und kaltes Wasser; in anderen Zimmern sind Öfen vorhanden oder werden in den nächsten Tagen noch gesetzt. Auch Kleiderschränke sind in genügender Zahl vorhanden.' ...

Aus einem Brief der Lehrerin Erichsen im Kurhaus Gifting/Frankenwald: ‚Unser Lager ist mit 20 Kindern, darunter 2 Hilfsschülerinnen und mehrere sehr schwach begabte Kinder, belegt, und zwar aus 5 verschiedenen Klassen. Ich habe nur eine 16jährige BDM-Führerin zur Hilfe. Ohne die Möglichkeit, daß ich selbst mal einen freien Nachmittag zur Vorbereitung zur Verfügung habe, und ohne Hilfe durch eine Mutter oder Kindergärtnerin ist es mir nicht möglich, die Kinder zu unterrichten, sie sauberzuhalten und für die ganze Ordnung des Hauses zu sorgen. Ich bin hier wirklich von allem abgeschlossen, denn es gibt in diesem Ort weder NS-Frauenschaft noch BDM, an die ich mich wenden könnte. Unterkunft und Verpflegung sind sehr gut.'

Aus den vertraulichen Mitteilungen geht auch hervor, daß es in den ersten Wochen der Kinderlandverschickung oft zu heftigen Auseinandersetzungen zwischen den Lehrern und den Beauftragten der Hitler-Jugend kam. In den Lagern waren die Lehrer als

Lagerleiter eingesetzt, offiziell aber war die Hitler-Jugend für die gesamte KLV-Aktion zuständig. Die Lehrer sollten den Unterricht gestalten, die HJ die Freizeit. Spannungen konnten nicht ausbleiben – und hielten sich auch den ganzen Krieg hindurch. Allerdings mit unterschiedlicher Intensität. Anfangs verfügte die HJ über genügend ausgebildetes Personal. Als dann aber immer jüngere Hitler-Jungen zum Militär eingezogen wurden, waren die Lehrer meist auf zwölf- bis vierzehnjährige Lagermannschaftsführer angewiesen.

In dem Geheimbericht heißt es darüber:

„*Aus dem Ferngespräch des Verbindungsmannes Kuhlmann in Dresden:* ‚Während der Fahrt des Transportzuges von Dresden weiter zu den Quartiersorten befahl der begleitende HJ-Führer sämtliche Lehrer und NSV-Transportführer zur Besprechung in einen bestimmten Wagen, was sofort unter Hinweis auf die Gefährdung der Kinder durch die inzwischen mangelnde Aufsicht abgelehnt wurde.' ...

Fernmündliche Mitteilung von Oberstudiendirektor Dittmer: ‚Als ich in der Aula vor Lehrern und Schülern über die Schulleiterversammlung im Curiohaus berichtete, entstand Unruhe unter den Schülern der Oberklassen. Diese erklärten auf Befragen, ihre HJ-Bannführer hätten ihnen gesagt, sie hätten in den Heimen die eigentliche Leitung, die Lehrer kämen nur für 2–3 Stunden täglichen Unterricht mit. Hierauf weigert sich der Lehrkörper, Kräfte für die Heime abzustellen.' ...

Fernmündliche Mitteilung von Rektor Bublitz: ‚Zwei junge Lehrerinnen, die zur Führung einer Kindergruppe sehr gerne bereit waren, wurden von der Obergauführung des BDM zur Rücksprache bestellt und folgten dieser Aufforderung, da sie selbst auch BDM-Führerinnen sind. Als die Obergauführerin ihnen aber sagte, daß in den Lagern die eigentliche Leitung beim BDM liege, baten sie ihre Schulleiter, sie nicht mitzuschicken, da sie Konflikte voraussähen.' ...

Aus einem Brief der Hamburger Lehrerin Gerda Lösche an den Verbindungsstab in Bayreuth vom 26. 10. 40: ‚Schon auf der

Vorbesprechung am Abend vor Abgang des Transportes merkten wir die Opposition des BDM gegenüber der Lehrerschaft. Auf eine Bemerkung des Kreiswalters Marx über unsere Verantwortung bei der Verschickung erklärte eine der Führerinnen, daß sie nicht die Kindermädchen der Lehrerinnen seien und ihre Anweisungen nur vom BDM erhielten. Diese abweisende Haltung führte während des Transportes zu verschiedenen Reibereien. So wurden unsere Anweisungen kritisiert und vor den Kindern widerrufen. Auch hat keins der BDM-Mädel, mit Ausnahme meiner eigenen Begleiterin, einer früheren Schülerin unserer Schule, es für nötig befunden, sich ihrer jeweiligen Lehrerin vorzustellen. Die Spannung wuchs gegen Ende der Fahrt derart, daß es schließlich zu einer Aussprache kam. Auf dieser erklärten uns die BDM-Mädel, daß sie bei der Verschickung die entscheidende Instanz seien und die Lehrkräfte nur die schulische Betreuung hätten. Dieses Ansinnen wiesen wir selbstverständlich zurück, da wir schließlich für die uns anvertrauten Kinder einzustehen haben.' ...

Wiederholte Mitteilungen des ehrenamtlichen Mitarbeiters Lehrer Walter Schmidt aus dem Kreisamt der NSV: ,daß die Angestellte Fräulein Waldmann sich bemühe, neben den Schulgruppen reine HJ- und BDM-Lager vorzubereiten ohne Mitwirkung von Lehrern.'"

Probleme entstanden nicht nur aus diesen Reibereien oder aus den vor vierzig Jahren noch bedeutend größeren Unterschieden zwischen den einzelnen deutschen Landesteilen. Auch die religiösen Gegensätze zwischen Katholiken und Protestanten wirkten sich damals noch wesentlich stärker aus als heute; zum Beispiel waren Heiraten zwischen Protestanten und Katholiken in vielen Gegenden kaum möglich. Außerdem hatten die Kinder aus den Großstädten eine völlig andere Lebensweise als die dörfliche Jugend. Schon in den ersten Wochen prallten die Gegensätze zwischen Stadt und Land kraß aufeinander, wie der vertrauliche Mängelbericht aufzeigt:

„Ein Schulleiter erzählt: ,In meine 5. Klasse erhalte ich einen großen überfälligen Jungen aus Hamburg und sage zu ihm: »Er-

zähle unsern Bambergern doch mal etwas von Ebbe und Flut.« Und die Antwort: »Dafür habe ich mich nie interessiert.« – »Wofür interessierst du dich denn?« – »Für ein gutes Glas Bier.« Der Schulrat erzählt: »In eine Familie wird ein etwa zwölfjähriger Junge einquartiert. Er sieht sich in der Stube um und erblickt das Kruzifix an der Wand, das in den dortigen katholischen Familien üblich ist. Darauf sagt er zu dem Pflegevater: ›Solange ich hier im Hause bin, nehmen Sie das Dings da weg.‹ Er nahm das Kreuz weg.« In einem schönen Dorf, etwa 18 km von Bamberg entfernt, sind Harburger Mädchen untergebracht. Schon am zweiten Tage treffen wir sie in der Stadt. Sie hatten sich Räder besorgt, waren nach Bamberg zur NSV gekommen und hatten dort energisch verlangt, sie in der Stadt unterzubringen, und waren nun entrüstet, daß ihr Wunsch nicht erfüllt worden war. Auf unsere Fragen gaben sie selbst zu, daß sie gute Pflegeeltern und gutes Essen hätten, nur sei es da zu einsam, sie könnten nichts erleben, sähen nur Ochsen. Es war wahrscheinlich eine Rädelsführerin dazwischen, die die anderen aufwiegelte. – Dieser Fall ist der unangenehmste. Ein Harburger Junge, schon hier übel beleumdet, kommt dort in eine gute Familie. Schon am zweiten Tage ist er mit etwas nicht zufrieden und greift seine Pflegemutter tätlich an. Dann geht er mit seinem Koffer zur Bahn und verlangt von dem Beamten, ihm für seine 2 RM eine Fahrkarte nach Harburg zu geben. Dieser Fall ist in der richtigen Weise erledigt worden.' ...

Aus einem Brief der Lehrerin Gertrud Künner, Harburg, an ihre Freundin in Hamburg aus Bamberg: ‚Mit den Hamburger Kindern haben wir hier schon nette Sachen erlebt. Viele sind in der Umgegend auf ganz netten Dörfern untergebracht. Wir haben sie teilweise schon besucht. Jetzt kommen in den letzten Tagen besonders die Zwölf- bis Vierzehnjährigen per Rad zur NSV, um sich nach einer neuen Unterkunft umzusehen. Auf dem Lande ist es den jungen Damen zu langweilig, da riecht es so nach Kühen u. ä., und vor allem, da müßten sie zur Schule. In Hamburg wäre es viel schöner, da wäre nach Alarm schulfrei, ob man ihnen nicht das Rückfahrgeld leihen wolle. Über 50 sind schon dagewesen, die ihren Koffer gleich mitgebracht haben. Natürlich hat man sie abgewiesen.'"

Und in einem anderen Lehrerbrief heißt es: „In Furth bettelten mich vier vierzehnjährige Hamburger Kinder an, sie auf meiner Rückreise nach Hamburg mitzunehmen, sie fühlten sich dort unglücklich, da sie ganz auf sich selbst angewiesen seien. Es muß also Kreise geben, die trotz des ausdrücklichen Verbotes des Gauleiters auch Zehn- bis Vierzehnjährige in einzelne Pflegestellen entsandt haben."

6

Tagebuch einer Lehrerin

Als im Sommer 1943 in Hamburg in wenigen Tagen 40 000 Menschen umkamen · Reaktion der Kinder in einem fernen Lager · Ein Diebstahl, der vielleicht keiner war · Schulunterricht in fünf Gaststätten

Die Unterrichtung und Betreuung der mehr als fünf Millionen KLV-Kinder fern der Heimat wurde für die Lehrer zu einer ungewohnten Belastung. Sie waren ausgebildet, Schüler von morgens bis mittags zu unterrichten und anschließend wieder in die Obhut der Eltern zu entlassen. In den 12 000 Lagern aber mußten sie alles sein: Lehrer, Erzieher, Vater oder Mutter – und oft genug auch Spielgefährte. Und das alles unter dem Druck jener Kriegsjahre. Sie mußten den Kindern die Todesnachrichten von Familienangehörigen sagen, sie mußten trösten, und sie mußten Kinder aus dem unterschiedlichsten Milieu über Jahre zusammenhalten.

Die Hamburger Hauptlehrerin Christel Reinicke wurde 1943 nach Sulzbach-Rosenberg-Hütte in der Oberpfalz versetzt. Über ihre Jahre dort führte sie Tagebuch. Dieses Diarium gibt einen erschütternden Einblick in die täglichen Probleme von Lehrern und Schülern während der KLV-Zeit.

Ein paar Monate nach der Amtsübernahme von Christel Reinicke fand der große Luftangriff auf Hamburg statt, zwischen dem 25. Juli und dem 3. August 1943. In diesen wenigen Tagen gingen 12 000 schwere Minenbomben, 80 000 Sprengbomben, rund 400 000 Stabbrandbomben, 80 000 Phosphorbomben und 5000 Phosphor-Kautschukkanister auf die Stadt nieder. Ganze Viertel waren eine einzige Flammenhölle; von brennendem Phosphor getroffene Menschen liefen als lebende Fackeln umher und hatten nur die Wahl zwischen dem Verbrennungstod und, wenn sich in der Nähe einer der vielen Hamburger Kanäle befand, dem Tod durch Ertrinken. Insgesamt gab es 40 000 Tote. Von den 566 000 Wohnungen Hamburgs lagen nach dem Angriff 227 000 unter Trümmern und Asche begraben, und viele weitere waren schwer beschädigt. Niemals wird es einen vernünftigen Grund für diese Vernichtungsaktion geben.

Die Hamburger Kinder in Sulzbach-Rosenberg-Hütte wurden erst mehrere Tage später über den Angriff informiert, und dann auch nicht umfassend. Erst langsam kamen Nachrichten von Eltern. Die Lehrerin hat die ausbrechende Unruhe der Kinder beschrieben. Bettnässen, Sprachstörungen, Diebstähle – Synonyme für eine Generation in Angst.

Lassen wir nun das Tagebuch sprechen:

„*Dienstag, 25. Mai 1943*, traf ich morgens in Sulzbach ein, suchte das mir von der Stadtverwaltung besorgte Quartier im Gasthof ‚Post' auf und stellte mich anschließend beim Bürgermeister vor. Dieser nahm mich darauf in seinem Wagen mit hinunter nach Rosenberg-Hütte, wo ich meine neue Tätigkeit aufnehmen sollte.

Man hat mir ein Klassenzimmer eingeräumt, das ich allein benützen kann. Infolgedessen kann der Unterricht geschlossen am Vormittag erteilt werden.

Mittwoch, 26. Mai. Verschiedene Formalitäten erledigt. Dann ging ich zur Schule, wo man mir die Räume zeigte, den Plan festlegte, Schulgarten und Haushaltsklasse in den unteren Wirtschaftsräumen vorführte. Man bringt mir viel Freundlichkeit und Bereitwilligkeit entgegen, so daß es eine gute Zusammenarbeit zu werden verspricht.

Donnerstag, 27. Mai. Morgens 8.00 Uhr waren die Hamburger

Kinder vollzählig da. Sie machten einen frischen, gesunden Eindruck. Das Klassenbild ist recht bunt: Die Kinder kommen aus acht verschiedenen Schulen, gehören zu den Klassen 1–4 und stehen im Alter von 7–13 Jahren.

Die Vorbereitung der einzelnen Stufen innerhalb ihrer Jahrgänge ist sehr verschieden; die Kinder kommen aus den verschiedensten Gegenden Altonas: Hafenstraße-Iserbrook. Sie wirken im ganzen etwas keck, haben schon viel Neues kennengelernt, beobachten allerlei und scheinen sich gut in das dörfliche Leben eingewöhnt zu haben.

Über allem liegt eine gewisse Ruhe. Durch die stetige Lebensweise der Kinder – abgesehen von Alarmen – werden die sensationellen Eindrücke der Großstadt, die gerade ein Teil dieser Kinder daheim stark erfahren hatte, ferngehalten.

Im Gegensatz zu den einheimischen Kindern wirken sie allerdings recht geschwätzig und laut und werden auch so von den Kollegen empfunden. Grund dafür ist unter anderem wohl auch die Tatsache, daß die Kinder hier eben als Gäste, mit lockerem Zügel, behandelt werden.

Bei der Bestandaufnahme wurden leider gleich drei unangenehme Fälle festgestellt:

Leo K., Blankenese, hatte sich als rüpelhafter Junge und Schwindler eingeführt.

Minna R., Dockenhuden, Klasse 3, hatte vorzeitig entfernt werden müssen, da sie gestohlen hatte und auch sonst offenbar eine Gefahr für die Umgebung bedeutete.

Wolfgang E., Dockenhuden, Klasse 3, war ebenfalls zurückgeschickt worden (Bettnässer).

Freitag, 28. Mai. Die Leistungsschwankungen sind außerordentlich stark innerhalb derselben Gruppe. Ein großer Teil der Kinder ist schon bis zu siebenmal verschickt. Die Dauer der Verschickung schwankt zwischen vier Wochen und einem Jahr. Als Verschickungsorte nennen die Kinder Danzig, Pommern, Ostsee, Erzgebirge, Ungarn, Wien, Coburg und den Bayerischen Wald. Ein fast zwölfjähriges Mädchen aus dem 3. Schuljahr ist schon zum fünftenmal verschickt. Ein Elfjähriger zum viertenmal und ein Dreizehnjähriger zum siebentenmal. Es stellt sich ferner heraus, daß drei Kinder aus einer Hilfsschule kommen. Den Aussagen der Kinder ist zu entnehmen, daß man sich dort in Ermangelung einer Hilfsschule durch Einrichtung einer Hilfsklasse innerhalb der Normalschule geholfen hatte. Es handelt sich um folgende Fälle:

Elli L., Klasse 4. 12 Jahre, starker Nägelkauer;

Hedwig K., 11 Jahre, starker Nägelkauer, dreimal verschickt;

Gerda N., 13 Jahre, lange krank, siebenmal verschickt.

Mittwoch, 2. Juni. Ich besuchte mehrere Kinder zu Hause bei ihren Pflegeeltern. Sie klagten über Bettnässer, wie z. B. über Ilka G. Die Pflegemutter will sie wegen ihres freundlichen Wesens behalten.

Ich traf dann auch Max N., einen richtigen kleinen ‚Straßenköter' aus Ottensen, der seiner Pflegemutter manche Mühe macht. Sie scheint auch ungeeignet für diesen Fall. Besagter Leo trieb im Freien allerlei Tierstudien.

Ein Teil der Kinder begleitete mich und gab sich frei und ungezwungen. Dann trennten sich unsere Wege. Mir begegnete dann der evangelische Pfarrer, der sich nach dem Religionsunterricht erkundigte. Ich sagte ihm, wie unsere Verhältnisse daheim lägen, daß wir im Gegensatz zu Bayern keinen vom Pfarrer während der üblichen Schulzeit erteilten Religionsunterricht kennen und daß es der Entscheidung der Eltern anheimgegeben ist, ob und bei wem sie ihren Kindern diesen Unterricht geben lassen wollen. Hier nun ist der vom katholischen und evangelischen Pfarrer erteilte Unterricht unserem Schulunterricht angefügt oder morgens vorangesetzt. Die Hamburger Kinder nehmen aber auch daran teil.

Das Freibad, das von unseren Kindern viel besucht wird, hat eine sehr schöne Lage. Zwischen Kornfeldern führt ein breiter Weg dorthin, von dem aus man einen weiten Rundblick auf die bewaldeten Höhenzüge des Pfälzer Waldes, bei klarer Sicht sogar bis zum Fichtelgebirge und zum Bayerischen Wald hat.

In der Mitte liegt ein großes mit Steinen ausgelegtes Schwimmbecken, an das sich terrassenförmig Liegewiesen anschließen. Überall ist Rasen, kein Staub.

Donnerstag, 3. Juni. Es erfolgte die erste Meldung einer Pflegemutter vor dem Unterricht: ‚Wilma kommt nicht zum Unterricht, da die Polizei kommt.' Das Kind machte zunächst keinen günstigen Eindruck und erhielt kurz vorher einen Verweis wegen Klatschereien über Pflegemütter. Sie war dann später im Unterricht, sah verbockt aus und gestand, gestohlen zu haben. Nachmittags erfuhr ich die Sachlage: Die Pflegemutter, Frau G., will ihren zerbrochenen Ring wieder ins Kästchen zurücklegen und merkt dabei, daß die Taschenuhr, das letzte Andenken ihres Sohnes, fehlt. Der Verdacht fällt auf Wilma, nähere Begleitumstände verdichten die Sache. Sie hat ein Päckchen nach Hause geschickt, in welchem Pfefferminztee, eine kleine Handarbeit und die Uhr gewesen sein soll. Die Pflegemutter und ein Kollege haben mit großer Mühe versucht, etwas herauszubekommen. Man ist erschüttert über die große Verstocktheit des Kindes, die Eltern haben den Päckchenempfang bestätigt, die Gendarmerie hat den Fall der Hamburger Polizei gemeldet.

Die neugebildete Hamburger Klasse fällt im Schulbetrieb unangenehm auf durch ihr lautes, dreistes Benehmen, sie bedeutet ja zunächst auch ein unorganisches Ganzes. Die Zwischenfälle wirken sehr belastend und erschwerend hinsichtlich der Bildung einer Klassengemeinschaft. Als sie einzeln in den bayerischen Klassen untergebracht waren, fielen sie nicht so stark auf und bedeuteten oft das angenehm empfundene belebende Element.

Montag, 7. Juni. Rita T., Dockenhuden, wird von der Mutter abgeholt, wegen Erkrankung des Vaters.

Mittwoch, 9. Juni. Leo K.'s Pflegemutter klagt sehr über seinen Ungehorsam, seine Faulheit und Unehrlichkeit (Geld). Dies ist schon seine zweite Pflegestelle.

Der Fall Wilma V. liegt nicht klar. Die Uhr hat sich hier angefunden! Wodurch? Das Kind machte drei verschiedene Aussagen – man weiß nicht, was dahintersteckt –, tut man dem Kind Unrecht oder nicht? Ich habe in der Angelegenheit nicht auch noch ein Verhör angestellt, da nach meinem Gefühl schon genügend verhört worden war und ich erst seit einer Woche das Kind unter vierzig anderen kennengelernt hatte und Zeit zum Einfühlen in die gesamten Verhältnisse brauchte.

Mittwoch, 30. Juni. Die Pflegemutter der zwölfjährigen Inge S. kam in die Schule. Das Mädchen hatte der Nachbarin in Abwesenheit der Pflegemutter 28 Mark entwendet, nachdem schon vorher allerlei Anlaß zu Klagen gewesen war. Man hätte sie trotzdem behalten, wenn nicht immer wieder Naschen, Verschwinden kleinerer Geldbeträge, Durchwühlen von Kommoden, starkes Hinneigen zum männlichen Geschlecht, Lügereien auch dem Pfarrer gegenüber und stundenlanges unbegründetes Fernbleiben Unruhe und Unfreude in die Gastfamilie gebracht hätten. (Es gibt viel Ausländer am Ort.) Die Mutter schrieb aus Altona, man möchte darüber schweigen, ‚sonst käme ihr ewig die Fürsorge auf den Hals'. Auf Entscheid des Gaues wurde das Mädchen zurücktransportiert.

Freitag, 2. Juli. Besuchte Rudolf K. Er ist auf dem Tafelberg bei Frau L. untergebracht und lag wegen einer Ohren- und Halsentzündung im Bett, schon auf dem Wege der Besserung. Man erwartet die Mutter (Nachrichtenhelferin), welche sich telegrafisch zum Besuch angesagt hatte. Der Junge hatte eine saubere, anscheinend auch mütterliche Pflegemutter.

Mittwoch, 14. Juli. Das Schuljahr wurde abgeschlossen. Es fand wie üblich eine gemeinsame Abschlußfeier der gesamten Schule statt mit Flaggenparade.

Den Kindern wurde vom Leiter ans Herz gelegt, neben der Erholung und dem herzlich gegönnten Nichtstun Vater und Mutter zu helfen, den Segen des Waldes auch durch ihrer Hände Arbeit einzubringen und sich überall stets anständig und ordentlich zu betragen.

Sonntag, 18. Juli. Ich ging durchs Breitenbrunner Tal nach Rosenberg zum Schlößl und traf nacheinander Hannelore E., Elli L. und Gerda N. mit der jeweiligen Pflegemutter, die sich alle drei zufrieden äußerten und einen nicht ungünstigen Eindruck machten.

Elli L., ein typisches Großstadtkind, mit leider unschöner Neigung zur Unsauberkeit und zum Nägelkauen behaftet, trug die rechte Hand in der Binde, da sie sich den Zeigefinger in der Grasmaschine abgeschnitten hatte. Hatte aber keine Schmerzen mehr und war sauber gekleidet und frisiert.

Auf dem Rückweg traf ich Günther H. mit Pflegeeltern. G. entfernte sich sofort, und B.s klagten unendlich über den Jungen. Nicht allein, daß sie ihn nachts zweimal wecken müssen, da er ein starker Bettnässer sei, sondern auch sein ungefälliges, störrisches Wesen sowie häßliche Antworten und absichtliches Überhören von Fragen und Angaben ließen sie sehnlichst den Tag der Abreise herbeiwünschen. Einige ihrer Kommentare: ‚Das muß eine Mutter sein. Hat sieben Kinder, und immer ist kein Geld da. Das gibt's doch gar nicht. Aber so ist's: Die Kinder lassen's verschicken, und uns schicken's ihr Geschmeiß daher, andere Leut solln sich damit abplagen und sie erziehen. Zum Jungen hat die Mutter gesagt: »Wenn du zu wenig zu essen kriegst, da nimmst dir eben was.« Und er erzählt: »Ich bring manchmal einen Fisch vom Fischmarkt mit, den ich geklaut hab.« Nehmen tut sie den, anstatt daß sie den Jungen zusammenhaut. Und faul ist der! Und a Schrift hat der! Aber was die Mutter schreibt, kann man schon gleich gar nicht lesen! Ich hab den Jungen freiwillig genommen, weil ich dachte, durch so ein Kind käme man auf andere Gedanken – aber mit den eigenen hab ich nicht solche Plag gehabt wie mit dem da.‘ Und die Frau fügte hinzu: ‚Ich bin beim Doktor gewesen wegen dem Jungen. Der hat mir Tabletten für ihn gegeben und gemeint, die Bettnässerei käm vom Sitzen im Keller. Da hat's mir wieder leid getan. Doch nun sind die Tabletten alle, geholfen hat's nicht, und mehr haben darf er auch nicht. Er hält sich aber auch nicht danach und tut, was er mag.‘

So die Erwachsenen. Das war ein niederdrückender Abschluß dieses Sonntags.

Sonntag, 25. Juli. Es herrschte tagelang schwüles Wetter, das auch durch gelegentliche Gewitterregen keine Abkühlung erfuhr. Ich ging am Morgen ins Breitenbrunner Tal, um nach Gustav zu sehen. Ich fand ihn auf der Türschwelle in der Sonne sitzend. Seine Pflegemutter, eine sehr saubere, schlichte Arbeitersfrau mit guten Augen, war in der Küche. Um 12 Uhr mußten die ‚Klöß' fertig sein, damit sie sie ihrem Manne in die Hütte hinuntertragen konnte. Der Sohn ist Soldat, die Tochter verheiratet. Ob Gustav auch ‚brav' sei? ‚Na, sind's halt Kinder. Aber jetzt ißt er schon ganz schön.' Dann zeigte sie einen Brief von der Mutter, der sehr ordentlich war und Dankesworte sowie Ermahnungen für den Jungen enthielt.

Der Junge war sehr wortkarg und wie immer blitzsauber. Er begleitete mich noch ein Stückchen und taute zusehends auf. Zeigte mir die sieben Quellen und erzählte in ungeschickter schwerer Form so mancherlei. Diesmal verabschiedete er sich freundlich und manierlich.

Da ich mit Herrn Fürchtenicht telefonisch zu sprechen hatte, teilte er kurz mit, daß Hamburg und besonders Altona bei dem durch Rundfunk gemeldeten zwei Angriffen sehr schwer getroffen worden sei und man damit rechnen müsse, tagelang ohne jegliche Verbindung zu sein. Ich möge beruhigend auf die Kinder einwirken und die Pflegemütter wissen lassen, daß sie eintreffende Post an die Kinder in diesem Fall überwachen möchten, damit die Kinder nicht durch eine vielleicht traurige Nachricht aus der Heimat unvorbereitet getroffen würden.

Mittwoch, 28. Juli. Es fällt mir immer wieder eine gewisse Großzügigkeit bei diesen Menschen auf. Offen, gerecht und natürlich urteilen sie über die Kinder. Sehen ihre Schwächen und Vorzüge, fühlen sich auch hier und da durch die großmaulige Art einzelner Großstadtkinder gegenüber ihren anscheinend ‚kleinen', dörflichen Verhältnissen verletzt, lachen aber dann doch aus dem festen Gefühl gerade eben dieser dörflichen, erdgebundenen Sicherheit und der Gewißheit, daß das Leben, die Erfahrung diesen selbstbewußten, an Kenntnissen und Leistungen nur armen Kindern noch manches beibringen wird. Über allem aber steht, besonders bei den Frauen, doch ein großes Mitleid, daß sie kleine Verdrießlichkeiten vergessen läßt und sie immer wieder guten Willens macht.

Sonnabend, 31. Juli. Wieder ein Rundgang. Auf einem Blockwagen fuhr Joachim Milchkannen. Hoffentlich ist der Mutter mit den Geschwistern nichts geschehen (Vater Soldat im Norden).

In der Bahnhofstraße kam Gerda B. vom Beerensammeln entlang. Sie war vergnügt, doch schien mir das nicht ganz echt. Die Eltern wohnen im Inneren Altonas, das mit am schlimmsten durch die Bomben getroffen sein soll. Die Pflegeeltern sind zufrieden mit ihr, nur verletzt es sie, daß sie keinerlei Anrede für die Pflegemutter findet.

Drüben in der Ambergerstr. lag Gretel R. im kühlen Schlafzimmer und sollte Mittagsruhe halten. Sie hatte gerade einen Brief von ihrer in die Nähe von Magdeburg geflüchteten Mutter erhalten und war nun sehr erleichtert. Anni S. spielte draußen vergnügt mit ihrer Puppe, sah sehr erholt aus und war vollkommen von ihrem Spiel in Anspruch genommen. Nachricht irgendwelcher Art lag noch nicht vor.

Lenchen K. alberte mit der großen Pflegeschwester und anderen Mädchen herum. Auch hier lag noch keine Nachricht vor.

Im selben Haus wohnte Inge M., deren Mutter gerade angekommen war nach vierzigstündiger Fahrt. Eine derbe, junge Frau. Sie erzählte viel von den entsetzlichen Geschehnissen, die um so mehr belasten, als man auch manches andere, Bedrückende hindurchhörte, das nicht ohne Folgen für die neue Umgebung bleiben wird.

Den Abschluß dieses Tages bildete ein Besuch bei Hedwig K. Leider war sie nicht da, sondern oben an der Turnhalle, wo sie schon stundenlang (bei der drückenden Hitze – macht sie schon seit mehreren Tagen) wartete, um eventuell Mutter und Großmutter dort anzutreffen. Denn ein Flüchtlingstransport war angekündigt und sollte dort zunächst untergebracht werden.

Die Pflegeeltern sind recht zufrieden mit ihr. Sie sei ein dankbares, artiges Kind, das nur mit dem Lernen schreckliche Mühe hätte und auch ihnen mache.

Auf dem Rückweg versuchte ich noch einmal, Hedwig zu treffen. Sie hatte nach langem Warten sich auf den Heimweg gemacht. Wir mußten uns verpaßt haben. Es tat mir sehr leid, denn nach den Angaben des Hausmeisters und der Pflegeeltern machte das Kind sich viele Gedanken.

Montag, 2. August. ‚Wenn doch eine Bombe die Theaters und Kinos getroffen hätte, dann könnte meine Mutter da nicht mehr hingehen.' Und: ‚Meine Mutter spielt immer Karten mit den Männern da auf der Reeperbahn.' So sprach Ilka G., die bei einer älteren, sauberen und gutmütigen Pflegemutter untergebracht ist. Allnächtlich weckt sie das Mädchen viermal, sonst hätte sie noch größere Mühe wegen des Bettnässens. Die Pflegemutter: Das Kind wäre bescheiden und gefällig und täte ihr leid. Sie möchte nicht wieder nach Hause. Sie sprach auch mir gegenüber ohne besondere Anteilnahme von der Mutter. Der Vater ist Soldat. Der elfjährige Willi W. führte sich anders bei seiner Pflegemutter ein: ‚Ich bin hier zur Erholung! Du bist ja ein Holzkopf! Ich will eine hübsche Pflegemutter, nicht solche häßliche wie du!' Frau G., Schreinermeistersfrau, erzählte noch so manches Erstaunliche, was mir Beobachtungen in der Schule bestätigten. Viel zu denken gab mir die Schilderung eines ‚Krankheitsfalles', epileptisch, wie sie sagte, und der so schrecklich gewesen sei, daß sie eine Wiederholung nicht ein zweites Mal erleben möchte. Der Junge hätte getobt, wie ein Wilder durchs Fenster gewollt und wäre kaum zu halten gewesen. Die kalten Wickel hätten dann etwas gedämpft. Sie habe dann den Arzt zu Hilfe gerufen. Die Leute hier sind aber unbeholfen und phlegmatisch. Man ließ nun die Sach so laufen.

Mir ging manches durch den Kopf: Die Unbeherrschtheit des Jungen – besonders im Essen, die große Sensationslüsternheit und das ausgiebige Phantasielügen des Jungen, den kein Kind für ernst nahm, und seine Großmauligkeit, kurz, wie würden sich diese Eigenschaften bei einer seelischen Belastung, hervorgerufen durch die Katastrophe daheim, auf diesen Jungen und durch ihn auf die anderen Hamburger Kinder auswirken, besonders im Hinblick auf den geschilderten Anfall?

Dienstag, 3. August. Weitere Transporte sind angekommen. Der sechsjährige Herbert H. liegt mir besonders am Herzen. Er hängt sehr an seiner Mutter und kleinen Schwester, und ich weiß, daß seine Wohngegend, Altona Hafenstraße, schwer getroffen ist. Nachricht der Mutter ist noch nicht da, wohl aber von der Tante, die auf den Ruf eines Frontsoldaten aus dem brennenden Haus gestürzt ist und mit ihrer Kleinen – größtenteils zu Fuß – endlich in der Heide angelangt ist, wo sie bald zu entbinden hofft. Von Herberts Mutter, mit der sie zusammenwohnte, weiß sie noch nichts. Aus dem Brief spricht viel unbewußtes Heldentum. Frau U., Herberts Pflegemutter, hält den Brief vor dem Jungen verborgen.

Er selbst kam zutraulich und viel erzählend an, oft plötzlich vom Spiel unvermittelt auf sein Zuhause überspringend und mich dann ängstlich wartend ansehend, sonst ein vergnügtes, sorgloses Lachen im Gesicht, womit er sich hier viele Herzen unter den Erwachsenen gewinnt.

Besagter Willi W. hatte ihm natürlich gleich entgegengerufen: ‚Deine Mutter lebt ja nicht mehr!'

Vollkommen anderer Art ist der neunjährige August T., der die Sache dickfellig nimmt und meint: ‚Ja, wenn meine Mutter mit'n Transport kommt, sag ich guten Tag und hau wieder ab, und wenn sie tot ist – kann ich dann hierbleiben?' Er ist gut untergebracht bei Frau Sch.

Ähnlich gleichgültig ist Joachim H. Seine Pflegemutter kam von der Dreschmaschine auf mich zu und erzählte von dem Jungen, der so ganz ordentlich ist, aber durch seine stupide, träge Art mancherlei Mühe macht.

Mittwoch, 4. August. Oben auf der Höhenleite suchte ich Uwe J. bei seiner jungen, frischen und freundlichen Pflegemutter auf, die selbst einen achtjährigen Jungen hat. Es herrscht ein nettes Verhältnis zwischen Uwe und Frau D., bei der sich der Junge wohl und geborgen fühlt. Nachricht von daheim liegt noch nicht vor.

Er begleitet mich dann zu Günther A., den ich nicht antraf. Wohl aber die Pflegemutter und die obdachlose aus Köln zugereiste Schwester! Nachricht war noch nicht da. Aber das sei nicht so tragisch für den Jungen, da die Mutter sowieso wochenlang nicht schriebe, seine anfängliche Bettnässerei habe er allmählich nach energischen Hinweisen abgelegt.

Renate G. traf ich leider nicht an. Die Nachbarin wußte, daß keinerlei Nachricht eingetroffen war.

Rolf B., den ich auch nicht antraf, hingegen hatte Bescheid, daß die Mutter (Stadtinneres) geborgen war. Wie schon öfters klang selbst aus den Worten der Nachbarin die allgemeine Beliebtheit des Jungen.

Gerda B. hat trotz vielseitiger Bemühung noch nicht Nachricht.

Donnerstag, 5. August. Auf dem Weg zum Meierfeld traf ich Karin E., wortkarg wie immer, aber mit guter Nachricht von der Mutter. Wortführerin war die jüngere Pflegeschwester.

Edith G. brachte mich gleich zu ihrer Pflegemutter und zeigte den Brief ihrer Mutter aus Altona. Sie ist in Steinkirchen und hofft, von da aus nach Rosenberg zu kommen. Sie war höflich und bescheiden.

Ein Stück entfernt davon wohnt Wilhelmine H. Sie ist gut untergebracht bei einem älteren Ehepaar, das von Grafenwöhr hierher wegen eines Truppenübungsplatzes umgesiedelt wurde. Von den großen Geschwistern aus Hamburg weiß sie nichts, die Eltern (Artisten) sind in der Umgebung Hamburgs mit ihren Wohnwagen und haben Nachrichten gegeben.

Sonnabend, 7. August. Fräulein Zistler, eine ältere Rosenberger Kollegin, schloß sich meinen Gängen zur ‚Lohe' und Siedlung ‚Heimaterde' an. Zunächst suchte ich Ingeborg D. auf, die frisch und vergnügt war. Die Mutter ist nach Husum zur Großmutter geflüchtet und kommt vielleicht nach Rosenberg. Bei Frau B. ist das Kind gut aufgehoben.

Elli L. war niedergeschlagen, da noch keine Nachricht vorlag.

Johannes V., dessen Vater Holländer ist, wohnt in der ‚Heimaterde' bei sauberen Pflegeeltern. Er ist etwas verschlossen, hat wohl Heimweh und hängt sehr an seinem Blankeneser Kindergarten, wohin oft die Gedanken gingen (keine Nachricht).

Wilma D. scheint in gutem Einvernehmen mit der Pflegemutter zu leben. Ihre Mutter und Schwester sind außerhalb Hamburgs, der Vater ist in Rußland.

Auf dem Rückweg traf ich Hermann H. Er machte einen sonderbaren Eindruck und sah auch nicht erholt aus – schien gehemmt zu sein. Die Pflegemutter klagt über seinen geringen Appetit und seine Zagheit. Nachricht lag ebenfalls noch nicht vor ..."

Kurz nach Kriegsende schrieb die Lehrerin in ihr Tagebuch:

„Ich habe die Kinder auch noch als 6. Klasse 1944/45 bis zum März geführt. Am 22. April rückten die Amerikaner hier ein, und somit fand der Unterricht vorerst ein Ende.

Im letzten Vierteljahr traten häufige Unterbrechungen ein. Zunächst mußten alle Schulräume geräumt werden, da man sie für ein Lazarett brauchte. Der Schulunterricht wurde in fünf Gasthäusern unter schwierigen Verhältnissen fortgesetzt, bis schließlich Ende März fortwährende Alarme und schließlich Angriffe mit Opfern an Toten und Verwundeten Einhalt geboten, weil ein Unterrichtsbetrieb in diesem durch das Eisenwerk Maxhütte gefährdeten Ort nicht mehr zu verantworten war.

Nach dem Einmarsch der Besatzungstruppen überzeugte ich mich, daß auch während der unruhigen Zeit es den Kindern gut gegangen war. Eins wäre um ein Haar mitsamt den Pflegeeltern und dem ganzen Hof beim Artilleriebeschuß vernichtet worden. Ich selbst nahm erst einmal die Arbeit in der Kanzlei des Rathauses an. Es heißt zu warten und sich in Ruhe überlegen, wie die ungewisse Zeit, die jegliche Verbindung mit Heimat und Angehörigen auf unbestimmte Zeit abgeschnitten hat, nützlich und wertvoll auszufüllen ist.

Die Art und Form in dieser Hinsicht ist sehr verschieden bei den einzelnen. Auch da bleibt sich jeder treu und auf derselben Linie und in derselben Haltung, die er bisher eingenommen hat. Vielleicht nur um einige Grade deutlicher, wie ja Zeiten höchster Spannungen und Forderungen sehr oft Gegensätze schärfer hervortreten lassen: Hier ein Lösen mancher ‚Bande frommer Scheu' – da gesteigerte Festigkeit und unbedingtes Maß- und Zuchthalten.

Im Mai nun wurde ich von verschiedenen Erwachsenen um Unterricht im Englischen gebeten und habe diese Tätigkeit mit Freudigkeit aufgegriffen . . ."

Die letzte Eintragung stammt vom 5. September 1945: „Bisher war der Rücktransport nicht möglich, wie man mir sagte. Die letzte Woche habe ich täglich von 6–20 Uhr abfahrbereit gesessen . . ."

7
Das Lagerleben

„Prima Essen, gute Versorgung“ · Täglich zweimal Flaggenhissung · Flöhe, Läuse und Krätze · Lehrer braucht zweites Braunhemd · Neun „Wallenstein“-Exemplare gehen per Kurier durch ein blutendes Land Germanische Weihnacht

Die meisten der heute Fünfzig- bis Fünfundfünfzigjährigen werden mehr positive als negative Erinnerungen an ihre Evakuierung in die Lager der Kinderlandverschickung haben. Dort waren sie nicht nur vor den Bombenangriffen sicher, sie wurden auch, soweit es im Krieg möglich war, ausreichend verpflegt und von den Lehrern oft nach Maßstäben erzogen, die wenig mit der nationalsozialistischen Erziehung zu tun hatten.

Es fällt uns heute leicht, über die Bürokratie und ein angeblich verknöchertes Beamtentum zu schimpfen. In jenen Jahren aber hatte sich dieser Apparat bewährt. Ralf Dahrendorf: „Preußische Pflichtauffassung widersetzte sich oft den Wünschen der Nationalsozialisten.“ Die Bürokratie, vor allem die der Lehrer, stammte meist aus der Zeit vor 1933.

Der Tagesplan in den 12000 KLV-Lagern wurde zwar nach den individuellen Verhältnissen aufgestellt, sah aber mehr oder weniger überall so aus wie in dem KLV-Lager St. Anna Plan bei Marienbad. Von dort meldete der Lehrer Walther Groth seiner Schulbehörde in Hamburg:

„Unser Tagesplan:
7.00 Wecken
7.45 Stubenbesichtigung
8.00 Flaggenhissung
8.15 Kaffee
8.30 Unterricht
12.30 Mittagessen
13.00 Bettruhe
14.00 Kleiderstunde
15.30 Arbeitsstunde
17.30 Flaggenhissung
18.00 Freizeit
20.00 Bettruhe.

Am Freitag ist Schreibstunde, damit die Eltern am Sonntag Post erhalten. Jeden Mittag Wehrmachtsbericht."

In allen Lagen schliefen die Kinder in Gruppen zusammen. In Ausnahmefällen nur vier in einem Raum, meist aber zwölf, fünfzehn oder sogar dreißig. Zu Beginn der KLV und während der Wirren am Kriegsende gab es manchmal nicht genug Betten. So heißt es in einem Erlaß aus Sachsen: „Die Lagerleiter müssen umgehend die Zahl der fehlenden Betten melden. Es geht nicht an, daß zwei oder drei Kinder in einem Bett schlafen."

Viele Briefe, Lehrerberichte und Tagebücher sind voller enthusiastischer Schilderungen über die Schönheit der Landschaft und über die sauberen Lager.

So schrieben aus dem Erholungsheim Quittendorf bei Driedeck in Mähren die Kinder 1943 nach Hause: „Auf Wanderungen erleben wir die Schönheit der Beskidenwelt. Baden, fröhliches Turnen und Sport, Sammeln von Heilkräutern und froher Gesang wechseln in bunter Reihenfolge."

Oder: „Freizeit hatten wir genug. Wir nutzten sie an heißen Tagen zum Baden in einem der Springbrunnen des inneren Schloßparks – allerdings nur einige, von der Schloßbesitzerin ausgewählt, durften mit dem Ponywagen fahren. Im Herbst machten wir Kartoffelfeuer, im Winter Rodeltouren. Wir hatten unsere eigenen Ski und

Schlitten mitgebracht. Es gab gemütliche Theateraufführungen und viele sportliche Wettbewerbe im äußeren Schloßhof."

In einem Bericht vom Obersalzberg heißt es: „Um unser Lager mußte uns eigentlich jeder beneiden. Kein Dienst, sehr viel Freizeit und manchmal Fremdsprachenunterricht. Prima Essen, gute Versorgung. Die Heimleiterin war gerecht."

Eine Lehrerin: „Wie wohltuend war es doch, daß die Großstadtkinder in dem so warmen Sommer die Schönheit des Böhmerwaldes erleben konnten. Durch die viele frische Luft und die Sonne waren die kleinen Gesichter braungebrannt, und gesund sahen sie alle aus. Wir Betreuer konnten es kaum glauben, daß dieses die gleichen Kinder waren, die wir drei Monate zuvor in Empfang genommen hatten."

Es gab aber auch andere Berichte. Das deutsche Talent zum Organisieren führte oft dazu, daß Kindergruppen immer wieder in neue Lager verlegt wurden, und dann konnten solche Situationen entstehen, wie sie die Lehrerin Anneliese Timmermann am 16. September 1943 nach Hamburg meldete: „In Berchtesgaden erhielt ich für mich und meine 67 Mädels einen Marschbefehl in Richtung Regensburg. Im Zug erfuhren wir erst, wo es hingehen sollte. Nach viermaligem Umsteigen kamen wir gegen 23.15 Uhr in Arrach im Landkreis Cham an. Ein Soldat führte uns dann durch den dichten Wald bergauf. Nach zwei Stunden landeten wir mit unseren völlig erschöpften Kindern an unserem Bestimmungsort. Es war ein Einödhof in über 900 m Höhe. Im Umkreis von zwei Stunden kein weiteres Haus. In dem Einödhof befand sich eine Gastwirtschaft. Niemand wußte von unserem Kommen. Wir wurden in einem Nebenhaus untergebracht, lagen in unbezogenen Betten. In den Räumen liefen Mäuse oder Ratten umher. Auch in den nächsten Wochen wurden Bettücher und Kletterwesten immer wieder von Mäusen angefressen. Um unsere Post zu holen, wandern vier von unseren Mädels täglich stundenweit durch ein ausgewaschenes Bachbett ins Tal. Die Lage des Hofes ist allerdings wunderbar. Auch das Essen reicht aus. Mittlerweile wurden drei Öfen angeschleppt, im Winter friert hier das Wasser ein, Skiverbindung gibt es dann nur einmal pro Woche. Der Kreisbeauftragte aus Cham, der dort in seiner warmen Wohnung sitzt, ist recht optimistisch, daß wir den Winter hier durchhalten können."

Und dann kommt in diesem Bericht ein Nachsatz, der sich heute eher rührend liest, damals aber nicht ohne Tapferkeit war: „Wir sind entschlossen, die Stellung bis zum letzten Augenblick zu halten. Feigheit soll uns zu allerletzt nachgesagt werden können. Von unseren 67 Mädels haben alle in Hamburg ihr Heim verloren, zwei Mädels sind mutterlos geworden, ich selbst bekam in diesen Tagen gerade die Nachricht, daß meine Eltern obdachlos sind, ihr Haus völlig ausgebrannt sei."

Solche ungeschminkten Berichte bekamen die Eltern anfangs auch in den Kinderbriefen zu lesen. Dann aber wurden die Briefe in den Klassen gemeinsam geschrieben – und bekamen einen immer positiveren Ton. Die Tausende noch vorhandenen Briefe aus den KLV-Lagern haben deshalb nur einen begrenzten Aussagewert.

Noch kräftiger log die gleichgeschaltete Presse. So hieß es in Hamburger Zeitungen über die ersten Lager in Sachsen, sie seien komfortabel, da es sich um ehemalige Ferienquartiere reicher Leute handle, und die Kinder würden sich alle wohl fühlen. Drei Häuser wurden abgebildet. Die Wirklichkeit sah anders aus, wenn man den internen Bericht der Hamburger Schulbehörde liest.

In der Zeitung stand über die schwimmende Jugendherberge „Sachsen": „Mit besonderem Stolz betreten 33 Mädel und 38 Jungen ihr Schiff – schließlich kann es für einen echten Hamburger keinen zünftigeren Aufenthaltsort geben." In dem internen Bericht aber steht zu lesen: „Die schwimmende Jugendherberge eignet sich für den Winter nicht. Lehrer müssen in Privatquartieren an Land schlafen, wechseln mit Nachtdienst auf dem Schiff ab."

Über die Jugendherberge „Oybin" bei Zittau hieß es in den Zeitungen: „Die Kinderaugen strahlten, als sie das schöne Gebäude und die komfortablen Zimmer sahen." In dem Schulbericht dagegen: „Die Jugendherberge wurde viel zu voll belegt, es gab nicht einmal genügend Betten."

Über das KLV-Lager Königstein schrieb die Presse: „Voller Fröhlichkeit bezogen die Kinder ihre Betten in den schönen Zimmern, schauten durch die Fenster in die herrliche Landschaft." Der Schulbericht meldete anderes: „Die Jugendherberge war zu eng und unhygienisch."

Noch krasser der Gegensatz beim Lager Jahnnesthal in der sogenannten Ostmark, wie Österreich als Teil von „Großdeutschland" hieß. In der *Kronacher Tageszeitung* stand am 30. 12. 1940: „Seit Tagen hatten unsere Hamburger Jungens in ihrem Lager im Schulhaus die Zimmer weihnachtlich gerichtet. Tannenzweige mit Kugeln, Engelshaar und Silberfäden zogen sich an den Wänden entlang, und auf den Tischen standen Weihnachtskerzen zwischen dem Grünschmuck. Alle atmeten Weihnachtsstimmung, als der Ortsgruppenleiter am Heiligen Abend im Lager eintraf. Frohe Gesichter strahlten ihm entgegen... Ortsgruppenleiter Groh verlas dann die Weihnachtsbotschaft des Gauleiters Wächtler, die mit strahlenden Augen aufgenommen wurde... Dank aber gebühre dem Führer, der sie mit seiner sorgenden Hand beschirme und betreue... Leuchtende Augen grüßten dann den Führer in der Ferne."

Am selben Tag besuchte ein SS-Standartenführer seinen Sohn in diesem Lager und schrieb anschließend empört an das Hamburger Schulamt: „Etwa 42 Schüler sind dort in einem wenig gepflegten Schulhaus untergebracht, wo teilweise ein übler Geruch herrscht. Mehrere Schlaf- und Aufenthaltsräume haben überhaupt keine Öfen. Die Aborte sind von gerade vorsintflutlichen Funktionen. Eine Möglichkeit zum Duschen ist nicht vorhanden."

Manchmal mußten die Kinder noch Schlimmeres erdulden. Lagerleiter Albert Thestorff berichtete aus dem Zollhaus Goldberg bei Bayreuth: „36 Kinder in einem Raum. Strohsäcke voller Flöhe, alle Badeöfen entzwei. Einmal wöchentlich marschieren wir mit den Kindern 10 Kilometer zu Fuß, dann fahren wir noch einmal 20 Kilometer, um überhaupt duschen zu können. Stimmung gut, trotz Kampf gegen die Flöhe."

Allein bis zum Dezember 1940 waren in der Bayerischen Ost-

Der achtjährige Herbert Bösche aus Hamburg war eines von fünf Millionen deutscher Kinder, die zwischen 1940 und 1945 von ihren Eltern getrennt in Evakuierungslagern lebten. Im Herbst 1940 fotografierte ihn sein Vater vor der Abfahrt des Kinder-Sonderzuges. Zu dieser Zeit wußten weder Eltern noch Kinder wohin die Reise ging – Herbert Bösche kam zu Gasteltern nach Amberg. »Sie waren sehr liebevoll zu mir; ich besuchte sie auch nach dem Krieg«, erinnert sich Herbert Bösche heute. (Foto: Privat)

Baldur von Schirach, Reichsjugendführer und Herr über die Kinderlager, ließ sich gern inmitten seiner jugendlichen Anhänger fotografieren. Er war verantwortlich für die Evakuierung der Kinder. Die Aktion war unbestritten – auch nach dem Krieg während der Nürnberger Prozesse. (Foto: Ullstein)

Während der größte Teil der deutschen Kinder vor dem Feuersturm in Sicherheit gebracht wurde, der die Städte in Asche und Schutt verwandelte wie auf dem Bild oben Hannover, wurde eine andere Gruppe in die Konzentrationslager verschleppt; ebenfalls Kinder, ebenfalls Deutsche – jüdische Kinder, deren Familien Mitteleuropa in Jahrhunderten zur natürlichen Heimat geworden war. (Fotos: Ullstein)

Für die meisten Kinder war die Evakuierung anfangs ein großes Ferienvergnügen. Viele von ihnen stammten aus weniger wohlhabenden Familien und durften zum ersten Mal mit der Eisenbahn verreisen wie diese Berliner Kinder, die im Herbst 1940 in das Riesengebirge fuhren.
Zu dieser Zeit fielen noch nicht viele Bomben, die Bevölkerung ahnte nur wenig von dem Inferno, das bald über ihre Wohnstätten hereinbrechen sollte. Die Berliner hatten für die Aktion, offiziell Kinderlandverschickung genannt, bald mit dem ihnen eigenen Witz einen neuen Begriff. Sie nannten die Aktion »Kinderlandverschleppung«. (Foto: Ullstein)

Die Nationalsozialisten nutzten die Verschickung für ihre Propaganda aus. Mit Blaskapellen und Ansprachen wurden die Kinder, die aus KLV nach Hause kamen, wie auf dem Bild links oben in Berlin empfangen.
Jedoch: Schon bei der Ankunft, wie auf dem Bild unten in Krakau, sah es meist anders aus. Die Kinder litten unter Heimweh und hatten Angst vor der Fremde. Ihnen blieb aber das Schicksal der Daheimgebliebenen erspart, von denen mindestens 500 000 während der Bombenangriffe starben – allein in Hamburg während einer Angriffsaktion mehrere Zehntausend (Bild rechts). (Fotos: Ullstein; Süddeutscher Verlag, Privat.)

Fern ihrer Heimatstädte und inmitten des Krieges lernten die evakuierten Kinder in den Lagern ihr Schulpensum wie diese Berliner Mädchen in Ostpreußen. (Foto: Süddeutscher Verlag)

mark 89 Kinder an Diphterie erkrankt, 8 weitere Kinder an der Krankheit gestorben.

In den allerseltensten Fällen waren an Krankheit und Tod der Kinder die Lehrer schuld. Der wohl unglaublichste Fall ereignete sich im Lager Bergfried in der Ostmark. In einem Inspektionsbericht heißt es: „In dem Lager leben 22 Mädel. Alle sind verlaust. Bei dem Mädchen Vorle H. hat die Verlausung ein Stadium erreicht, wie ich es nicht kannte. Hals und Ohren sind zerfressen. 8 Mädel haben außerdem die Krätze. Ein krankes Kind blieb zehn Tage ohne jede Hilfe im Bett. Die zuständige Lehrerin war einfach abgereist und hatte die Kinder alleingelassen."

Drei Fälle sind überliefert, daß KLV-Betreuungspersonal wegen Unterschlagungen oder anderer Delikte zum Tode verurteilt wurde. Zumindest eine Vollstreckung, in der Gegend von Hof, ist aktenkundig.

Bevor die Wirren des Kriegsendes einsetzten, mußten sich Lehrer und Schüler mit weniger dramatischen Problemen herumschlagen. Angesichts des Krieges waren sie vielleicht gering, für den einzelnen aber bedeutend genug. Am 2. Dezember 1940 schrieb der Lehrer Chr. Teege aus Leitenbach bei Mainburg: „Das Dorf liegt drei Kilometer von Mainburg entfernt. Ja, wenn's nur da läge! Aber es geht noch etwa einen Kilometer landeinwärts. Der Weg dorthin besteht nur aus Schlamm. Ich kenne bei uns in Schleswig-Holstein nur einen solchen Weg, nämlich in Kappelholz bei Kappeln, und von dem sagte der alte Rektor Petersen, daß dort die Kinder mit Wasserstiefeln und Schwimmwesten geboren werden müßten. Hier wäre es auch nötig. Über die Kost läßt sich nicht klagen. Es gibt natürlich bayerisches Essen, also viel Fleisch, so viel, wie die Jungen in Altona wohl kaum jemals bekommen haben. Um den Neid der Besitzlosen zu wecken: In den beiden Wochen unserer Anwesenheit wurden schon ein Schwein und ein Kalb geschlachtet."

Manche der Lehrerberichte riskierten auch ein kritisches Wort gegen den Führer. Das war nicht ungefährlich, aber die Schulbehörden legten solche Briefe meist stillschweigend zu den Akten. So auch die Zeilen des Lehrers Franz Tantow aus Nittenau in der Oberpfalz: „In den Klassen werden jeweils zwischen 71 und 100 Kinder unterrichtet. Die Räume sind verkommen und trostlos. Es ist mir unverständlich, daß man in der Zeit von 1933–39 keine Zeit gefunden hat, die Räume eines Volksstaates würdig umzugestalten. Man muß sich einmal vorstellen, daß diese Schule in einem Bau liegt, dessen Leiter an der Spitze der NSDAP steht. Eltern beklagten sich, daß ihre Kinder verlaust seien. Darauf antwortete der zuständige Parteileiter lakonisch: ‚Nittenau und Läuse gehören zusammen.'"

Der Lehrer Tantow stürzte im Mai 1943 in einem KLV-Lager in Siebenbürgen in einen Fluß und starb wenig später. Was zählen solche Schicksale angesichts der Millionen Kriegstoten?

Ende Oktober 1942 rückten die Soldaten der 6. Armee in Stalingrad nur noch zentimeterweise vor. Jeder Millimeter erkämpfter Boden war mit dem Blut Dutzender deutscher und russischer Soldaten getränkt. Generaloberst Paulus sah sich als Sieger, neun Zehntel der Stadt waren sein – wenige Tage später aber, am 20. und 21. November, kesselten die Russen rund 350000 deutsche Soldaten ein. Eine der größten Schlachten in der Geschichte der Menschheit nahm ihren blutigen Verlauf. Spätestens zu diesem Zeitpunkt hatte Adolf Hitler verloren. Am 23. November, nachts gegen 2 Uhr, schrie er zwischen den Betonwänden seines Bunkers in Rastenburg in der Sprache eines widerborstigen Kindes: „Ich gehe nicht von der Wolga zurück! Ich gehe nicht von der Wolga zurück!"

In diesen für die Weltgeschichte entscheidenden Stunden traf beim Hamburger Schulamt ein Brief aus dem KLV-Lager Klein-Skal bei Turnau in Böhmen ein. Unter dem Datum des 21. November beschwerte sich der Lagerleiter Otto F.: „Ich wiederhole deshalb meine Bitte um ein Braunhemd mit mindestens einem Kragen, damit ich so ausgerüstet bin, daß ich nicht immer auf die nächste Wäsche warten und meine privaten Sachen tragen muß."

Mit der Geduld eines Pädagogen antwortete ihm der Hamburger Schulrat: „... laut Vorschrift steht Ihnen leider nur ein Braunhemd zu ... Versuchen Sie doch, mit dem einen Braunhemd und mehreren Kragen auszukommen ... Im übrigen sollten Sie überdenken, ob das zeitweise Tragen von Privathemden nicht zumutbar ist!"

Von nicht minder schweren „Sorgen" kündet die Klage des Leiters des Vollkornbrot-Ausschusses in Hamburg, der auch noch den Namen Dr. Voll trug: „Die Ernährung der Hamburger KLV-Kinder in Sachsen stößt auf Schwierigkeiten, weil die Forderung nach Vollkornbrot der Hamburger von seiten der zuständigen Personen in Sachsen mit der Bemerkung abgelehnt wird, sie wüßten überhaupt nicht, was Vollkornbrot ist."

So seltsame Blüten die Bürokratie zu jener Zeit auch trieb, historisch gesehen hat einiges, was sie, die als so menschenfeindlich gilt, damals produzierte, mehr Bestand als alle Propaganda und mancher Heldenkampf an der Front. Die Bürokratie, zumindestens die der KLV, gebar nicht nur eine endlose Folge von Schreiben über fehlende Braunhemden oder mangelnde Kenntnis von Vollkornbrot. So meldete am 12. April 1943 Schulinspektor Giese die Erkrankung seines Kollegen Barthel im böhmischen Lager Otawa bei Schüttenhofen: „Eine Vertretungskraft ist unbedingt notwendig, da im Lager kein Berufskamerad ist, der Englisch-Unterricht erteilen kann."

Und am 13. Dezember 1944 bat aus dem KLV-Lager Kloster Reichenbach ein Lehrer um Ablösung: Er habe nur noch einen Arm, mehrere Kriegsverletzungen seien wieder aufgebrochen. Die Antwort des Hamburger Oberschulrates Behne: „Eine Ablösung ist im Augenblick nicht möglich, da kein Biologielehrer als Ersatz vorhanden!"

Der Düsseldorfer Lehrer Hans D. beschwerte sich im Oktober 1944 bei seinem zuständigen Schulamt: „Zum dritten Mal fordere ich nun schon die Zusendung wenigstens einiger Latein-Bücher; wir kommen im Stoff nicht weiter, können unseren Lehrplan nicht einhalten."

Und ein Kieler Oberlehrer schrieb erbost aus seinem KLV-Lager in Ostpreußen: „Die Schule hier ist so primitiv, es gibt kaum Lehrbücher, überhaupt keine Literatur. Wie sollen wir Schillers *Wallenstein* durchnehmen, wenn wir kein einziges seiner Exemplare haben?“

Das Unglaubliche geschah: Mit einem Kurier wurden neun *Wallenstein*-Exemplare in das Lager abgeschickt – quer durch ein blutendes Land.

Über die Geschichte des Zweiten Weltkrieges gibt es in aller Welt unzählige Bücher; die meisten berichten genüßlich über alle Kämpfe unter dem Vorwand, damit künftige Kriege zu verhindern oder zumindest eindringlich vor ihren Auswirkungen zu warnen. Wie immer die wahre Wirkung dieser Bücher sein mag, bisher hat noch kein einziges über das Phänomen berichtet, daß inmitten jener Massenvernichtung, fern von den zu Ruinen zerbombten Städten, inmitten von Hunger und Anarchie, an den Rändern des Reiches in abgelegenen Dörfern, auf Waldlichtungen und in versteckten Kurheimen Millionen deutsche Kinder englische oder griechische Vokabeln paukten, Gedichte von Hölderlin lasen oder die Blutbahnen im menschlichen Körper bestimmten.

Adolf Hitler hatte der KLV-Aktion nur zugestimmt, um die Nervenkraft der deutschen Jugend zu erhalten. Die Schulbürokratie aber erwies sich als stärker; anfängliche Versuche der HJ-Führung, den Unterricht zur Nebensache zu erklären und die politische Erziehung in den Mittelpunkt zu stellen, schlugen in den meisten Lagern fehl – allerdings erst nach heftigen Auseinandersetzungen mit Lehrern und Schulbehörden. Die ehemaligen KLV-Schüler erinnern sich:

„Der Unterricht beinhaltete nahezu alle Fächer. Deutsch, Fremdsprachen, Mathematik, Geschichte, Erdkunde und natürlich Handarbeit, die dem Stopfen unendlicher Berge von Soldatenstrümpfen gewidmet war.“

„Frau Lückenbach entwarf sofort nach Einweisung in die Quartiere einen Stundenplan und ließ alsbald auch mit dem Unterricht beginnen.“

„Auch während der großen Ferien wurde an Tagen mit schlechtem Wetter unterrichtet."

„Die Qualität der Lehrer war so, wie wir es gewohnt waren, hatten wir doch die Lehrer unserer eigenen Schule, in diesem Fall der Englischen Fräulein in Augsburg, mitnehmen dürfen."

„Der Unterricht fand an allen Werktagen statt; drei Unterrichtseinheiten von je 90 Minuten."

„Herr Geist und seine Frau waren sehr nett. Er war auch unser Zeichenlehrer in Lübeck; sein Hobby war das Bergwandern."

„Das Verhältnis zu den Lehrern war sehr unterschiedlich. Die hundertprozentigen PGs waren unbeliebt."

„Unterrichtet wurden wir im ‚Sternbräu' an der Marktstraße. Wir saßen an langen Wirtshaustischen und erhielten fast einen normalen Unterricht."

„Oft gingen wir hinaus in eine Waldlichtung, setzten uns im Halbkreis zusammen und paukten – wie zu Hause – lateinische Vokabeln."

Da während der KLV-Jahre der Einfluß des Elternhauses fast völlig ausfiel und die Lehrer entweder nationalsozialistisch, wertneutral oder höchstens verhalten kritisch gegenüber der Staatspartei unterrichteten, wäre die Kirche die einzige Institution gewesen, die einen korrigierenden Einfluß hätte ausüben können. In den Kinderlagern aber durfte kein religiöser Unterricht stattfinden. Die Kinder mußten sich selbst zum Religionsunterricht anmelden und wurden dann – oft nur in der Freizeit – zum örtlichen Pfarrer geschickt. Es gab aber Unterschiede. Hamburg zum Beispiel hatte schon lange Kirche und Schule strikt getrennt, streng katholische Gegenden wie das Ruhrgebiet dagegen noch nicht. Aus allen Berichten und Dokumenten geht hervor, daß die Kinder von der Ruhr auch in den Lagern engen Kontakt zu den Geistlichen unterhielten und der Religionsunterricht zwar nicht im, aber außerhalb des Lagers meist selbstverständlich war. Anders bei den Hamburger Schülern; ihre Behörde, auf die hanseatische Tradition pochend, unterband solche Kontakte und somit ein Regulativ gegen die wüste national-sozialistische Propaganda. In einer Anweisung der Hamburger Schulverwaltung heißt es: „Den KLV-Lagern soll strengste Zurückhaltung in konfessionalen Dingen zur Pflicht gemacht werden. Irgendwelcher Unterricht durch Geistliche, Ordensangehörige oder kirchliche Beauftragte darf im KLV-Lager auf keinen Fall erlaubt werden. Dagegen ist selbstverständlich engste Zusammenarbeit mit den Dienststellen der NSDAP, ihrer Gliederungen und Verbände im Aufnahmegau geboten."

Als einmal in Hamburg Gerüchte umgingen, die Kinder würden doch von Geistlichen betreut, ordnete der Hamburger Gauleiter Kaufmann sofort eine strenge Untersuchung an. Angebliches Ergebnis: Fehlanzeige.

Die Lehrerin Th. T. berichtete aus dem KLV-Lager Lengenfeld in der Oberpfalz: „Eine Sorge für uns waren die Versuche der Pfleger, die Kinder katholisch zu machen. Sie wurden mit in den Gottesdienst genommen, und man suchte sie durch ihre Eitelkeit zu gewinnen. Sie bekamen weiße Kleider an und weiße Rosenkränze aufgesetzt."

Und die Lehrerin Dorothea B. fragte bei ihrer Schulbehörde an: „Um unser Lager schleicht dauernd ein Geistlicher; er versucht mit den Kindern in Kontakt zu kommen und lädt sie zu den Gottesdiensten ein. Was soll ich tun?" Antwort der Schulbehörde: „Jeden Kontakt unterbinden. Örtliche Parteidienststelle einschalten."

Oft genug schockten Großstadtkinder ihre frommen Gastfamilien auf dem Land. In einem offiziellen Bericht wird lobend das Verhalten eines Schülers erwähnt: Er hatte seine Gasteltern in der Fränkischen Schweiz ultimativ aufgefordert, während der Zeit seiner Anwesenheit alle Kreuze aus der Wohnung zu entfernen. Sie taten es – die Angst in jenen Jahren war groß.

Die ehemalige Lehrerin Anneliese Timmermann, die heute in Norddeutschland lebt, erinnert sich, wie sie mit hundert Mädchen in das Kloster Ettmannsdorf im Naabtal kam: „Die Nonnen gehörten zu einem besonders strengen Orden und lebten sehr zurückgezogen. Die Einquartierung war vom Staat verfügt worden;

sie konnten sich dagegen nicht wehren. Sie hatten gehört, in ihr Kloster würde man nur Jungen einquartieren. Wie sie uns später erzählten, beteten sie die ganze Nacht vor der Ankunft, Gott möge ihnen helfen. Als sie dann die lange Schlange von Mädchen auf ihr Kloster zu marschieren sahen, leuchteten ihre Augen – sie glaubten an ein Wunder: Gott hatte ihnen geholfen."

Wolfgang M. lebte mit seiner Klasse in einem Kloster zwischen Passau und Landshut. Die Schüler mußten in einem Trakt des Gebäudes Zellen beziehen, in denen früher Mönche gewohnt hatten. „Es war Winter, die Zellen feucht und ungeheizt. Mehrere Fensterscheiben zerbrochen. Viele von uns wurden krank, ich selbst bekam die Gelbsucht. Die Stimmung war gedrückt, die Mönche kümmerten sich nicht um uns, dazu waren sie allerdings offiziell auch nicht verpflichtet. Eines Tages kam meine Mutter, übersah sofort den schlechten Zustand unseres Lagers und nahm mich mit nach Hamburg, obwohl sie dazu keine Erlaubnis hatte."

In den Akten tauchen die Namen mehrerer Lehrer auf, die auf Grund ihres religiösen Engagements in den Lagern aus dem Dienst entfernt wurden – zumindest aus dem KLV-Dienst.

Ein Hamburger Lehrer besuchte in einer oberbayerischen Gemeinde einen Kirchenmusikabend mit einigen seiner KLV-Schüler und hatte vom katholischen Geistlichen die Erlaubnis, in seiner Freizeit an der Kirchenorgel zu üben. Der Lehrer wurde entlassen. Sein „Fall" nimmt in den Aktenordnern der Hamburger Schulbehörde 37 Schreibmaschinenseiten in Anspruch.

In anderen Lagern wiederum erteilten Lehrer Religionsunterricht, obwohl es verboten war. Niemand bestrafte sie.

Herbert Kaldenhoven aus Oberhausen hatte so einen Lehrer: „Lagerleiter war unser Lateinlehrer Dr. Grothenrat. Bei ihm hatten wir regelmäßig Schulunterricht, auch Religion."

Und Enno Edzart Janssen aus Bremerhaven erinnert sich: „An einem Sonntagmorgen war HJ-Dienst angesetzt. Unser Lehrer aber kam zu uns und forderte uns auf, mit ihm zum Gottesdienst zu gehen. Vor seiner Souveränität und menschlichen Autorität mußten die HJ-Führer nachgeben."

Dagegen ein anderes Erlebnis: „Ich erhielt den Besuch meines Heimatpfarrers, der in Baden KLV-Lager bereiste. Er sprach zwar mit unserer Lehrerin, durfte aber nicht zu uns Kinder in das Lager. Ich mußte ihn draußen auf der Straße treffen."

Adolf Otto aus Babenhausen: „Es gab keinen Religionsunterricht und keinen Kirchenbesuch in unserem KLV-Lager. Aber als wir im Mai 1945 vom Ami binnen zwei Stunden aus unserem Gasthof ‚Zur Post' in Prutting rausflogen, nahmen uns die Bauern der Gegend nur unter der Bedingung auf, daß wir jeden Sonntag in die Kirche gingen."

Aus einem Schreiben des Bischofs von Münster an den Erzbischof von Köln am 23. Januar 1941 wird die Sorge der Kirche deutlich: „Eure Eminenz bitte ich ehrerbietigst zu erwägen, ob wir uns mit gelegentlichen und privaten Zusicherungen begnügen können. Nach anderweitigen Erfahrungen müssen wir doch die Befürchtung hegen, daß bei solcher langdauernder Verschickung die religiöse Erziehung und Unterweisung der Kinder vernachlässigt und damit schwer geschädigt werden. Daß die Masse der Eltern in energischer Weise auf entsprechende Garantien drängt und sie durchsetzt, können wir bei der Einschüchterung, unter der unser Volk lebt, nicht erwarten."

Ein Hamburger Pastor mahnte die KLV-Schüler in einem Rundbrief besorgt: „Ihr gehört nicht nur in den religiösen Unterricht, sondern auch in die christliche Gemeinde, die sich unter Gottes Wort im Gottesdienst zusammenfindet. So grüßt Euch Eure Heimatgemeinde durch mich sehr herzlich und mit Heil Hitler! Euer Pastor Dietze."

Unterschiedlich wurden die kirchlichen Feste gefeiert. Die nationalsozialistische Führung bemühte sich vor allem, den Weihnachtstagen einen – wie sie es nannte – germanischen Sinn zu geben. Ralf Dahrendorf erinnert sich an ein ganz normales Christfest mit Kirchenliedern, Tannenbaum und der Weihnachtsgeschichte: „Unsere Lehrer waren viel zu alt, um da irgendwelche nationalsozialistischen Wünsche umzusetzen."

In nahezu allen Lagern aber wurden Weihnachten eine Ansprache des jeweiligen Gauleiters und ein paar Grußworte des Führers verlesen. Dieter F. aus Hannoversch Münden erlebte noch mehr: „Heiligabend wurde von der HJ gestaltet. Wir begingen ihn weltlich-heidnisch." Wie das ablief, schildert Bernhard M. aus Frankfurt: „Am Heiligen Abend herrschte milder Frost. Wir zogen mit unserem Lehrer, einem radikalen Nationalsozialisten, auf eine Waldlichtung, zündeten dort ein vorbereitetes Feuer an und beschworen unsere germanische Tradition."

Zwei verschiedene Weihnachtsfeste erlebte Ute B. aus Oberursel. Einmal 1943: „Weihnachten 1943 in Deutscheneck/Warthegau. Ich bin zwölf Jahre alt. Ist mir weihnachtlich zumute? Die Strümpfe kratzen. Müssen die Lehrer und Helfer bei der Weihnachtsfeier den Kanonenofen so überhitzen? Wenn ich mich bloß schon setzen dürfte! Außerdem ist es so düster. Nur die wenigen Kerzen am Weihnachtsbaum beleuchten das große Schulzimmer mit den groben hölzernen Dielen. Vor den Tischen, auf denen die Geschenke der Angehörigen aufgebaut sind, stehen die langen Holzbänke, die gleichen, auf denen unsere braunemaillierten Waschschüsseln eine Waschanlage ersetzen. Irgendwer redet irgend etwas. Wir singen ein Lied und dürfen endlich über die Geschenke herfallen und uns setzen. Ich habe zwei Bücher bekommen: *Die Martinsgänse* und die dazugehörige Fortsetzung. Jemand sagt: ‚Komisch, die sind doch von einem jüdischen Schriftsteller. Daß man so etwas kaufen kann!' Mir ist es egal. Ich ärgere mich, daß das versprochene Päckchen mit Eßkastanien und Nüssen nicht angekommen ist. Noch Jahre danach träume ich nachts von dem verschwundenen Päckchen."

Ein Jahr später hatte das Mädchen völlig andere Erlebnisse: „Weihnachten 1944/45. Sonnenwendfeier ist vorgeschrieben. Wir steigen mit Amanda, einer beliebten, jungen Lehrerin, im Dunkeln auf den Svatobor bei Schüttenhofen. Nicht bis ganz hinauf, nur bis wir eine herrliche Aussicht auf Land und Himmel haben. ‚Hohe Nacht der klaren Sterne' wird mit Gefühl gesungen. Auf ein Feuer wird wegen des Krieges und möglicher feindlicher Flieger verzichtet. Dann erklärt uns Amanda Sternbilder: Orion, Kassiopeia, Großer und Kleiner Wagen. Die einzigen Sternbilder, die ich immer wieder finden werde. An Weihnachten holten wir auch das Licht aus Deutschland. Symbolisch. Im Verblassen des Abendlichtes machen wir uns auf den Weg. Klare Winternacht. Stapfen durch dicken Schnee zur fünf Kilometer entfernten Grenze. Warten lange am vereinbarten Ort, bis jemand von einem deutschen Bauernhof kommt und uns eine Stallaterne bringt. Mit diesem Licht werden die Kerzen des Weihnachtsbaumes angezündet. Die Lehrer ahnen mehr vom nahen Kriegsende. Es werden die üblichen christlichen Weihnachtslieder gesungen. ‚Hohe Nacht' und ‚Es ist für uns eine Zeit angekommen' beherrschen wir besser. Der Raum ist gemütlich; aber irgend etwas stimmt nicht. Denken wir an die ersten Flüchtlinge, die durch Schüttenhofen gekommen sind? – Was für komische Bücher die uns geschenkt haben! Auf jedem Platz liegen *Mozart auf der Reise nach Prag* und *Hochwald*. Ein Karl May würde mich mehr erfreuen. Na ja, wenigstens etwas zum Lesen."

8

Die Lager im Ausland

Was Hitler über die Bevölkerung des Ostens dachte
Polnische Nonnen trösten deutschen Jungen
Dampferfahrt nach Ungarn und Bulgarien · Streit der „Deutschstämmigen“ in Ungarn · Strohsäcke auf Lehmböden · Begegnung mit Zar Boris

Bei einem der berühmten Tischgespräche im Führerhauptquartier lobte Adolf Hitler im Juli 1942 General Jodl, weil er in der Ukraine ein Plakat beanstandet hatte, mit dem die einheimische Bevölkerung in ihrer Sprache vor dem Betreten der Bahngleise gewarnt wurde. Hitler: „Ob ein Einheimischer mehr oder weniger überfahren werde, könne uns doch gleich sein.“

Der Zynismus hatte bei dem Führer Methode. Überall im Ausland, vor allem im Osten, sollten alle Gewohnheiten und Traditionen der einheimischen Bevölkerung, die zu deren Dezimierung oder Rückständigkeit beitrugen, unterstützt werden. Hitler schnauzte, als er hörte, daß im Osten die Bevölkerung zur Schutzimpfung angehalten werde. Er wollte ein „Germanisches Reich Deutscher Nation“ errichten. Der germanische Mensch und kein anderer sollte wie ein „Hammer“ die Völker des Ostens erschlagen, sie degradieren zu Arbeitskräften auf möglichst tiefem Niveau. In diese Vorstellungen paßten nicht Gedanken an Fürsorge oder gar brüderliche Zusammenarbeit mit eroberten oder verbündeten Völkern. (Das wollte Hitler nicht einmal für die Franzosen gelten lassen). Würden wir ihnen heute, und sei es auch nur aus kriegsbedingten taktischen Gründen, zu viele Rechte und Eigenständigkeiten erlauben, so argumentierte er, hätten wir nach dem Krieg nur neue Schwierigkeiten mit ihnen; sie würden dann, wenn der Druck des Krieges nachgelassen habe, erneut nach Unabhängigkeit streben. Vor allem die Völker im Osten hatten für ihn nur einen Sinn: „Sie haben uns gegenüber in erster Linie die Aufgabe, uns wirtschaftlich zu dienen. Es müsse deshalb unser Bestreben sein, mit allen Mitteln wirtschaftlich aus den besetzten russischen Gebieten herauszuholen, was sich herausholen lasse."

Dazu empfahl er nicht nur brutale Methoden wie Vernichtung oder Vertreibung, sondern auch: „Für die Beherrschung der von uns im Osten des Reiches unterworfenen Völker müsse es deshalb oberster Grundsatz sein, den Wünschen nach individueller Freiheit weitgehendst zu entsprechen, jede staatliche Organisation zu vermeiden und die Angehörigen dieser Völkerschaften dadurch auf einem möglichst niedrigen Kulturniveau zu halten ... denn je primitiver die Menschen seien, desto stärker empfänden sie jede Einschränkung ihrer persönlichen Freiheit als Zwang."

Ähnliche Gedanken mögen wohl zu allen Zeiten Eroberer gehabt haben; sie sind nicht sonderlich neu, aber sicher auch nicht überwunden. Im Zusammenhang mit der Evakuierung der deutschen Jugend während des Krieges sind sie aus anderen Gründen bedeutsam. Denn: Mehr als 500 000 dieser deutschen Kinder wurden im Ausland betreut und verpflegt – und von der einheimischen Bevölkerung liebevoll aufgenommen oder zumindest toleriert. Aus der Geschichte der KLV ist so gut wie kein Fall bekannt, daß deutschen Kindern von Ausländern etwas angetan wurde. Vor den tschechischen KLV-Lagern standen tschechische Polizisten Wache, und nicht einmal während des Aufstandes 1944 kam es zu ernsthaften Ausfällen gegen deutsche Kinder. Natürlich gab es Raufereien mit einheimischen Jugendlichen, und deutsche Kinder registrierten in Böhmen auch haßerfüllte Blicke, wenn sie mit ihren deutschen Liedern durch die Städte zogen. Ein Junge aus

Köln schrieb ganz erschrocken aus seinem KLV-Lager in Polen: „An meinem freien Nachmittag ging ich in meiner Pimpfenuniform in die Stadt und schlenderte über den Markt. Mehrere alte Leute spuckten vor mir aus."

Vornehmlich die KLV-Lager in Polen, Lettland und Dänemark blieben, so gut es ging, von der Landesbevölkerung isoliert. Nicht vermeiden ließ sich allerdings, daß in jedem Lager einheimisches Dienstpersonal arbeitete. Aus keinem der vielen tausend KLV-Dokumenten geht hervor, daß es zu größeren Schwierigkeiten kam. Der KLV-Schüler Gustav Schreiber erinnert sich, wie er in einem KLV-Lager von Zakopane in der Hohen Tatra von polnischen Schwestern getröstet wurde: „Ich erhielt die Nachricht, daß mein Vater an der Ostfront gefallen sei. Meine Stubenkameraden versuchten mich zu trösten, unser Lagerleiter aber erklärte nur: ‚Davon wird der Vater auch nicht wieder lebendig!

Am Abend las der Lagerleiter aus Hitlers *Mein Kampf* vor. Das KLV-Heim gehörte einem katholischen Schwesternorden. Nur drei polnische Nonnen durften in dem Haus bleiben, sie kochten für uns. Als sie von meinem Schicksal erfuhren, nahmen sie mich mit in ihre Hauskapelle, die sie sich für die Zeit der Besetzung heimlich eingerichtet hatten. Dort beteten sie mit mir und trösteten mich. Da ich aus einer katholischen Familie kam, half mir dieser Zuspruch, den Schock zu überwinden."

KLV-Kinder erinnern sich auch, wie ihr Lagermannschaftsführer während der Wanderungen mit einem Stock den vorbeigehenden Polen die Mütze vom Kopf stieß, weil sie nicht achtungsvoll genug gegrüßt hatten. Andere zwangen polnische Straßenpassanten, den Bürgersteig zu verlassen. So etwas kam vor, war aber die Ausnahme; die meisten Kinder lehnten ein solches Betragen ihrer HJ-Führer ab. Auch von der KLV-Leitung wurden Provokationen dieser Art unterbunden; man wußte, wie abhängig und verwundbar die Lager waren, und war deshalb grundsätzlich bestrebt, möglichst wenig Kontakt zwischen Einheimischen und deutschen KLV-Kindern aufkommen zu lassen Ralf Dahrendorf über seine Zeit in Zakopane: „Das Leben der einheimischen Bevölkerung lief für uns wie hinter einer Folie ab. Wir wußten wenig über sie und beachteten sie auch kaum."

Die Einheimischen sahen es natürlich anders. Selbst wenn sie den Deutschen freundlich gesinnt waren, lebten sie in latenter Angst. Besonders heikel wurde es bei verschiedenen Streichen, wie Kinder im Alter zwischen sechs und vierzehn Jahren sie nun mal verüben, ganz gleich wo, die aber in den besetzten Gebieten eine tragische Note bekamen. So zogen KLV-Kinder durch polnische und tschechische Geschäfte und stahlen Souvenirs oder andere kleine Waren. Die Ladenbesitzer sahen es wohl, getrauten sich aber nicht, Anzeige zu erstatten, was wiederum zur Folge hatte, daß die Kinder noch ungenierter stahlen. Selbstverständlich unterbanden die Lehrer und die Lagerleiter diese Touren, sofern sie davon etwas merkten. Und es wurden auch Kinder, die Taschendiebstähle begangen hatten, strafweise nach Hause geschickt. Doch fällt auf, daß sich in den Akten nur sehr wenige Rückführungen von Kindern aus dem besetzten Teil Polens sowie aus Böhmen und Mähren finden. Dagegen gab es Dutzende von Fällen, daß Kinder aus Ungarn oder Bulgarien wieder heimgeschickt wurden, weil sie sich in den beiden Ländern nicht richtig benommen hatten.

Das Ganze hatte seine Ursache zum Teil darin, daß Polen und die Tschechoslowakei von den Deutschen nur begrenzt als Ausland angesehen wurden – es waren eroberte Gebiete, Protektorate. Anders Ungarn: Durch geschickte Politik hatte sich der ungarische Reichsverweser Horthy genügend Spielraum verschafft und konnte so die direkte Einbeziehung Ungarns in den Krieg vorerst abwenden. Um sein Land möglichst lange davor zu verschonen, ging er gern unverbindliche Verpflichtungen ein. Nichts eignete sich dafür besser als die Kinderlandverschickung – eine humanitäre Aktion. So fuhren dann ab 1942 Hunderttausende deutsche Kinder zur Evakuierung nach Ungarn, Bulgarien und in kleine Teilgebiete des heutigen Jugoslawien.

Für diese drei Länder ordneten die deutschen KLV-Behörden eine Rücksichtnahme an, wie es sie in den anderen Ländern, Dänemark vielleicht ausgenommen, nicht gab. Ein großformatiges Heft mit 28 Seiten erteilte in 87 Punkten genaue Anweisung, wie sich die Kinder im Gastland verhalten sollten. Alles war geregelt, die Ahndung von Diebstählen ebenso wie der Schutz vor der starken Sonne, das besondere Anlegen der Führerschnur ebenso wie die Einhaltung des Tanzverbotes. In den Heimatstädten wurden die KLV-Verwaltungen auch angewiesen, nach Ungarn nur zuverlässige und ordentliche Schüler zu entsenden. In einem Flugblatt des KLV-Gebietsbeauftragten von Hamburg heißt es: „Eltern herhören! Die ungarische Regierung hat dem Führer für die deutschen Jungen und Mädel, vor allem im Alter von dreizehn und vierzehn Jahren, Plätze zur Verfügung gestellt... Es kommen für diese Verschickung nur ausgesuchte Jungen und Mädel aus den luftgefährdeten Gebieten in Frage." Das Flugblatt erläutert auch die Form der Unterbringung. Jungen wurden grundsätzlich bei deutschstämmigen Familien einquartiert, bildeten aber pro Dorf eine Lagergemeinschaft und waren einem Lagerleiter unterstellt. Die Mädchen durften in Ungarn nur in Heimen untergebracht werden. Über die endgültige Teilnahme sollten Hitler-Jugend und Schule gemeinsam entscheiden.

Die Evakuierungen nach Ungarn und Bulgarien waren bei den Kindern sehr begehrt. Ungarn zählte damals für die meisten von ihnen zu den exotischen Ländern. Dort wuchs Wein, dort schien mehr Sonne als zu Hause, dort lebten fremde Menschen – für ihre Vorstellungen war es in stärkerem Maß Ausland als Böhmen und Mähren oder das nahe Dänemark, wo man in Friedenszeiten ohnehin Ferien machen konnte. Auch die nationalsozialistische Propaganda lobte die Gastfreiheit der Ungarn, ihr einfaches und anständiges Leben, ihre Freundschaft zu Deutschland.

Im internen Kreis fand Hitler zur gleichen Zeit allerdings andere Worte. „Die Ungarn", sagte er in der Wolfsschanze, „das sind die durchkochtesten Nationalisten, die es gibt. Und wie schnell sie das Deutschtum absorbieren! Alle führenden Deutschen nehmen sie in ungarische Stellungen hinein. Auf die Dauer ist dort das Deutschtum nur zu halten, wenn wir den Staat unter unsere Gewalt bekommen, oder wir müssen die Deutschen herausholen. Die kleine deutschtreue Gruppe geht an Inzucht zugrunde."

Wenn auch die Verhältnisse in Ungarn nicht dem Hitlerschen Bild entsprachen, so gab es dort in jener Zeit wirklich einen Konflikt innerhalb der deutschstämmigen Bevölkerung, aus dem sich die meisten KLV-Gruppen nicht heraushalten konnten. Vor allem die gebildeten Deutschstämmigen bekannten sich nur ungern zu ihrer Herkunft und schon gar nicht zu den Nationalsozialisten; sie wußten, was sie zu verlieren hatten. Anders die Ärmeren unter den Deutschstämmigen. Sie bekannten sich zum Reich und somit, ohne genau Bescheid zu wissen, zu dessen Vertreter Adolf Hitler.

Diese soziologischen Unterschiede werden ziemlich treffend in den vielen KLV-Berichten dargestellt. Einer sei hier zitiert: „Mágocs ist ein Dorf von 5000 Seelen. Davon waren etwa 99 Prozent Deutschblütige, 1 Prozent Ungarn und Mischlinge, außerdem 150 Juden und vor den Toren des Ortes einige Zigeunerfamilien. Von den Deutschblütigen bekannten sich 50 Prozent zum Reich, 25 Prozent standen Gewehr bei Fuß und warteten den Ausgang des Krieges ab, und 25 Prozent wollten Ungarn sein. Zur letzten Gruppe gehörte die gesamte Intelligenz. Diese und die Deutschbewußten bezeichneten sich gegenseitig als Verräter und bekämpften sich. Als die KLV-Lagermannschaftsführer sich als Freundinnen Töchter aus den reichsfeindlichen Familien erwählten, gab es einen kleinen Aufruhr im Dorf: Die Deutschgesonnenen konnten es nicht begreifen, daß wir mit ihren Feinden ebenfalls freundlich waren."

Aus Hássagy meldete ein KLV-Lehrer: „Der Ort ist fast rein deutschstämmig. Aber nur 50 Prozent sind im Volksbund organisiert, die übrigen Gegner. Der Kampf zwischen den beiden Gruppen ist sehr heftig." Und über das politische Klima in Csikostöttös schrieb ein Lehrer: „Wir mußten immer wieder spüren, wie wenig gern wir gesehen waren."

Überall, wo die KLV-Kinder zu den sogenannten Reichsdeutschgesinnten, meist armen Bauern oder Tagelöhnern, kamen, fanden sie eine freundliche, oft rührende Aufnahme. Allerdings machten die Schüler bei ihren Gasteltern mit einer sozialen Stufe Bekanntschaft, die sie in ihren Heimatstädten allenfalls aus den Geschichtsbüchern gekannt hatten.

„Wir schlafen auf Strohsäcken", meldete ein Schüler nach Hamburg, „und wohnen in Zimmern mit Lehmböden. Doch überall wird großer Wert auf Sauberkeit gelegt." Ein anderer berichtete, bei Tisch lange jeder mit seinem Löffel in die Schüssel, und nach der Mahlzeit würden die Katzen Schüsseln und Teller auslecken. Ein dritter schrieb über den Lebensrhythmus: „Im Sommer wird hier wenig geschlafen. Meine Pflegeeltern stehen morgens um 3 Uhr auf, spätestens um 5 Uhr sind sie auf dem Feld. Das Nachtmahl wird erst zwischen 9 und 10 Uhr abends eingenommen, um 11 Uhr herrscht dann Ruhe im Dorf."

Die Erlebnisse waren von Dorf zu Dorf unterschiedlich. Der KLV-Lehrer Paul Madey berichtete aus Alsonana: „Die Verpflegung war ausgezeichnet, es fehlte aber an Badegelegenheiten. Ein Fußweg von 14 Kilometer war mindestens zurückzulegen, was aber weder im Sommer bei 38 Grad im Schatten noch im Winter bei Regen und Schlamm ein Vergnügen war. Hautkrankheiten blieben nicht aus, vor allem Krätze."

Zu den wichtigsten Nahrungsmitteln der einfachen Leute in Ungarn gehörten Speck, Wurst, Geflügel, Zwiebeln und Paprika und im Sommer und Herbst Obst wie Äpfel, Birnen oder Weintrauben. Erstaunlicherweise meldeten ungewöhnlich viele KLV-Lager in Ungarn Probleme mit dem Essen. In vielen Gegenden wurde damals dem Kochen wenig Gewicht beigemessen, vielleicht nicht anders als in manchen ländlichen Regionen Deutschlands. Die Folge war, daß ganze KLV-Klassen wegen falscher Ernährung auf Krankenstationen kamen oder wieder zurück ins Reich transportiert werden mußten. Nach den ersten Erfahrungen richtete man in Deutschland ein Durchgangslager ein, wo die Kinder nach dem Aufenthalt in Ungarn entlaust und von Flöhen befreit wurden. Eine Lehrerin: „Das Essen war kümmerlich. Graupen und Hülsenfrüchte einfach in Wasser gekocht. Die Hausfrauen können im reichsdeutschen Sinn nicht kochen. Kochkunst ist um 100 Jahre zurück." Paul Meybohm aus Muscfa in der schwäbischen Türkei: „Das Leben der Familien spielt sich tagsüber ausschließlich in der Küche ab. Der Staub dringt in die Häuser, zum Waschen steht meist nur eine Schüssel zur Verfügung, oft gibt es keinen Abort."

In allen Berichten wird das freundliche Verhalten der Gastfamilien gelobt. Sie gaben den Kindern so gut wie alles, sofern es ihre einfache Lebensweise erlaubte. Manchmal erlebten die Gasteltern böse Überraschungen. Doch alle Zwischenfälle wurden von den KLV-Verantwortlichen streng geahndet. Die Kinder mußten beim geringsten Vergehen wieder abreisen. Obwohl solche Vergehen nicht ungewöhnlich oft vorkamen, wollen wir eine Reihe von ihnen ausführlicher darstellen. Nicht um die negativen Seiten der KLV auszuleuchten, sondern weil diese Vorfälle auch Einblick in die Lebensweise der Familien und der Gastkinder geben.

Der Schüler Eugen D. mußte aus dem KLV-Lager in Petele abreisen. Er hatte sich abends nach dem Zapfenstreich aus seinem Zimmer fortgeschlichen und sich mit älteren Jungen des Dorfes im Hause einer Halbungarin herumgetrieben. Die Jungmädel Marianne und Ilona stahlen während eines unter der Losung „Jungmädel, wahre Deine Ehre!" stehenden Heimabends anderen Schülerinnen Keks und Bonbons. Es reichte für zwei Strafrückfahrkarten. In einem Bericht vom 9. Juni 1943 heißt es: „Der Junge Alfred B. wird strafweise zurückgeführt, da er zusammen mit den Pimpfen S. und Sch. Diebstähle begangen hat. Sie haben jüdischen Arbeitern, die in volksdeutschen Unterkünften einquartiert waren, aus der Kammer Äpfel und Kekse entwendet. Das Verhalten der Jungen ist auf keinen Fall zu billigen, und es ist nicht zu verantworten, sie in anderen Unterkünften unterzubringen. Im übrigen haben sie durch ihr Verhalten dem Ansehen unserer Arbeit außerordentlich geschadet, so daß die strafweise Rückführung erfolgen muß."

Oft stellte die unfreiwillige Heimkehr der Kinder die Eltern vor große Probleme. Ein Junge, der wegen Diebstahls wieder nach Hause mußte, fand dort keinen mehr vor, der ihn versorgen konnte. Sein Vater war im Feld, seine Mutter lag im Krankenhaus. Eine andere Mutter bat den Hamburger Gauleiter in einem Brief, ihren Sohn unbedingt wieder mit der KLV nach Ungarn zu schicken: „Ich als Mutter bin bei der Straßenbahn als Schaffnerin und meine Tochter auch. Unser Dienst fängt morgens um 4 Uhr an. Wer soll dann meinen Sohn wecken, das Frühstück machen und dafür sorgen, daß er auch wirklich zur Schule geht? Seine Pflegeeltern aus Ungarn schreiben mir so liebe Briefe. Sie wollen mir den Jungen bis Kriegsende gern abnehmen, damit ich den Kummer los bin und meinen schweren Beruf ohne zusätzliche Sorgen ausüben kann. Er wird von seinen Pflegeeltern als tüchtiger Landhelfer geschätzt. Mein Mann ist seit drei Jahren in der Wehrmacht und riet mir, Ihnen, Herr Gauleiter, diesen Brief zu schreiben. Mit deutschem Gruß ..."

Günther H. mußte aus folgenden Gründen zurück nach Deutschland: „Er verlangte das Fahrrad zu einer Fahrt nach Bonyhad und wurde ausfallend, als ihm die Pflegemutter sagte, daß er erst nachmittags fahren könne. Ferner stellte sich heraus, daß er häufig abends dort ist und sich mit einem siebzehnjährigen Dienstmädchen herumtreibt." Ein anderer Schüler traktierte bei seinen Gasteltern mit Steinen zwei Schweine so stark, daß eines davon starb. Es reichte zur Rückführung.

Die meisten Kinder wurden allerdings wegen „unmäßigem Genuß" von Alkohol zurückgeschickt. Sie hatten den Weinkeller ihrer Gasteltern aufgebrochen oder Geld gestohlen, um in den Dorfwirtschaften zu trinken.

In vielen Fällen, auch bei Diebstahl, setzten sich die Gasteltern für ihre Zöglinge ein. So schrieb der Hamburger KLV-Beauftragte Dr. Sahrhage: „Den Brief der ungarischen Pflegeeltern Ihres Schülers Horst sende ich wunschgemäß beiliegend zurück. Er ist für die Beurteilung des aus disziplinarischen Gründen zurückgeschickten Jungen nicht sehr maßgebend, da die Erfahrung gelehrt hat, daß die deutschblütigen Ungarn ihren kleinen Gästen aus dem Reich gar zu viel nachsehen, nur um sie dortbehalten zu dürfen."

Fast alle der sogenannten reichstreuen Ungarn zahlten bei Kriegsende teuer für ihre Gutwilligkeit oder auch Naivität. In langen Flüchtlingstrecks mußten sie mit Kuh und Ziege und dem armseligen Hausrat auf ihren Wagen nach Österreich oder Deutschland fliehen. Unter russischer Besatzung hätte sie wegen Zusammenarbeit mit den Deutschen der Tod oder ein Straflager erwartet. Wie so oft in der Geschichte hatte es wieder einmal die Ärmsten getroffen.

Die Transporte der KLV-Kinder nach Ungarn und Bulgarien erfolgten wegen des Mangels an Eisenbahnen nicht selten per Schiff. Eine Gruppe beispielsweise fuhr mit der „Johann Strauß" von Wien nach Lom in Bulgarien. Die Wiener Donau-Flotte, zu Kriegsbeginn eingemottet, wurde eigens für die KLV wieder in Dienst gestellt und beförderte Zehntausende von Schülern. Ebenso fuhren Schiffe aus Hamburg auf der Elbe bis Dresden oder in die Tschechei. Fast alle Klassen legten große Fahrtenberichte an, beschrieben als Ersatz für den Geschichtsunterricht die Städte, die an den Ufern auftauchten, und besichtigten abends und morgens die Orte, in denen sie übernachteten. Nachts durften die Schiffe nicht fahren, und die Kinder wurden jeweils bei Anbruch der Dunkelheit in einer Schule einquartiert.

Alle Kinder, die an die bulgarische Schwarzmeerküste kamen, hatten ein besonders friedliches Leben. Da Bulgarien nicht besonders viele Kinder aufnehmen mußte, wurden sie fast ausschließlich auf Hotels verteilt. Ein ehemaliger KLV-Schüler, der heute in der DDR lebt, erinnert sich: „Da wir Lagermannschaftsführer in den Augen der Ausländer einen wesentlich höheren Stellenwert hatten als im Reich, hatten wir Zutritt zu allen Kreisen der Bevölkerung und besonders zum bulgarischen Offizierskorps der am Ort befindlichen Garnison. Ob uns Vierzehn- bis Siebzehnjährigen dieser Umstand psychisch dienlich war, wage ich heute zu bezweifeln. Es war ein wenig ‚Liebe-Gott-Stimmung', und wir müssen auf die erfahrenen Lehrer mitunter etwas aufgeblasen gewirkt haben. Die Jungen dagegen waren die erklärten Lieblinge der Bevölkerung. Gleich bei der Ankunft mußten einige Gruppen in Quarantäne gesteckt werden, weil auf ihrem Schiff zwei Diphterie-Fälle ausbrachen. Als die Bevölkerung von der Erkrankung hörte, brachte sie in Massen Obst, Wein, Zigaretten und besonders Melonen in das Lager."

Auch in Bulgarien war die Verpflegung anfangs ungewohnt. Morgens gab es dunkles Maisbrot, Milch und Ziegenkäse, mittags Gerichte, die aus Hammelfleisch, Sonnenblumenöl, Bohnen, Gurken, Kartoffeln und einer verschwenderischen Fülle von Tomaten, Eiern und Weintrauben zusammengestellt waren.

Ein KLV-Schüler erinnert sich noch an zwei Erlebnisse: „Zu uns ins Lager kam öfters der Außenminister Fillipow. Die 300 Kilometer lange Strecke zu unserem Lager legte er auf staubigen Straßen mit einem Auto zurück. Er kam nie ohne Berge von Geschenken. Meistens waren es Tüten mit gekochten Eiern, Bonbons und Keksen. Nach dem Krieg wurde Fillipow wegen seiner Deutschfreundlichkeit hingerichtet. In der Nähe von Sofia erlebten wir auch in einem Schwefelbad Zar Boris. Er winkte uns zu sich an seinen Liegestuhl und erkundigte sich nach den KLV-Lagern. Wenige Tage später war er tot. Natürlich waren wir überzeugt, daß man diesen gesunden Mann vergiftet hatte."

Während es in Bulgarien fast ausschließlich Jungenlager gab, wurden nach Ungarn auch Mädchenklassen verschickt. Allerdings durften sie nicht bei Gastfamilien untergebracht werden, sondern mußten in Heimen wohnen. Dadurch entstanden andere Probleme als bei den Jungen. Aus den Mädchenlagern kamen anfangs weit mehr Klagen als aus den Dörfern, in denen man die Jungen untergebracht hatte. Die Heime waren oft verwahrlost und nicht vollständig eingerichtet; niemand fühlte sich dafür richtig verantwortlich. Die einfache Lebensweise war bei Gastfamilien besser zu ertragen, da diese den Mangel an Hygiene und die falsche Ernährung durch ihre Liebenswürdigkeit ausglichen. In den Heimen dagegen arbeiteten zumeist uninteressierte Angestellte.

Eine Lehrerin beklagte sich: „Die Mädels waren mit großen Erwartungen und in froher Stimmung ins Lager gefahren, war ihnen doch durch die Presse der Aufenthalt in den rosigsten Farben geschildert worden. Die Stimmung sank in den ersten Tagen zusehends. Der Grund: gänzlich unzureichende Ernährung. Es war die Hälfte dessen, was ein Kind benötigte. Es gab Graupen und Hülsenfrüchte, später wochenlang Wachsbohnen und Kohl. Keine Milch, fast kein Obst, Kuchen nur ohne Zucker, der Speck zum Teil ranzig. Größte Gewichtsabnahme: 18 Pfund. Viele Kinder hatten an Schwächezuständen zu leiden. Sehr viele Darm- und Magenstörungen, Halsentzündungen, drei Krätzefälle ... Ich kann wohl sagen, daß wir trotzdem die 68 Mädels zu einer festen nationalsozialistischen Lagergemeinschaft zusammengeschweißt haben. Die Ausschaltung aller schädlichen Umwelteinflüsse, die eventuell im Elternhaus wirksam sind, sind Erziehungsfaktoren, die im üblichen Schulbetrieb nicht zur Verfügung stehen."

Eine andere Lehrerin schrieb: „Das größte Erlebnis unserer Ungarn-Lager ist sicher für alle Mädels der Aufenthalt in einem fremden Land und mit ihm das Bewußtsein der eigenen Volkszugehörigkeit, das Erahnen deutscher Überlegenheit über dieses Volk des Ostens."

Solche Sätze finden sich in den Berichten aus Ungarn oder Bulgarien wesentlich seltener als in Briefen und Zeugnissen aus Polen und dem Gebiet der heutigen ČSSR. Ein weiterer Beweis für die Sonderbehandlung der relativ souveränen Ungarn und Bulgaren.

In den meisten ungarischen KLV-Lagern für Mädchen änderten sich die Verhältnisse nach den ersten Monaten. Die Briefe erzählen von Ernteeinsätzen, Wanderungen, Kinobesuchen, Singstunden zwischen den Weinbergen und Badenachmittagen an der Donau oder an einem See. Alle Lehrerinnen und Lehrer mußten während ihres Ungarn-Aufenthaltes genaue Berichte erstellen. Diese sind fast ausnahmslos positiv. Einen besonders typischen haben wir ausgewählt. Selbst wenn darin das eine oder andere für die Schulbehörde etwas geschönt sein sollte, so sagt er vielleicht mehr aus als viele wertneutrale Dokumente:

„Vom 2. Mai bis 1. September 1942 leitete ich ein KLV-Lager in dem ungarischen Ort Elöpatak. Zusammen mit zwei Lehrerinnen betreuten wir 70 Mädchen im Alter von 13 und 14 Jahren.

Elöpatak liegt wenige Kilometer von der rumänischen Grenze, 25 km von Kronstadt und eine Tagesreise von Budapest entfernt; der ehemalige Kurort zählt etwa 300 Einwohner: Ungarn, Rumänen und Zigeuner. Außer unserem Lager waren in Elöpatak noch vier Hamburger Lager untergebracht. Insgesamt 250 Mädchen!

Am Anfang mußten wir einige Ungemütlichkeiten in Kauf nehmen. Es gab kein Licht, keinen Aufenthaltsraum. Das Essen war anfangs schlecht und zu wenig. Einige größere Mädels bekamen einen Schwächeanfall. Wir gewöhnten uns aber schnell in die völlig fremde Umgebung ein und hatten bald das große, zweiteilige Pensionshaus in ‚unser' Heim verwandelt. Die Beschreibung unseres Heimes und seiner ersten ‚Eroberung' entnehme ich dem Tagebuch eines Mädels meiner Klasse:

‚Mit Rütteln und Schütteln fahren wir die lange Kastanienallee in Elöpatak hinab, das Auto hupt, und wir stehen vor unserem Heim! Gelbgold glänzt das Haus schon von weitem, wir gehen durch ein großes braunes Tor, von dort aus sieht man auf den großen Hof, an den ein dicht bewaldeter Hügel grenzt. Einige Mädel stürmen die Treppen hinauf, die Rufe tönen durcheinander: »Oh, sieh einmal dieses prima Zimmer!« – »Ach, dieses ist noch viel schöner!« – »Dieses hat sogar einen Balkon!« Unsere Lehrerin ruft zum Antreten. Jetzt werden die Zimmer verteilt, dachten wir uns – nein, wir machen eine Polonnaise durch unser Haus! Zu zweien angefaßt und mit Singen marschieren wir durch die Räume. Wieder geht es durch ein Tor, dort ist noch ein zweiter Verandenflügel unseres Hauses. Ich zähle 15 Zimmer. Die ganze Zeit sind wir aufgeregt, welches Zimmer wir wohl bekommen! Als letztes sehen wir uns unseren Tages- und Eßraum an. Er ist ja ein bißchen klein für 70 Mädel, aber wir können ja auch auf dem Hof unterm Sonnendach sitzen. Endlich, nach langem Warten, werden die Zimmer verteilt. Die Freundinnen halten sich krampfhaft fest, um nicht auseinandergerissen zu werden. Uns wird ein großes Zimmer zu sechsen angewiesen. Wir haben einen Balkon. »Oh, hier schlafe ich, dieses Bett ist schon besetzt!« So geht es, bis wir uns einig sind. Alle sechs stehen wir erst einmal auf dem

Balkon und sehen uns die schöne Umgebung an! Als wir am nächsten Tag unsere Koffer ausgepackt und glücklich alles eingeräumt hatten, sagt Fräulein R.: »Meine Gruppe kommt auf den anderen Flügel, wir müssen also wieder umziehen!« Wieder sind wir gespannt: Welches Zimmer werden wir dieses Mal bekommen? Zu vieren dürfen wir in das goldene Königszimmer einziehen, wir freuen uns riesig! »Haben wir denn gar keinen Schrank?« frage ich. Hansi erwidert: »Du bist aber schlau, unser Schrank ist doch dort in die Tür eingebaut!« Jetzt erst sehe ich ihn. Unsere Betten sind gold-gelb verziert und haben gelbe Steppdecken.

Sieben Wochen sind seitdem vergangen, und bei uns hat sich viel verändert.

Vasen haben wir uns angeschafft für unsere Veranden. Sogar ein großer schwarzer Tonkrug, wie ihn hier die Leute zum Wasserholen benutzen, dient uns als Blumenvase, die wir, sowie die Blumen schlecht sind, mit frischen füllen. Damit unsere Veranda immer ordentlich ist, hat unsere Lehrerin einen Flurdienst bestimmt, der hat für die Blumen zu sorgen, muß die Papierkörbe leeren und ausfegen. Für unsere weißen Kalkwände haben wir in der Schul- und Freizeit Blumenbilder gezeichnet. Jetzt sieht es viel gemütlicher auf den Veranden aus. Zum Teil sind dort Blumenkästen mit Geranien, und ein großer brauner Tisch steht dort. Oft machten wir dort Unterricht, als wir noch keine eigene Schule hatten.

Seitdem wir zwei Waschräume haben, brauchen wir bei uns im Zimmer keine Waschkommode mehr; statt des Waschtisches bekamen wir einen Tisch, auf den wir ein rotes Kopftuch als Decke legten und eine Vase hinstellten.

In unserem Zimmer helfen wir uns gegenseitig. Ist eine mal nicht fertig, machen wir anderen für sie das Bett. Auch bei anderen Arbeiten springen wir ein und packen an, wo wir nur können, denn wir möchten es uns gerne so gemütlich machen, wie es nur geht!‘

Viele Besucher kamen, deutschstämmige Ungarn, aber auch Ungarn und Rumänen. Sie wollten die Hamburger, ihr Leben und

Treiben im Lager, sehen. Natürlich waren diese Besuche in den seltensten Fällen vorher angemeldet. Zu jeder Stunde mußten wir also empfangsbereit sein. Eine straffe Lagerordnung, Schrank- und Stubenwettbewerbe, die Verteilung von Ämtern (Flur-, Blumen- und Waschraumdienst u. a.) und vor allen Dingen die innere Bereitschaft und Erkenntnis der notwendigen Ordnung und jederzeit verantwortungsbewußten Haltung halfen uns. Immer wieder staunten unsere Besucher über die höflichen, so nett angezogenen Mädel. Besonders viel Spaß machten ihnen unsere im Zeichenunterricht und in der Werkarbeit angefertigten Scherenschnitte, Blumen- und Hamburgbilder für die kahlen Kalkwände der Flure, die Türschilder (Märchenmotive), Haartüten, Lampenschirme und Papierkörbe.

Vor allen Dingen wollten dann unsere Besucher einen Einblick in das Lagerleben selbst tun. Waren die Mädel z. B. gerade beim Aufschreiben der Liedertexte, so befriedigte das keinesfalls den neugierigen oder interessierten Besucher. Ein bunter Nachmittag wurde also improvisiert! Volkstänze, Sport, Spiel und Gesang bereiteten dann unsern Gästen viel Freude. Manchmal machten sie dann zu unserer ganz besonderen Freude mit, und unsere Mädel baten sie dann um einen typisch ungarischen Beitrag, z. B. einen Tschardasch oder ein Lied. Zum Dank sangen wir ihnen dann das ungarische Volkslied, das wir von unserer Pensionsmutter gelernt hatten. Sehr stolz waren wir, wenn man unser Ungarisch verstanden und das Lied wiedererkannt hatte.

Viele große Feste veranstalteten alle Elöpataker Lager gemeinsam. Zum Frühlings-, Sommer- und Sportfest kamen viele Zuschauer, ebenso feierten mit uns viele Gäste unsere schöne Sonnenwendfeier auf einem Berg, von dem aus wir einen Blick auf die Karpaten und Kronstadt hatten. Zum Ende unserer Lagerzeit vereinigte unser buntes Abschiedsfest noch einmal alle Freunde unserer Lager.

Über den Besuch im Lager von ungarischen Fahnenjunkern schrieb eine meiner Schülerinnen:

‚Stolz nehmen wir die Einladung der ungarischen Fahnenjunker an. Wir dürfen ihr Zeltlager besichtigen. Am Donnerstag stehen wir festlich um den Wagen, um das Gepäck und das Essen auszuladen. In Dreierreihen marschieren wir die Elöpataker »Promenade« heraus, von einem Reiter, der uns den Weg zeigen soll, begleitet. Schon sind wir einige Kilometer durch Wald und Hügel gewandert und haben unsern Durst mit Walderdbeeren gestillt. Nach acht Kilometern haben wir das Dorf Sügas erreicht. Freudig begrüßen uns die Soldaten. Welch große Mühe haben sie sich gegeben, um uns den Tag recht nett zu machen! Wir marschieren an allen Zelten vorbei und wundern uns, wie klein sie sind. Da sollen nun zwei Männer hineinpassen! Wie, ist uns ein Rätsel! Und da ist ja auch die Küche. Hm, es riecht nach »Husch« (ungarisch: Fleisch)! Der Koch steht am Kamin und rührt die Suppe. Der sieht ja putzig aus: Er hat eine lange weiße Schürze vor, und auf dem Kopf trägt er eine kleine Haube. Da ist ja auch ein Schuster. Und hier riecht es besonders »gut«, denn wir sind bei den Pferdeställen angelangt. Die Pferde sind alle blank! Aber was ist denn das? Ein Hampelmann macht Frühsport, dabei dreht sich ein Wasserrad. Immer wieder sehen wir uns das an. Es gibt noch vieles zu sehen: Hier ist eine Landkarte von Europa aus Erde und Moos gebaut, hier ein Herz mit einem Pfeil bei unserer Heimatstadt Hamburg. Dort ist extra für uns eine Schaukel angebracht, gleich schweben wir in der Luft.

Als wir alles genau angesehen haben und alle 180 Zelte mit einem Graben davor bewundert haben, geht es im Gänsemarsch mit einem Kochgeschirr zur Gulaschkanone! Mit einem Spruch beginnen wir das Mittagessen, das uns prima schmeckt! Bohnen mit Fleisch gibt es nach der Suppe, als Nachtisch Gebäck. Furchtbar satt ruhen wir uns auf einer Wiese aus. Und weiter geht der schöne Tag. Auf der Waldwiese im Schatten stehen wir in einem Halbkreis, die Soldaten sitzen hinter uns. Wir wollen gemeinsam einen bunten Nachmittag machen. Zuerst singen wir ein Lied, worauf ein Tschardasch von einem Soldaten getanzt wird. Mit den Fingern knipsend und springend, mit den Händen auf die Knie und Hosen klopfend, sprang der Tänzer wild hin und her.

Wir mußten tüchtig lachen. Nach jedem ungarischen Stück kam ein deutsches. Wir tanzten Volkstänze, sangen und trugen kleine Spiele vor. Die Soldaten klatschten immer tüchtig, so wie wir auch bei ihnen. Als letztes stieg ein Kuchenwettessen. Zwei Kreuzpfähle, die unten spitz zugeschnitten waren, wurden in die Erde gesteckt. Zwischen diese Pfähle wurde ein Plattenkuchen gelegt. Je acht Mädel sollten an einem Kuchen sich bis zur Mitte durchessen, denn dort war ein Pengö eingebacken, um den ging es! Unsere kleine Eva errang den Sieg! Doch auch dieser Tag ging zu Ende. Mit dem Horst-Wessel-Lied beschlossen wir den lustigen Nachmittag. Daß die Soldaten wer weiß wie lange unser Lied gelernt hatten, war für uns eine große Überraschung. Weil uns allen der Tag so gut gefallen hatte, winkten wir noch lange den Soldaten zu.‘

9
Leben im Kloster

Pädagogische Odysseen · Denunzierung wegen Betens am Weihnachtsabend · Hitler-Bilder statt Heiligenbilder · Angst der Ordensschwestern vor braunen Uniformen

„Für die menschlichen und pädagogischen Erfahrungen während der KLV-Zeit", schreibt die Hamburger Professorin Anneliese Prüller, „bin ich heute noch dankbar. Sie wiegen den Verzicht auf eine vorher geplante Promotion voll auf. Das im Krieg so mühsam Gewonnene wirkte sich später im Schuldienst und in der Lehrerbildung an der Hamburger Universität fruchtbar aus."

Sehr viele Lehrer äußern sich ähnlich über die Jahre in der Kinderlandverschickung. Es waren Jahre einer *Pädagogischen Odyssee*, wie Dr. Alfred Ehrentreich sein Erinnerungsbuch genannt hat. Er will es aber nicht im Sinne einer Irrfahrt verstanden wissen, sondern als eine Entdeckungsreise. Aber Entdeckung und Abenteuer liegen dicht beieinander. Und selbst heute wird mancher Lehrer nicht genau sagen können, ob seine KLV-Zeit mehr ein Abenteuer oder doch stärker eine Entdeckungszeit war. Für fast alle Lehrer begannen mit der Abfahrt der Kinderzüge völlig neue Aufgaben, völlig neue Probleme. Manch ausgezeichneter Lehrer scheiterte, weil er außerhalb des Klassenzimmers keinen Kontakt zu den Kindern finden konnte, ihnen nicht Trost oder Sicherheit zu geben vermochte. Andere Lehrer wiederum, die in den Schulen eher mittelmäßige Pädagogen waren, blühten unversehens auf, entwickelten brachliegende Fähigkeiten, trösteten die Kinder über das ständig neu ausbrechende Heimweh hinweg, lenkten sie durch Wanderungen, durch Spiel und Sport von den wirklichen Problemen jener blutigen Jahre ab und retteten sie so für eine neue Zeit.

Damit aber waren die Aufgaben der Lehrer nicht erschöpft. Sie kannten die Eltern und die Kinder und genossen meist deren Vertrauen – mehr als die Partei, die Hitler-Jugend oder die anderen politischen Organisationen. Daraus entwickelte sich eine heikle Situation: Die Lehrer mußten ihre Verpflichtungen gegenüber den Eltern wahren, gleichzeitig aber die oft entgegengesetzten Vorstellungen der Partei berücksichtigen, die sich mit Hilfe der Hitler-Jugend in die Evakuierung eingeschaltet hatte und ständig nach Dominanz strebte. Über die vielen, schweren Konflikte der Lehrerschaft mit der HJ berichteten wir in anderen Kapiteln, auch über Lehrer, die aus Überzeugung oder aus Opportunismus die Ideen der Nationalsozialisten höher stellten als das Wohl der Kinder.

Die meisten Pädagogen aber wählten, der Vernunft folgend, einen Mittelweg. Ihn einzuhalten war schwer genug, wie das Beispiel Anneliese Prüllers zeigt. Sie verbrachte die Zeit von 1940 bis 1945 in KLV-Lagern; bei Kriegsende war sie dreiunddreißig Jahre alt. Obwohl sie nicht ausgesprochen in Opposition zum Nationalsozialismus stand, geriet sie, sicherlich unbemerkt von den Kindern, des öfteren in schwere Konflikte mit der Obrigkeit. Sie sagt: „Heute, im Rückblick auf diese Zeit mit der Vielfalt der sich aus dem Lagerleben ergebenden pädagogischen Aufgaben, ist mir erst so recht deutlich geworden, daß ich – im Rahmen der Gegebenheiten eines unmenschlichen Systems – arglos und naiv in fast traumwandlerischen Seilakten meinen erzieherischen Auftrag unbeirrt nach menschlichem Ermessen erfüllt habe.“ Wie gefährlich diese Seilakte sein konnten, zeigen drei Anzeigen, denen sich die Lehrerin während ihrer KLV-Zeit ausgesetzt sah.

Die erste wurde gegen sie im KLV-Lager Kloster Ettmannsdorf bei Schwandorf erhoben. Man warf ihr zu engen menschlichen

Kontakt zu den dortigen Nonnen vor. Die Sache war den Nazis eine Untersuchung wert. Aus Hamburg reiste eine Gruppe von uniformierten Lehrern an und prüfte genau das Verhältnis von Lehrerin und Schülerinnen zu den Klosterschwestern und ob es zu religiöser Beeinflussung gekommen sei. Ergebnis: ein strenger Verweis.

Zur zweiten Denunziation kam es im KLV-Lager Oberau bei Berchtesgaden, und zwar wegen „Verweichlichung der Jungmädelpsyche", denn die Lehrerin habe den Kindern erlaubt, ihre aus Hamburg mitgebrachten Puppen auch tagsüber auf den Betten sitzen zu lassen. Das eingeleitete Verfahren verlief aber im Sande.

Die dritte Anzeige erfolgte im KLV-Lager Soltau. Der Vorwurf: Verführung der sechzehn- bis siebzehnjährigen Schülerinnen zu „unangemessener Demutshaltung" im Rahmen eines Krippenspiels Weihnachten 1944. Zu verstehen war darunter: Die Mädchen hatten die Hände gefaltet und gebetet. Es kam zu einem Verfahren in Hamburg, das man dann allerdings einstellte – wobei sich die Machthaber beeilen mußten, denn wenige Monate später wurden sie ja selber eingestellt.

Anneliese Prüller schrieb während der fünfjährigen KLV-Zeit regelmäßig an ihre Eltern. Ein Teil dieser Briefe, vor allem aus der ersten, der heiteren Zeit, ist erhalten geblieben. Wir möchten etliche davon zitieren, weil sie für die Grundprobleme der Lehrer charakteristisch sind. Der erste Brief wurde am 14. November 1940 geschrieben.

Noch gar nicht richtig in ihrem ersten Lager, dem Kloster Ettmannsdorf, angekommen, wurde die junge Lehrerin bereits mit einem Problem konfrontiert, mit dem Lehrer sonst herzlich wenig zu tun haben, während der gesamten KLV-Zeit aber ungewöhnlich oft beschäftigt waren: den Krankheiten der Kinder. „Gleich nach der Ankunft mußte ich mit einer meiner Schülerinnen zum Krankenhaus gehen. Sie hatte eine Blutvergiftung. Meine Klasse war schon zu unserem Quartier geführt worden, nun wanderte ich mit der behandelten Schülerin im strömenden Regen ebenfalls zu dem uns zugewiesenen Lager. In einem großen Teil des Klosters befanden sich die Ortskommandantur und ein Gefangenenlazarett. Vergebens suchte ich nun nach einem Eingang. Ich klingelte an einer kleinen Pforte. Eine weißgekleidete Schwester öffnete mit freundlichem Lächeln und Grüß Gott und Heil Hitler in leichter Verwirrung."

Die Kirchenfeindlichkeit der Nationalsozialisten äußerte sich auch in beschämenden Einzelheiten: „Der Flügel, in dem wir untergebracht sind, ist von allem klösterlichen Hausrat, also Heiligenbildern, Kruzifixen, geräumt. Die Partei hat für jeden Raum ein Hitlerbild gekauft. Im Eßraum sind Hakenkreuzfähnchen und Banner angebracht. Die Kinder schlafen gruppenweise in Schlafsälen. Hell und freundlich sind alle Räume. Die Mädchen haben weiße Schneewittchenbetten mit Federkissen. Mein Zimmer ist sauber und nett. Das Bett ist prima, auf dem Federrahmen liegt noch eine Matratze. Auf dem Fenster steht ein Alpenveilchen. Wir haben außer dem großen Eßsaal ein Schulzimmer, einen Tagesraum, ein Konferenzzimmer und Räume für Wäscheschränke."

Zu dieser Zeit konnte die Lehrerin noch nicht ahnen, daß sie zwei Jahre später mit ihren Kindern in einem von Ratten und Flöhen beherrschten abgelegenen Gasthof hausen mußte. Daß sie es mit ihrem Quartier im Kloster besonders gut getroffen hatte, bemerkte sie schon im nächsten Brief: „Unser Heim ist das schönste im ganzen Kreis. Das hat natürlich seine Vorzüge, aber auch seine Schattenseiten. Es soll wohl das Prunkstück unter seinesgleichen darstellen und wird bei jeder Gelegenheit, bei öffentlichen Besuchen und Inspektionen vorgezeigt. Man ist also vor hohem Besuch nie sicher. Das kann unter Umständen sehr ungemütlich sein."

Sehr schnell bekommt die Lehrerin die neue Dimension ihres Berufes mit: „In den ersten Tagen hatte es viele Tränen gegeben. Jetzt aber sind die Kinder schon ganz fidel. Das gute Essen hat manchen Kummer getilgt. Ich kann Euch sagen, es ist doch nicht so ganz einfach, für 22 Kinder die Verantwortung zu tragen. Meine Mädel nennen mich oft Mutti, und neuerdings haben sie mir abends im Schlafsaal Engelsflügel aus Seidenpapier ans Kleid montiert und behauptet, ich sei ihr guter Schutzengel. Ich gebe mir ja die größte Mühe, den Gören alles so schön wie möglich zu machen, damit das Heimweh verschwindet. Täglich ist etwas Neues zu bedenken und zu bereden. Manchmal ist mir zumute, als wäre alles nur ein Traum, aus dem ich gleich wieder erwachen würde. In der Mittagspause haben wir im Klosterhof Volkstänze veranstaltet, dort machen wir auch täglich Gymnastik. Wenn abends meine Schülerinnen ihr Schlaflied singen, steht die uns betreuende Schwester mit gefalteten Händen und Tränen in den Augen auf der Treppe und horcht. Von der Partei haben wir strengste Anweisung, die Kinder von den Nonnen fernzuhalten. Wir müssen uns aber gestehen, daß die Schwestern uns mit einer rührenden Sorgfalt umgeben. Vor einigen Tagen hatten wir unseren ersten Fliegeralarm. Als die Kinder im Keller äußerten, sie hätten Hunger, kam nach geraumer Zeit die Schwester Pasqualis mit einem Tablett mit Broten für ‚die lieben Kinder'."

Dann schreibt die Lehrerin einen Satz, der ihr heute sehr befremdlich erscheint, der aber damals durchaus dem Mißtrauen entsprach, mit dem sich Protestanten und Katholiken begegneten: „Etwas später erschien die ‚Ehrwürdige Mutter' persönlich mit einem wunderbaren selbstgebrannten Likör und ganz frischem, zartem Gebäck. Einfach rührend. Ob das nun die geheimen Schliche der Katholen sind, um uns zu bekehren?"

Der erste Advent kam, an dem nicht nur die Kinder mit Wehmut an ihr Elternhaus dachten; auch die Lehrerin deutete ihre traurigen Gefühle in ihrem Brief an die Eltern an und beschrieb dann die Adventsfeier, die im ersten KLV-Jahr noch nicht sonderlich nationalsozialistisch geprägt war: „Am Nachmittag vor dem Advent bastelten wir Lehrer große Adventskränze und sangen abends, als die Kinder bereits im Bett lagen, auf dem Flur Lieder. Die Kinder waren zu Tränen gerührt. Hinter der Tür der Klausur hatte die Frau Oberin mit ihren Nonnen gelauscht. Sie waren ganz begeistert. Die Ehrwürdige Mutter schickte jedem Kind ein paar Süßigkeiten. Am nächsten Tag haben wir mit den Kindern dann richtig Advent gefeiert. Jede Schülerin bekam einen Apfel und etwas Gebäck. Es war sehr gemütlich mit Singen, Vorlesen und dem Basteln von Weihnachtsarbeiten.“

Eine der Hauptsorgen aller KLV-Lager, das Ausbrechen von Krankheiten, erfaßte auch das Kloster. Kurz vor Weihnachten starben im Landkreis drei KLV-Kinder an Diphtherie; auch das Kloster wurde vorsorglich unter Quarantäne gestellt; vierzehn Schülerinnen lagen mit Grippe und Fieber im Bett.

Weihnachten wurde in den KLV-Lagern höchst unterschiedlich gefeiert. Wohl überall gab es ein paar Worte des Gau- oder Kreisleiters, ansonsten lag es in den ersten beiden Jahren vor allem an den Lehrkräften, ob das Fest eher traditionell oder nach den Wünschen der Partei „germanisch“ begangen wurde.

Im Kloster wurde traditionell gefeiert; liest man den Bericht, kommt einem kaum in den Sinn, daß es sich immerhin schon um die zweite Kriegsweihnacht handelte: „Der Jubel war unbeschreiblich. Auf großen, weißgedeckten Tischen standen für alle Kinder die reichlich gefüllten bunten Teller, je ein Bild des Führers und für jedes Mädel sorgfältig ausgesucht ein kleines Geschenk der NSV im Wert von vier Reichsmark. Wir Lehrer schenkten jedem Kind ein Insel-Buch. Unter den Tischen lagen die Pakete der Eltern und Angehörigen hochgestapelt. Einige Mädel hatten sieben Pakete bekommen. Um fünf Uhr hielt der Ortsgruppenleiter eine Ansprache, anschließend führten die Mädel ‚Rumpelstilzchen‘ auf. Nach dem Abendessen durften auf ein Klingelzeichen die Kinder ihre persönlichen Geschenke auspacken. Wie die Maulwürfe verschwanden sie schlagartig unter den Tischen. Unter unbeschreiblichem Jubel wurde ausgepackt. Ich habe nie so viel Freude auf einmal gesehen. Die Kinder waren außer sich. Sie sagten selbst, zu Hause hätten sie nie so viel zu Weihnachten bekommen. Keine Träne floß an diesem Abend.“

Die Kinder und Lehrer spürten vom Krieg fast nichts. Vor dem Kloster hatten sie zwei Rodelbahnen zur Verfügung, das Essen war ausreichend, und im Januar mußten sie nur einmal erneut in den Keller wegen eines Luftangriffs. „Die Flugzeuge“, schrieb die

Lehrerin, „brummten aber über uns hinweg. Wir hörten keinerlei Schüsse." Auf dem Klosterhof übten Soldaten, manchmal auch in der Nacht.

Nach einigen Wochen erfuhren die Lehrer auch, wie das Kloster zum KLV-Lager umfunktioniert worden war. Ob die entsprechende Briefpassage den wirklichen Vorgängen entspricht, läßt sich heute kaum noch beurteilen; interessant ist vielmehr, mit welchen gemischten Gefühlen diese Geschichten weitererzählt wurden: „Wir hörten Einzelheiten, was es für Kämpfe gegeben hatte, bis die Kirche das Kloster für ein KLV-Lager freigab. Der Bischof hat den Kampf bis zum letzten geführt, ist persönlich hier gewesen und hat dann die ganze Angelegenheit dem Heiligen Vater in Rom berichtet. Doch gegen unsere deutschen Kriegsnotgesetze konnte auch der Heilige Stuhl nichts ausrichten. Die nun einmal von Partei und Staat beschlagnahmten Räume ist das Kloster natürlich für immer los. So geht es allen diesen Institutionen jetzt. Hier kann man wirklich Interessantes erfahren über die Stellung der Partei zur Kirche. Allmählich wankt die katholische Kirche auch hier in ihren Grundfesten. Die Angst der Nonnen vor Leuten mit brauner Uniform ist ganz unbeschreiblich. Man stelle sich auch einmal vor, was es für diese Menschen heißt, daß sie, die diese riesige Anstalt aufgebaut haben, nunmehr mit über hundert Leuten in dem kleinsten Gebäudeflügel zusammengepfercht hausen müssen, während das große Haupthaus Lazarett wurde und wir nun noch einen großen Teil der ihnen verbliebenen Räume besetzen. Ihre geheiligte Klausur ist gefährdet. Wir sollen nämlich einen Haustürschlüssel bekommen. Die Partei hält es für unwürdig, daß wir von den Nonnen abhängig sind. Die Äbtissin kommt aus dem Weinen eigentlich gar nicht mehr heraus. Ihr seht, wir leben hier unter den eigenartigsten Verhältnissen."

Tauwetter setzte ein, „die Dorfstraßen waren fast nicht mehr passierbar", in die Klosterkeller drang Wasser. Einige Kinder wurden wieder nach Hamburg geschickt, neue Gruppen kamen in das Kloster. Die Lehrer wußten meist nicht, wie lange sie in den Lagern bleiben mußten: „Nun hat für uns eine Zeit des Wartens begonnen. Jeden Tag äugen wir nach dem Postboten, ob er den ersehnten Brief mit dem Abreisebefehl bringt. Meine Mädels sind kaum noch zu bändigen. Bitter ist es natürlich für die Zurückbleibenden, für die Kolleginnen wie für die Kinder ..."

Anneliese Prüller begleitete im März ihre Klasse nach Hamburg, lebte danach weiter einige Monate im KLV-Lager des Klosters und wurde dann mit einer Klasse nach Oberau bei Berchtesgaden in den Gasthof „Zum Auerwirt" geschickt. Stolz schrieben Lehrer und Schüler nach Hause, dies sei das KLV-Lager, das dem Führer am nächsten liegt – nur wenige Kilometer entfernt vom berühmten Berghof, dem Lieblingsplatz Adolf Hitlers.

1943 zog die Gruppe in den Bayerischen Wald und wurde dort in total verwahrloste Räume eingewiesen, nach einiger Zeit aber umquartiert.

1944 und 1945 hatte die Lehrerin das Glück, mit ihren Schülerinnen in Soltau in der Lüneburger Heide zu leben. So wurde ihr Lager nicht von russischen, sondern von englischen Truppen besetzt, und so konnten sie schneller als andere KLV-Gruppen in das nahe Hamburg zurückkehren.

10

Die Gasteltern

Was Kinder in fremden Familien erlebten · Schwarzbrot unterm Wasserhahn · Neue Bindung an die Pflegeeltern · Die Briefe der Inge L. · „Aufklärung" über die Tschechen

Für die Kinder, die ihre KLV-Zeit in Privatquartieren bei Pflegeeltern verbrachten, ergaben sich völlig andere Probleme als für die Zehn- bis Vierzehnjährigen, die meist mit ihren Lehrern gemeinsam fuhren und ausschließlich in Lagern untergebracht waren. Die Kinder unter sechs Jahren wurden zusammen mit ihren Müttern verschickt. Die Kinder zwischen dem sechsten und zehnten Lebensjahr durften noch nicht in Lagern leben, sondern kamen zu sogenannten Gasteltern. Sie unterstanden aber der Volksfürsorge. Einheitliche Regelung gab es nicht. Mal fuhr ein Lehrer des Heimatortes mit diesen Kindern und unterrichtete sie auch am Evakuierungsort, mal mußten sie in die regulären Klassen der jeweiligen Ortsschule eintreten.

1942 und 1943 wurde von der NSDAP, dem Lehrerbund und den KLV-Beauftragten besonders massiv für die Kinderlandverschickung geworben. In einem Rundschreiben hieß es beispielsweise: „Liebe Eltern! Das höchste Gut eines Volkes sind seine Kinder. Sie sind sein Reichtum, sein Glück und sein Stolz. Um unserer Kinder willen führen wir diesen Kampf, ihrer Entwicklung gelten unsere Sorgen, ihrer Zukunft unsere Arbeit ... Trotz aller Erschwernisse, die der Krieg stellt, ist dieses imponierende

Werk großzügiger Kinderbetreuung aufgezogen worden ..." Und zum Schluß dann wie selbstverständlich: „Ich weiß, liebe Eltern, daß von Euch allen die schöne Absicht des Führers anerkannt wird, daß Ihr Euch auch gern für eine vorübergehende Zeit von Euren Kindern trennt, wenn es dem Wohle und der Zukunft der Kinder dient, und daß Ihr Euch gern dem großen Gemeinschaftswerk der Kinderlandverschickung einfügt. Es geht ja um unsere, um Eure Kinder, um unseres Volkes Reichtum, Stolz und Glück."

Diese Rundschreiben waren zwar von dem jeweiligen Gauleiter beziehungsweise dem örtlichen KLV-Beauftragten unterzeichnet, in Wahrheit aber stammten sie alle entweder aus dem Propagandaministerium oder von der KLV-Reichsleitung in Berlin. Nichts, aber auch gar nichts sollte dem Zufall überlassen bleiben, und deshalb sind auch die Schwerpunkte in jenen Rundschreiben nicht zufällig. Es heißt nicht: Das höchste Gut einer *Familie* sind ihre Kinder, sondern: Das höchste Gut eines *Volkes* sind seine Kinder. Immer wieder, in jeder Wendung und bei jeder Gelegenheit wurde so versucht, die Rechte und Pflichten der Familie einzuschränken oder aufzuheben und die Kinder unter die Obhut des Führers zu stellen. Die Zeilen sagen aber noch mehr: welche Notwendigkeit die Kinderlandverschickung erreicht hatte und wie verwundbar das Deutsche Reich zu dieser Zeit schon war.

In den Jahren 1942 und 1943 stieg die Zahl der evakuierten Kinder um Millionen an, um dann 1944 ihren höchsten Stand zu erreichen. Gleichzeitig aber stiegen auch die Vorbehalte der Eltern. Aus zahlreichen amtlichen Anweisungen an die zuständigen Stellen geht hervor, welche werbemäßigen Anstrengungen unternommen werden mußten, um die aufkommenden Widerstände der Eltern zu zerstreuen. Sicher, die ja unbestreitbar durch Bomben gefährdeten Kinder sollten in Sicherheit gebracht werden, und das sahen damals auch Millionen Eltern ein. Trotzdem nahm das Mißtrauen zu. Das gilt vor allem für die Verschickung der Sechs- bis Zehnjährigen. Sie lebten zwar nicht so total unter dem Schirm des Staates wie die älteren Kinder in den Lagern, sondern fanden bei ihren Pflegeeltern in der Regel eine stärkere individuelle Betreuung und oft mehr Verständnis und mehr Fürsorge.

Gerade das aber stellte sich nicht selten auch als Nachteil heraus. In den Lagern der älteren Kinder ließ sich leichter eine Durchschnittsnorm für das tägliche Leben organisieren. Es gab zwar Mängel, und in Einzelfällen waren die Kinder auch der Willkür eines Lehrers oder Lagermannschaftsführers ausgesetzt. Wirklich dramatische Mißstände aber blieben selten verborgen, dazu gingen zu viele Lehrer, Helfer oder Inspektoren in den Lagern ein und aus. Bei den Pflegeeltern fanden zwar auch Kontrollen statt, doch konnten die, wenn überhaupt, nur die allergröbsten Mißstände aufdecken, wie Krankheiten, Unterernährung, manchmal auch schwere Prügel oder die Ausbeutung der Kinder zur Arbeit. Die Schwierigkeiten und Unsicherheiten aber lagen tiefer, waren nicht immer so einfach zu erkennen und manchmal auch nicht mit sofortiger Folgewirkung verbunden.

Oft bewarben sich gerade kinderlose Ehepaare um ein Pflegekind. Lebte dieses erst einmal ein oder zwei Jahre in der neuen Umgebung, änderte es seine Gewohnheiten, die typischen Merkmale seiner eigenen Familie, während sich die Gasteltern oft so an ihren Pflegling gewöhnten, daß sie ihn nach dieser Zeit nicht mehr nach Hause schicken wollten und die Eltern in rührenden Briefen um einen Aufschub von einigen Monaten baten. Etliche tausend solcher Pflegeeltern adoptierten auch KLV-Kinder, deren Eltern im Krieg getötet worden waren. Besonders in Oberbayern, in Franken und in Niederbayern leben heute viele Menschen auf Bauernhöfen, denen sie scheinbar seit Generationen verbunden sind, tatsächlich aber stammen sie aus Hamburg, Berlin, Köln oder dem Ruhrgebiet, wurden im Krieg von Pflegeeltern adoptiert und erbten Gehöft, Geschäft oder einfach nur den Dialekt und das Brauchtum ihrer neuen Umgebung.

Die meisten KLV-Pflegestellen lagen selbstverständlich auf dem Land, oft in sehr abgelegenen Gebieten, in denen der Krieg kaum Unheil anrichtete. Die soziologischen Unterschiede waren gewaltig – trotz aller Propaganda für den gemeinsamen „einheitlichen germanischen Volkskörper". Ein Kind aus einer protestantischen Bürgerfamilie des Nordens etwa fand sich plötzlich auf einem katholischen Einödhof in Niederbayern wieder und war, anders als die Lagerkinder, den Sitten und Lebensformen der Gasteltern ausgeliefert. In Hamburg oder Berlin kannten die Kinder Straßenbahnen, Kino und all die Vergnügungen und kulturellen Angebote einer Stadt, selbst wenn sie zu ihnen keinen direkten Zugang hatten. Die Dörfer in den abgelegenen Gebieten dagegen waren meist landschaftlich geschlossene Räume. Eine Fahrt vom Dorf zur nächsten Stadt war nicht selten ein Jahresereignis. Es gab zwar schon Landbusse, aber die fuhren selten und kosteten Geld – meist mehr Geld, als arme Landbewohner besaßen oder für ein solches, schließlich noch ungewohntes Vergnügen ausgeben wollten. Und wer hatte damals schon ein Auto, mit dem er die dörflichen Dimensionen nach eigenem Belieben sprengen konnte? Viele Straßen waren noch ungeteert, verwandelten sich im Frühjahr und Herbst in morastige Landschaften.

Das tägliche Leben im Deutschland der Vorkriegs- und Kriegszeit hat mit dem Leben im modernen Deutschland so viel gemeinsam wie ein Leiterwagen mit einem Mercedes 300 SEL. Und ganz besonders gilt das für das damalige Leben auf dem Lande. Das Brot wurde selber gebacken, das Obst im Herbst für den Winter eingeweckt, das Fleisch durch Heimschlachtungen eigenen Viehs besorgt, man kellerte Kartoffeln ein, stampfte Weißkohl in Holzfässer und hielt Mohrrüben in Erdmieten frisch. Zwar war das Dorf auch damals nicht mehr so autark, wie es heute in idealistischer Schwärmerei gern gesehen wird. Aber es gab noch keine Pendler, die täglich bis zu 80 Kilometer zu ihrer Arbeitsstelle fuhren, wie es heute auf den Dörfern keine Seltenheit ist. Selbst ein so weltgewandter Mann wie der ehemalige amerikanische Außenminister Henry Kissinger äußerte sich in den siebziger Jahren bei einem Besuch in seiner mittelfränkischen Heimat bestürzt über die „revolutionären Veränderungen in den Lebensgewohnheiten" seiner früheren Mitbürger. Für ihn sei es damals unvorstellbar gewesen, daß jemand täglich von Leutershausen nach Nürnberg oder

Fürth zur Arbeit fährt. Kissinger wohnte bis zu seiner Auswanderung 1938 in Fürth, sein Großvater in Leutershausen. Kissinger: „Ein Besuch beim Großvater wurde damals schon übers Jahr abgesprochen, viele Wochen lang geplant und jedesmal für uns Kinder ein bedeutendes Ereignis."

Besonders in den ersten Wochen wollten viele der verschickten KLV-Kinder wieder abreisen. Sie mochten sich nicht an ihre neue Umgebung gewöhnen. Manche hatten zwar in den ersten Tagen Spaß an dem Landleben, wie es Großstadtkinder aus den Schulbüchern kennen. Dann aber vermißten viele von ihnen das städtische Klima.

Bernd G. aus Berlin: „Mein Zimmer liegt direkt über dem Kuhstall; es stinkt fürchterlich. Meine Matratze ist ein Strohsack." Sebastian F. aus Essen: „Meine Pflegeeltern waren Bauern, wie alle anderen. Morgens um vier oder fünf fingen sie an zu arbeiten. Gegessen wurde nur in der Küche, ohne Tischdecke. Es gab immer Fleisch oder Kartoffeln mit Speck." Karl J.: „In den ersten Tagen freute ich mich auf die vielen Tiere auf dem Hof und im Stall. Dann aber ging mir der ganze Dreck auf die Nerven."

Die Eltern hatten indes meistens andere Sorgen. Die ländliche Umgebung war ihnen nur recht, dort konnte den Kindern weniger passieren als in der Stadt. Aus den vielen Elternbriefen jener Zeit erhellen vor allem drei Probleme:

Erstens fürchteten die Eltern den katholischen Einfluß der Gasteltern. Ein Problem, das es im modernen Deutschland kaum noch gibt, das damals aber viele Menschen noch tief erschüttern konnte.

Zweitens war der Unterricht in den Dorfschulen zwar sehr familiär, dafür aber bedeutend einfacher als in den Städten. Manche verfügten über kein Schulmaterial, oft gab es nicht einmal Bücher. In der typischen Dorfschule wurden noch alle Jahrgänge in einem Klassenraum unterrichtet – die sogenannte Zwergschule. Dieses Problem entfiel natürlich in den kleineren Städten.

Drittens waren die gesundheitlichen Folgen des Landaufenthaltes meist schwerwiegender, als man es sich heute vorstellen kann.

Landleben bedeutet nicht automatisch gesundes Leben. Menschen auf dem Land wurden früher alt, starben durchschnittlich auch wesentlich jünger als Stadtbewohner. Die Gründe waren vielfältig: einseitige Ernährung, viel Arbeit, aber kein Sport, manchmal auch die dunklen, feuchten Bauernhäuser.

Eine Mutter schrieb an die Bremer Schulbehörde: „... bitte ich um die sofortige Rückführung meines Sohnes. Er lebt seit neun Wochen im Rahmen der KLV auf einem Dorf bei Gasteltern. Von diesen neun Wochen war er sechs Wochen krank."

Eine andere Mutter: „Wir sind seit Generationen eine streng protestantische Familie. Es geht nicht an, daß unsere Tochter von ihren Pflegeeltern mit in den katholischen Gottesdienst genommen wird."

Ein Vater aus Berlin beschwerte sich in einem Brief von der Front. Sein Sohn hatte ihm offenbar leidvolle Briefe geschrieben, und nun forderte der Vater von der Schulbehörde: „Ich liege mit einer Verwundung im Lazarett und muß in dieser schweren Zeit mich auch noch um die Mißstände kümmern, denen mein Sohn in einem niederbayerischen Dorf ausgesetzt ist. Schon nach drei Tagen hatte er Kopfläuse, und seine Pflegeeltern nehmen ihn täglich schon vor der Schule mit aufs Feld. Am Nachmittag muß er auf dem Hof die Arbeit als Erwachsener machen."

Die Klagen von Eltern über zu schwere körperliche Arbeit bei den Pflegeeltern waren häufig und wohl oft berechtigt. Aber auch in dieser Frage hatten die Ländler einfach eine andere Einstellung als die Städter. Sie schickten auch ihre eigenen Kinder aufs Feld, harte körperliche Arbeit war für sie selbstverständlich; auch sie hatten als Kinder schwer arbeiten müssen.

In den Lagern der Zehn- bis Vierzehnjährigen war die Aufsicht meist klar geregelt, ebenso die Kontrolle der Lagerleiter durch überörtliche Behörden. Bei den kleinen Kindern war es schwieriger. Wenn eine Lehrerin des Heimatortes ebenfalls am Evakuierungsort lebte, konnte sie sie in regelmäßigen Abständen bei ihren Pflegeeltern besuchen. Aber nicht jeder Lehrer fühlte sich dazu verpflichtet, und oft genug lagen die Dörfer so weit auseinander, daß solche Besuche nur selten möglich waren.

Deshalb sind die Erfahrungen der KLV-Schüler extrem unterschiedlich. Manche schwärmen noch heute von ihren Gasteltern, besuchten sie nach dem Krieg regelmäßig oder siedelten sich in dem Dorf sogar an. Andere wiederum haben ein lebenslanges Trauma zurückbehalten. Im Grunde gilt: Es gab so viele unterschiedliche Erlebnisse, wie es landverschickte Kinder gab. Darum wollen wir uns auf zwei typische Beispiele beschränken. Zuerst das positive:

Im Herbst 1940 wurde der Hamburger Schüler Herbert Bösche nach Amberg evakuiert. Er erinnert sich heute: „Wir standen vor dem Altonaer Bahnhof in langen Schlangen und trugen alle um den Hals die gelbe Erkennungskarte. Auf der Vorderseite stand unser Name und unsere Adresse. Auf der Rückseite war genau der Fahrplan angegeben und die Krankenkasse unserer Eltern. Uns machte die Zugfahrt viel Spaß. Wir saßen in einem Erster-Klasse-Abteil und waren mächtig stolz. Auf den Bahnhöfen standen wir immer im Mittelpunkt; Frauen reichten uns warme Getränke in Pappbechern und Brote in die Abteile. In Amberg empfing uns die Feuerwehrkapelle und Gruppen der Hitler-Jugend. Wir wurden auf die einzelnen Familien verteilt. Ich kam in eine Brauerei. Mein Freund erlebte eine Überraschung. Seine Gasteltern hatten sich ein Mädchen gewünscht. So zog er auch zu meinen Gasteltern. Wir wurden liebevoll gepflegt, machten mit unseren Gasteltern Ausflüge in die Umgebung. Es war eine wirklich schöne Zeit. Nach dem Krieg fuhr ich von meinem Konfirmationsgeld nach Amberg, um meine Pflegeeltern noch einmal wiederzusehen."

Völlig andere Erlebnisse hatte die Schülerin Erika Reintjes. Sie wurde 1941 als Siebenjährige mit ihrer zwei Jahre älteren Schwester von Hamburg nach Sachsen evakuiert. „In unserer Gruppe waren etwa 40 Kinder. Ich kannte außer meiner Schwester keines der Kinder. Meine Eltern hatten in Hamburg gesagt, wir sollten auf jeden Fall immer zusammenbleiben. Das haben wir vielleicht etwas zu wörtlich genommen. Auf dem Leipziger Bahnhof wurden wir sehr brutal auseinandergerissen. Ich schrie vor Verzweiflung so laut, daß mir eine Krankenschwester den Mund zuhielt. Seit dieser Zeit habe ich Angst vor Bahnhöfen und vor Zügen. Vielleicht aber auch weil ich anschließend noch viel Schlimmeres erlebte. In der Nähe von Zwickau kam ich zu einem jungen, kinderlosen Ehepaar. Sie waren fanatische Nazis, ich aber stammte aus einem sozialdemokratischen Haus, in dem sehr viel auf Hitler geschimpft worden war. Gleich bei meiner Ankunft fragten mich meine Gasteltern, ob ich jüdische Vorfahren hätte. Verschüchtert wie ich war, sagte ich ihnen, ich sei getauft, also Christin. Daraufhin der Mann: ‚Gut so, denn alle Juden sind Schweine und Verbrecher.' Sie wollten mich im nationalsozialistischen Sinne abhärten. Mein Schlafzimmer durfte deshalb nicht geheizt werden, ich hatte nur eine dünne Decke. Jeden Morgen wurde gebetet. Aber nicht zu Gott. Sie beteten zu Adolf Hitler – wer kann sich heute so etwas vorstellen? Zu essen bekam ich eine Art Schwarzbrot. Es wurde unter die Wasserleitung gehalten, um es feucht zu machen, und anschließend mit etwas Zucker bestreut. Davon lebte ich wochenlang. Ich hatte einen langen Schulweg. Meine Gastmutter ließ mich nie allein gehen. Aber sie ging immer zehn Meter hinter mir und beobachtete genau, daß ich nicht auf einer Wiese ging oder über einen Graben sprang. Tat ich es doch, wurde ich am Nachmittag mit einem Ochsenziemer geschlagen. Jeden Tag mußte ich mehrmals aufsagen: ‚Ich fühle mich wohl hier und möchte immer hierbleiben.' Einmal fragte mich die Lehrerin, warum ich so blaß und mager sei. Verängstigt leierte ich herunter: ‚Ich fühle mich wohl und möchte bei den Leuten bleiben.' Vor dem Schlafengehen hielt mir der Mann Vorträge über den Nationalsozialismus. Ich kann mich an wenig erinnern, nur daß alle Ausländer schlechte Menschen seien und wir Deutschen das beste Blut hätten und dazu berufen seien, die Welt zu beherrschen. Nach vielen Wochen machte mich meine Schwester ausfindig und besuchte mich mit ihrem Pflegevater. Er begriff sofort alles und verständigte die Polizei und einen Arzt. Ich wurde untersucht und kam zu anderen Pflegeeltern, die sehr nett zu mir waren. Sie hatten drei Söhne an der Front, einer war gerade gefallen. An meine KLV-Zeit denke ich nur mit Grausen zurück."

Manche Kinder dagegen hatten sich so an ihre Gasteltern gewöhnt, daß sie für immer bei ihnen bleiben wollten. Aus Trübenbach bei Coburg meldete der KLV-Lehrer seiner Heimatschulbehörde: „Der Schüler Karl-Heinz S. weinte, als ich ihn nach seiner Heimatadresse fragte. Er will nicht wieder nach Hause. Seine Mutter war einmal mehrere Wochen hier zu Besuch bei dem Bauern, der den Schüler unterbrachte. Die Mutter hat ihren Sohn in dieser Zeit oft auf die roheste Weise geprügelt und keinerlei Liebe gezeigt. Andererseits wird er von dem Bauern unglaublich ausgenutzt. Er muß in jeder schulfreien Minute arbeiten. Der Junge aber sagt. ‚Hier werde ich wenigstens satt.'"

In der Nähe vom Tegernsee lebte der Berliner Schüler Volker M. Er erzählte seinen biederen Gasteltern, daß sein Vater jeden Abend betrunken nach Hause komme und seine Mutter anschaffen gehe, und fügte hinzu: „Die können mir alle gestohlen bleiben." Für die gläubige Landbevölkerung kamen solche Redensarten von Kindern aus Berlin-Wedding oder aus dem Hamburger St.-Pauli-Viertel einem Blick in die Hölle gleich. Manche resignierten und gaben die Kinder wieder ab; in diesem Fall hatten die Pflegeeltern offenbar Geduld. Nach Ablauf seiner KLV-Zeit weigerte sich Volker M., nach Berlin zu seiner Mutter zurückzukehren. Da sie die Einwilligung verweigerte, mußte er seine Gasteltern verlassen – für ihn eine neue Entwurzelung.

Nicht selten hatten kinderlose Ehepaare oder Eltern, deren Sohn gefallen war, ein KLV-Pflegekind aufgenommen. In diesen Fällen entwickelte sich oft ein anderes Problem. Die Gasteltern gewöhnten sich so stark an ihren neuen Schützling, daß sie ihn möglichst lange bei sich zu behalten suchten und so, bewußt oder nicht, in Konkurrenz zu den richtigen Eltern traten. „Wir fühlen uns so einsam, seit die liebe Christine nicht mehr da ist", schrieb ein Gastelternpaar, als es nach zwei Jahren sein Pflegekind wieder hatte abgeben müssen. Es bestand da eine bürokratische Hürde, die sich nicht selten sehr unmenschlich auswirkte: Sobald die Kinder das zehnte Lebensjahr vollendet hatten, mußten sie meist ihre Gasteltern verlassen und wurden nach einem Urlaub zu Hause in ein KLV-Lager gesteckt. Dabei wäre der eigentliche Sinn der KLV-Aktion, der Schutz vor der Bombardierung, doch voll erfüllt geblieben, wenn die Kinder weiterhin bei ihren Gasteltern hätten bleiben dürfen. Dieses Schicksal traf Hunderttausende von Kindern. So zogen sie, zusehends heimatloser, durch das Deutsche Reich: ein Jahr bei Gasteltern, anschließend durch drei, vier, oft gar sechs oder acht Lager in den verschiedensten Gebieten.

Unter den Tausenden von Dokumenten der Kinderlandverschikkung gibt es ein besonders ergreifendes Bündel von Briefen, das ein kleines Mädchen während seiner fünfjährigen KLV-Zeit geschrieben hat. Diese Inge L. aus Hamburg erlebte aus damaliger Sicht nichts wirklich Ungewöhnliches. Sie fand in den ersten beiden Jahren liebevolle Gasteltern und wanderte anschließend durch diverse Lager, in denen es zwar einige Reibereien mit einer fanatisch nationalsozialistischen Lehrerin gab, sonst aber auch dort offenbar die glückliche Zeit überwog. Aber gerade weil das Mädchen kein ausnehmend leidvolles Schicksal hatte, gewinnen diese Briefe ihr zeitdokumentarisches Gewicht. In ihnen stehen Ferienstimmung neben der Angst um Mutter und Vater, die Neugier an der Fremde neben der Verzweiflung über die ewig erscheinende Trennung, das familiäre Leben im Eltern- und Pflegeelternhaus neben der so kraß anderen Atmosphäre der Lager und – besonders aufschlußreich und erschütternd – die eskalierende Begeisterung für den Nationalsozialismus neben der ideologischen Hilflosigkeit bei Kriegsende.

Inge L. wurde im Oktober 1940 zu einer Gastfamilie nach Trieb in Oberfranken verschickt. Ihre Odyssee dauerte, mit Unterbrechungen, bis zum Herbst 1945.

Ihren ersten Brief schickt die Neunjährige am 22. Oktober nach Hause: „Liebe Eltern, ich bin schon zwei Tage in Trieb. Ich mußte noch nicht in den Luftschutzkeller."

Die Gastmutter teilt den Eltern in Hamburg mit: „Ihre Tochter

Inge ist seit Sonntag früh ½9 Uhr bei uns. Sie brauchen gar keine Sorgen um Inge zu haben, sie ist bei uns gut aufgehoben. Wir selbst haben keine Kinder, und wir besitzen keine Bauerei, wir wohnen auch zur Miete. Aber unsere Nachbarschaft sind alles Bauern." Im nächsten Brief schreibt sie noch: „Wenn es abends wird, dann kommt immer ein bißchen Heimweh..." Aber ein paar Tage später: „Inge hat sich schon schön eingewöhnt und hat gar kein Heimweh mehr."

Die Gasteltern bitten um Zusendung von stabilem Schuhwerk: „Ein paar feste Stiefel muß Inge für den Winter haben. Es ist sehr schwer, ein paar gute Stiefel zu bekommen." Später, das Verhältnis zwischen Gasteltern und Gasttochter ist offenbar schon sehr innig, schreiben sie nach Hamburg: „Kaufen Sie vorläufig noch keine Stiefel für Inge. Mein Mann hat über einen Freund die Möglichkeit, sehr gute Stiefel zu bekommen."

Die Hamburger Mutter ängstigt sich, daß ihre Tochter auf dem Dorf auch noch abends im Dunkeln draußen spielt. Die Gastmutter beruhigt sie: „Sie brauchen keine Sorgen zu haben, Inge muß alle Tage um 5 Uhr, spätestens um ½6 Uhr zu Hause sein."

Und über das Weihnachtsfest schreibt sie: „Vor allem herzlichen Dank für die Süßigkeiten und die Feinseife. So etwas gibt es bei uns schon seit Kriegsbeginn nicht mehr. Aber dafür bekommen wir auf dem Land mal was anderes mehr. Inge hat auch an Weihnachten kein Heimweh gezeigt. Es war auch für uns dieses Jahr ein schönes Weihnachtsfest, denn mit Kindern ist es immer schöner. Noch dazu haben mein Mann und ich Kinder sehr gern."

Das Mädchen schreibt seiner Mutter: „Kannst Du mir bitte meine Schlittschuhe schicken?"

Im Februar 1941, also nach rund fünf Monaten, hat die Liebe der Gasteltern zu ihrem Pflegekind zwar nicht nachgelassen, doch scheinen sie jetzt die zusätzliche Belastung zu spüren: „Wir sind mit Inge so im großen und ganzen sehr zufrieden. Sehr lebhaft wird sie jetzt. Wenn Inge mal gar nicht folgt, muß ich sie ab und zu mal strafen. Ich glaube doch, daß Sie damit einverstanden sind."

Das Kind fragt nach seinen Schlittschuhen, wird lebhaft und ausgelassen – hat sich also an seine neue Umgebung gewöhnt. Einzige wirkliche Sorge der Gasteltern: „Unser wichtigster Wunsch ist, daß Ingeborg gesund bleibt. In anderen Ortschaften sind viele Hamburger Kinder krank geworden, einige sollen auch gestorben sein. Das ist ja furchtbar für die Eltern und die Pflegeeltern."

Der Frühling beginnt, Inge läßt sich ihr Fahrrad aus Hamburg schicken und kündigt den Eltern an: „Wenn der Krieg aus ist, schreibe ich an Herrn Hitler, daß ich noch länger hierbleiben darf."

Die Pflegemutter: „Wollen wir hoffen, daß der Krieg bis zum Herbst aus ist, und dann werden auch Sie Ihr Kind wiederbekommen. Sie werden sich sicher wieder auf Inge freuen. Wir werden natürlich Ingeborg sehr vermissen, wenn sie mal fortgeht."

Dieser Gedanke an einen baldigen Abschied von dem Kind wird in den weiteren Briefen für die Pflegemutter immer beherrschender. Sie stellt sich vor, Inge könnte bleiben, und weiß doch, daß es unmöglich ist: „Inge sagt auch immer, daß es nirgends so schön ist wie in Trieb. Sie sagt auch, daß sie immer in Trieb bleiben will, aber ich glaube, liebe Frau L., damit werden Sie doch nicht einverstanden sein."

Im Mai fragt sie die Eltern: „Glauben Sie, daß der Krieg im Herbst aus ist? Ich möchte Sie fragen, ob ich Inges Wintersachen hierbehalten oder ob ich sie Ihnen zurückschicken soll."

Am 28. Juli schreibt die Pflegemutter: „Für Ihren lieben Brief recht herzlichen Dank. Ich glaube Ihnen ja gerne, daß Sie Sehnsucht nach Inge haben und daß Sie Ihr Kind gern daheim hätten. Aber, liebe Frau L., ich würde Ihnen doch raten, Inge noch einige Monate hierzulassen. Sie hat es in Trieb so gut; vor allem haben wir noch nie Fliegerangriffe gehabt."

Inge berichtet unterdessen von der Ernte, von Ausflügen und von ihrer Freundin Bärbel: „Im Berghof bei Bärbel haben sie zwei Schimmel, die sind vom serbischen König. Sie können schnell laufen, sind aber nicht so groß wie die deutschen Pferde. Vor 14

Tagen war ich mit meiner Pflegemutter im Kino. Es spielte der Film ‚Kampfgeschwader'. Der Film war sehr schön."

Am 16. November 1941 berichtet die Pflegemutter nach Hamburg: „Nun will ich Ihnen mitteilen, daß Inge in acht Tagen bei Ihnen ist. Der Zug kommt am Sonntag um 12.14 Uhr in Hamburg-Altona an. Wir werden Inge die erste Zeit sehr vermissen, denn wir haben uns in den 13 Monaten doch sehr an sie gewöhnt."

Mit der Sorglosigkeit eines Kindes schreibt Inge einen kleinen Zusatz: „Nun kann ich mit in das Hamburger Weihnachtsmärchen. Das freut mich sehr."

Nach der Abreise schreibt die Pflegemutter ihrem Pflegekind in Hamburg: „Unsere Gedanken sind heute schon den ganzen Tag bei Dir. Ich denke immer, es muß die Tür aufgehen und Du mußt hereinkommen. Bei uns ist es jetzt ganz einsam, daran müssen wir uns erst wieder gewöhnen."

Noch einmal, im Sommer 1942, besuchte Inge ihre Pflegeeltern in Trieb. Sie fuhr allein mit dem Zug und berichtete darüber auf einer Postkarte, deren Adresse die Eltern schon zuvor ausgefüllt hatten: „In Halle kam ich in den Zug nicht mehr hinein. Er war so überfüllt, daß die Leute fast aus dem Fenster gefallen sind. Eine Schwester hat mich zur NSV gebracht. Da haben wir geschlafen. Um 5 Uhr sind wir aufgestanden und sind nach Leipzig gefahren. Da stieg ich um in den Schnellzug Richtung München. Tante hat schon furchtbare Angst um mich gehabt."

Bahnhöfe und Züge hatten während des Krieges eine seltsame, fast magische Anziehungskraft. Trotz der Gefahren durch Bomben und durch Tiefflieger, trotz der langen Fahrtzeiten und der ewigen Zugaufenthalte fuhren in diesen Jahren Millionen Menschen quer durch das Deutsche Reich. Fast jeder hatte damals eine besondere Aufgabe, war in einer besonderen Mission unterwegs: Soldaten, Funktionäre, BDM-Helferinnen oder Lehrer, die zu ihren KLV-Klassen in die Lager fuhren; ausgebombte Familien, die irgendwohin zu Verwandten zogen, Frauen, die ihren Männern im kurzen Fronturlaub entgegenreisten, Witwen auf dem Weg zu einer frischen Grabstätte. Dazwischen lange Militärzüge, Verwundetentransporte, Kinderzüge, geschlossene Waggons mit abgeholten Juden.

Auf allen Bahnhöfen standen Frauen mit großen Suppen- und Teekübeln, Schwestern holten Kinder oder Krüppel von einem Zug ab und setzten sie in den nächsten, völlig fremde Menschen hasteten während der Fliegeralarme nebeneinander durch die Finsternis, halfen sich gegenseitig in die Luftschutzkeller, erzählten sich ihr aus den Fugen geratenes Leben, um Stunden später wieder in anderen Zügen mit anderen Menschen weiterzufahren.

Im Sommer 1942 erreichte der Weltkrieg seinen Höhepunkt. Deutsche U-Boote kreuzten vor New York, deutsche Soldaten eroberten die Krim zurück, im Packeis der Barentsee versenkte die deutsche Marine innerhalb von wenigen Stunden 24 Handelsschiffe des Geleitzuges PQ 17, und in Washington reichte Präsident Roosevelt dem englischen Kriegs-Premier Churchill eine rosa Depesche: die Nachricht vom Fall der bis dahin als uneinnehmbar angesehenen nordafrikanischen Festung Tobruk. In der seit 1941 eingeschlossenen Stadt Leningrad lebten in diesem Sommer nur noch 600 000 Menschen; mehr als 1,2 Millionen waren im vergangenen Winter verhungert, erfroren oder durch deutsche Bomben getötet worden.

In dem oberfränkischen Dorf Trieb aber war bis zu dieser Zeit nicht eine einzige Bombe gefallen, ja es hatte nicht einmal einen Fliegeralarm gegeben. Inge verbrachte wieder mehrere Wochen bei ihren Gasteltern, half bei der Ernte, spielte auf den Wiesen und im Garten mit ihrer Freundin Bärbel. Die Kinderlandverschickung hatte den Krieg vor ihr verbannt.

Im Herbst aber, Inge war inzwischen elf Jahre alt, durfte sie nicht mehr bei ihren geliebten Pflegeeltern bleiben. Sie hatte das Alter für ein KLV-Lager erreicht. Für diese starre Regelung gab es keinen vernünftigen Grund. Zehntausende von Kindern mußten plötzlich ihre Pflegeeltern verlassen, nur weil eine allmächtige Bürokratie ab dem elften Lebensjahr den Aufenthalt in einem Lager vorsah. Die bereits verschickten Kinder hätten problemlos in ihrer neuen Umgebung bei den Pflegeeltern bleiben können, die sie mittlerweile kannten. Selbst wenn Eltern und Gasteltern diesbezügliche Anträge gemeinsam einreichten, wurden so gut wie keine Ausnahmen gewährt.

Für Inge begann ein neuer Abschnitt. „Wir sind am 25. November in Hamburg mit der Klasse nach Böhmen und Mähren abgefahren. Wir fuhren über Bergedorf", heißt es in ihrem Tagebuch. Im KLV-Lager Althammer angekommen, berichtet sie ihren Eltern: „Wenn ich aus meinem Fenster gucke, sehe ich einen alten Tannenwald mit vielen Tannenzapfen. Es sieht schön aus. Es schneit den ganzen Tag. Gestern gab es Knödel, da habe ich neun Stück gegessen. In den ersten Tagen hatte ich Heimweh, aber jetzt habe ich mich eingewöhnt." Ein weiteres Tagebuchzitat: „Nach dem Essen räumte ich meinen Schrank ein, aber da kam die Lagermannschaftsführerin und riß mir das ganze Zeug wieder heraus. Sie sagte: ‚Es muß Bruchkante an Bruchkante liegen.'"

Im Januar bekommt sie eine leichte Gelbsucht. Sie schickt ihren Eltern ein Eßpaket mit Apfelsinen, Backpulver und Süßigkeiten – alles Dinge, die es in den großen Städten nur noch schwer gab, die in Böhmen aber noch in fast allen Läden zu haben waren. Nahezu alle Lagerkinder hatten in diesen Jahren irgendwann einmal Läuse, Krätze, Scharlach, Diphterie oder Gelbsucht. Die Zahl der Kranken war ungewöhnlich hoch. Manchmal mag schlechte Ernährung, manchmal der abrupte Klimawechsel der Grund gewesen sein oder einfach eine Infektion, zu der es bei dem engen Zusammenleben ja leichter kommen konnte als im Elternhaus. Doch damit allein läßt sich die abnorm hohe Krankenziffer nicht erklären. Ein wesentlicher Nährboden für die Krankheiten dürfte die psychische Belastung der Kinder gewesen sein.

Ganz so sorglos, wie es in vielen Briefen stand, lebten die Kinder nicht. Die wöchentlichen Zeilen an die Eltern wurden fast immer gemeinsam im Klassenzimmer unter der Aufsicht der Lehrer geschrieben, die zuweilen auch noch die Fehler mit Rotstift anstrichen. Kaum ein Kind getraute sich deshalb über seine wahren Gefühle zu berichten. Nicht selten schrieben die Kinder unter den Augen der Erwachsenen in einem unnatürlichen, gestelzten Stil, etwa so: „Am 20. April zogen wir Uniform an. Das Führerbild war mit Tannengrün geschmückt. Vor uns leuchtete die Fahne des Dritten Reiches. Fräulein B. hielt eine Ansprache, in der sie auf die Bedeutung des Führergeburtstages hinwies. Zum Schluß brachte sie ein dreifaches Sieg-Heil auf unseren Führer aus."

Am 18. Februar schreibt Inge aus der Krankenstation: „Ich habe zum zweiten Mal die Gelbsucht..." Und am 10. März schickt die Lehrerin den Eltern einen Brief: „Schon zweimal hat Ihre Tochter Inge einen leichten Anfall von Gelbsucht. Nun färbten sich ihre Augen aber wieder gelb, und da hielt es der Arzt für das beste, Inge einige Zeit in ein Erholungsheim zu schicken. Dort befinden sich schon mehrere Kinder aus unserem Lager."

In dem Erholungsheim muß sie wochenlang im Bett bleiben. Unterdessen bricht in ihrem Lager Scharlach aus, die gesamte Gruppe wird isoliert. Aus ihrem Krankenzimmer schreibt Inge nach Hause: „Eine Wut habe ich auf den Tommy, daß er Euch nicht in Ruhe läßt. Im Nachbarzimmer haben drei Mädchen die Nachricht erhalten, daß ihr Haus bis auf den Grund weg ist – ein einziger Trümmerhaufen. Die Kinder sind aus Essen, ist das nicht traurig?"

Trotz solcher Nachrichten war der Krieg für die Kinder oft eine Mischung aus Spiel und Wirklichkeit. Inge beschreibt, wie sie im April mit einer Freundin einen Ausflug machte: „Auf dem Hin- und Rückweg haben wir so getan, als ob die Engländer hinter uns her wären. Wir saßen auf Pferden und waren auf der Flucht nach Deutschland. So ging es über Stock und Stein. Als wir aber im Revier durchnäßt ankamen, hätten wir beinahe noch einen Anschnauzer bekommen."

Anfang Mai liegt sie wieder mit Gelbsucht im Bett und fährt nach der Genesung dann für ein paar Wochen mit ihrer Klasse zurück nach Hamburg. Heute sieht sie diesen Abschnitt ihrer KLV-Zeit so: „Zuerst waren wir stolz, daß wir so weit reisen durften. Aber ich hatte Heimweh nach meinen Eltern und nach meinen Pflegeeltern. Immerhin, in diesem Lager waren die Lehrer nicht besonders nationalsozialistisch eingestellt. Wir mußten zwar die Führerreden anhören, waren aber mit den Gedanken entweder zu Hause – oder einfach beim Spielen."

Die nächste Etappe des Hamburger Mädchens begann im Juni 1944 und endete im September 1945. Es war die Schlußphase der KLV, ihr zugleich dunkelster Abschnitt. Inge, inzwischen vierzehn Jahre alt, hatte nicht wie viele andere Kinder die gesamte Zeit seit 1940 in den Staatslagern verbracht. Aber auch aus ihren Briefen jener letzten Zeit wird auf erschütternde Weise deutlich, wie die totale Erziehung der Nationalsozialisten Früchte trug. Anfangs fanden sich in Inges Post an die Eltern nur beiläufig NS-Thesen, mit der Zeit aber werden diese immer radikaler. Inge phrasiert über Blut und Ehre, über Heldentum und Heldentod, beklagt sich, daß sie kein Junge sei, um dem Führer als Soldat zu dienen, und plappert nach, was sie offenbar im Unterricht zu hören bekommt: „Die Deutschen sind zum Herrschen da, und die Tschechen sind freundlich, aber minderwertig." In dieser Zeit hatte das Mädchen eine fanatisch nationalsozialistische Lehrerin, und die Briefe wurden besonders streng kontrolliert, galten oft gleichzeitig als Aufsatz. In keinem davon tauchen Angst, Sorge, Wehmut oder auch nur ein paar Zeilen über einen Stubenzank, eine Auseinandersetzung mit der Lehrerin auf. Liest man die Briefe rasch und nimmt die Beschreibungen so, wie sie sind, gewinnt man den Eindruck, die Kinder hätten in einem Paradies gelebt. Wie es wirklich war, erfährt man erst aus einem heimlichen, also unzensierten Brief, den Inge schon nach wenigen Monaten an ihre Eltern schrieb und auf den wir noch zurückkommen werden.

Bereits in ihren ersten Zeilen aus dem KLV-Lager Politschka werden die zwei Tendenzen – offizieller Briefstil und Politisierung – deutlich: „Hier bei uns ist es ziemlich bergig, und Blumen gibt es in Hülle und Fülle. Kuckuckslichtnelken, Vergißmeinnicht, Männertreu. Vor unserem Haus führt die Landstraße entlang, die dann scheinbar im Himmel endet. Am Straßenrand stehen Birken in ihrem jungen Grün. Hinter der Straße liegt eine große Wiese, in der ein lustiger Bach plätschert. In der Ferne sieht man Berge von

Nebel umschwebt ... Wir haben uns schon alle gut eingelebt. Unsere Lehrerin kann ganz prima mit den Tschechen umgehen. Wenn sie mal nicht parieren wollen, redet sie mit ihnen mal ordentlich deutsch. Wißt Ihr, wie das gemeint ist? Es bedeutet schimpfen." Acht Tage später: „Nun sind wir schon eine Woche in unserem Lager, und wir leben wie eine kleine Familie zusammen. Wir sind immer lustiger Dinge – sogar bei Regen. Das müssen wir auch sein, denn wir haben ein so schönes Lager."

Nach einigen Wochen zieht die Gruppe in ein neues Lager, nach Hlinsko. Gegenüber von dem KLV-Lager hat ein tschechischer Trödler seinen Laden. Offenbar verkaufte er den Kindern ein paar Kämme zu teuer, und die Lehrerin drohte mit einer Anzeige, woraufhin der Mann ihr in seiner Furcht ein Paar Strümpfe schickte. Das Kind berichtet nach Hause: „Da merkt man, was für Angst er hat. Selbstverständlich schickte unsere Lehrerin die Strümpfe zurück, daß man eine deutsche Lehrerin nicht bestechen könne. Siehst Du, so geht man mit Tschechen um."

Nach dem Attentat auf Hitler am 20. Juli 1944 teilt Inge der Mutter mit: „Wenn ich nach einem Bombenangriff in Hamburg von Dir Post bekomme, bin ich immer beruhigt. Hier im Lager sind wir gar nicht nervös und weinerlich, wenn ein Angriff war. Wir halten den Kopf hoch und können eher der Heimat noch Trost senden. Was sollen auch sonst die Tschechen von uns denken! Es ist doch auch eine Vorsehung, daß unser geliebter Führer nur mit leichten Verletzungen davongekommen ist. Die ungetreuen Generäle hat aber das Schicksal ereilt. Wir erfuhren alles durch unsere Lehrerin und weinten vor Wut und Freude zugleich."

Im Protektorat gab es zu dieser Zeit manchmal in den Läden mehr Waren zu kaufen als im Reich. Die Kinder schickten Pakete heim – mit Äpfeln, Apfelsinen oder Dingen, wie Inge sie den Eltern ankündigte: „Heute schicke ich ein Wertpaket an Euch ab. Der Inhalt: 1 Schuhcreme, 1 Zahnpasta, Stärkeersatz, 2 Puddingpulver, 2 Backpulver, 2 Vanillezucker, 6 Einsiedehilfen, Dr. Oetkers Teigfärber und 1 Wischtuch."

Im August 1944 brach in der Slowakei ein Partisanenaufstand

aus. Baldur von Schirach setzte als Gauleiter von Wien einige Einheiten in Marsch, die die Erhebung niederschlugen. Zu diesem Zeitpunkt befanden sich schätzungsweise 50 000 KLV-Kinder allein in der Slowakei, dazu kamen Hunderttausende in Böhmen und Mähren. In allen Lagern entstand erhebliche Unruhe; die Wachen wurden verstärkt, das Verhältnis zur einheimischen Bevölkerung wurde noch gespannter.

Auf Geheiß ihrer Lehrerin schreibt Inge nach Hause: „Nach den Angriffen bekommt Ihr jetzt jede Woche einen Elternbrief und eine Karte extra. Ihr braucht Euch keine Sorgen zu machen, wir sind hier gut aufgehoben. Wenn sich die Kriegslage tatsächlich verschlechtert, dann sorgt unser Führer doch zuerst für die Sicherheit seiner Jugend." Sie versucht ihre Mutter zu trösten, die offenbar über die vielen Fliegeralarme in Hamburg berichtet hatte: „Nur keine Angst, liebe Mutti, und immer Optimist bleiben. Die Zeiten werden bald so, daß wir nach Hause können. Unser Führer weiß schon, wann er zuhauen soll."

Im nächsten Brief kommt sie – die Kinder sind offenkundig von ihrer Lehrerin „unterrichtet" worden – noch einmal auf den Aufstand zu sprechen: „Heute will ich Euch etwas von den Tschechen schreiben. In Hamburg heißt es, daß es hier im Protektorat unruhig sei. Das ist nun nicht gerade der Fall. Die Hälfte der Tschechen hat nämlich deutsches Blut in den Adern. Diese teilen auch unsere Interessen. Auch einige Komponisten haben deutsches Blut, und deshalb haben einige ihrer Musikstücke große Ähnlichkeit mit den Werken unserer großen Meister."

Die Propaganda der Nationalsozialisten hat nach vier KLV-Jahren ihr Ziel erreicht – die Köpfe der Kinder. Es kommt noch schlimmer: „Die Tschechen kennen keine Helden. In ihren Märchen wird nur etwas von weichherzigen und gutmütigen Rittern erzählt. Wenn hier Alarm ist, merkt man schon, wie weich die Tschechen sind und wie wir dagegen hart sind. Die Leute rennen vor Angst ganz besessen in ihren Luftschutzkeller. Hier sieht man nur sehr selten eine Frau den Kinderwagen schieben, das tun die Männer. Die Tschechen sind kein Herrenvolk, sie müssen von jemanden anders geführt werden. Zu der Führung der Tschechen sind wir Deutsche geboren. Die Tschechen sind auch sehr hilfsbereit. Wenn uns beim Sport der Ball in die äußerste Ecke fliegt, so rennen gleich ein paar tschechische Jungens hin und holen ihn uns wieder. Das ist heute wohl genug von dem Verhalten der Tschechen!"

Inge L. sagt jetzt über diese KLV-Erziehung: „Damals ist an uns sehr, sehr viel gesündigt worden mit dieser einseitigen Propaganda. Man hat unsere Kinderseelen richtig verdorben."

Im Oktober 1944 gab es in der Brieffolge einen unglaublichen Bruch. Zuerst kam wieder einer jener Briefe, die von der Lehrerin kontrolliert worden waren. Ein Ausschnitt daraus: „Gestern wanderten wir. Von einem strahlend blauen Himmel lachte die Sonne auf uns hernieder. Zu beiden Seiten des Feldweges lagen abgemähte Felder. Auch im Walde hatte sich vieles geändert. Süße schwarze Brombeeren lachen die kleinen Leckermäuler an. Wir erlebten einen wunderschönen Tag."

Einen Tag später erhielten die verblüfften Eltern dann aber folgende, hastig mit Bleistift hingeworfenen Zeilen: „Ich schreibe Euch heute heimlich einen Brief... Setzt alles in Bewegung, daß ich für ganz nach Hause komme. Ich habe Kopfschmerzen und fühle mich so unwohl. Seit einer Woche friere ich ununterbrochen. Nachts friere ich, obwohl ich wie alle anderen zwei Wolldecken habe. Am Tage friere ich auch und habe Papas Strümpfe an und zwei Wollhosen. Heute ist auch unsere Lehrerin wiedergekommen. Sie schreibt sich mit dem anderen Lehrer Liebesbriefe. Ist das nicht eine Schweinerei? Der Lehrer hat einen 18 und einen 20 Jahre alten Sohn. Uns nennt sie manchmal Judenschnauze, das ist ihr schlimmstes Schimpfwort. Ihr seid deutsche Mütter, und wir sind deutsche Jungmädel. Wir sind stolz, daß wir Deutsche sind und keine Juden, denn die hassen wir fanatisch."

Andere Kinder schrieben ähnliche Briefe, und heute sagt Inge L.: „Ich kann mich noch genau erinnern, wir mußten uns heimlich in die Stadt schleichen, schrieben dort schnell irgendwo den Brief und warfen ihn, wenn keiner schaute, in den Postkasten. Heute sind solche Sätze unvorstellbar, aber sie zeigen deutlich, wie wir damals in den Lagern isoliert lebten. Sie konnten uns in jede gewünschte Richtung beeinflussen."

In Hamburg kam es zu einer empörten Elternversammlung, doch die KLV-Beauftragten wiesen auf die berufliche Tüchtigkeit der Lehrerin hin, und die Kinder schrieben Entschuldigungsbriefe nach Hause. Auch Inge: „... ja, ja, das Heimweh trieb mich, diesen Schritt zu tun. Ich bereue es jetzt, unserer Lehrerin hinterrücks einen solchen Dolchstoß versetzt zu haben."

Am Tag darauf folgte wieder ein heimlicher Brief, diesmal nur auf einem Fetzen Papier: „Es ist wirklich so schlimm hier im Lager. Jeden Abend, wenn ich im Bett liege, überkommt mich das Heimweh. Ich glaube auch nicht mehr, daß wir bis Weihnachten nach Hause kommen."

Der offizielle Brief vom gleichen Tag: „Es war ein schöner, milder Herbstsonntag, und die Sonne blinzelte lustig aus den Wolken hervor. Da trafen ihre Strahlen auf unsere lustige Mädchenschar, und sie freute sich, daß wir uns hinaus in die freie Natur wagten. Lustig plappernd näherten wir uns dem Ziel..." Der nächste heimliche Brief schilderte ihre wirklichen Gedanken: „Tag und Nacht sinne ich darauf, wie ich nach Hause kommen kann."

Im Südosten des Deutschen Reiches verabschiedete sich in jenen Herbsttagen ein schwerverwundeter Generalfeldmarschall von seinem Sohn und stieg, eskortiert von zwei Offizieren, in ein Auto. Wenige Stunden später war er tot, vergiftet, wie es der Führer befohlen hatte. Ein Staatsbegräbnis sollte die Schandtat kaschieren. Inges Reaktion darauf: „In der Schule erfuhren wir auch von dem Tod unseres lieben Rommel. Er hätte doch noch lange leben können. Sein Leben war doch voller Kampf. Gestern las uns die Lehrerin den Aufruf des Führers an alle Männer von 16 bis 60 Jahren zum Kriegseinsatz vor. Ich möchte so gern ein Junge sein und mitkämpfen. Leider bin ich nur ein Mädchen, und nun sitze ich hier und werde immer dicker."

Wie Millionen andere Kinder fürchtete sie in der Ferne um das Leben ihrer Eltern und Geschwister, und sie bat sie, ihr immer gleich nach jedem Bombenangriff zu schreiben. „Am Sonnabend erhielt eine Kameradin ein Telegramm, daß ihre Eltern ausgebombt seien. Auch die Wohnungen von zwei Helferinnen wurden zerstört. Ein Mädchen aus der 6. Klasse erhielt die Nachricht, daß ihr Vater bei dem Terrorangriff ums Leben gekommen ist. Sie tut mir so leid. Sie ist so tapfer."

Auch in die Zeilen der Kinder mischten sich erste Zweifel, doch noch unbewußt verpackt in die üblichen Propagandaformeln. Worte eines dreizehnjährigen Mädchens Ende November 1944: „Wenn wir den Krieg verlieren, können wir alle den Gashahn aufdrehen. Aber ich vertraue fest auf den Führer Adolf Hitler. Wenn Du in Hamburg einen Meckerer siehst, wie er meckert, so jage ihn zum Teufel. Mit Meckerern können wir keinen Krieg gewinnen, der ganz Europa vor der Bolschewistenherrschaft bewahren soll. Zu neuem Mut hat uns auch die Rede von Dr. Goebbels aufgefordert, die wir gehört haben."

Trotz der vielen Luftangriffe auf die Züge besuchte Inges Mutter kurz vor Weihnachten ihre Tochter im KLV-Lager. Für die Anreise von Hamburg her brauchte sie anderthalb Tage, einen Tag blieb sie im Lager, dann machte sie sich wieder auf die lange, von Fliegeralarmen unterbrochene Rückfahrt durch ein verwüstetes Land. Inge mußte in Hlinsko bleiben. Zu dieser Zeit war es nahezu unmöglich, ein Kind aus einem KLV-Lager mit nach Hause zu nehmen. Anfangs waren die Heimat-Schulbehörden für eine vorzeitige Rückführung zuständig gewesen, in den letzten Kriegsmonaten aber lag die Entscheidung über das Entlassen aus der KLV angeblich bei den Lagerleitern. Die jedoch verwiesen wiederum an die Schulbehörden.

In Hamburg-Wilhelmsburg schrieb im Herbst 1944 Frau Toni G. an den Schulrat: „Mein Mann ist bei dem Bombenangriff ums Leben gekommen, und seitdem ist es mir unmöglich, allein in der Wohnung zu sein. Meine Gesundheit hat infolge des Alleinseins so gelitten, daß ich mir von der Rückführung meines Jungen wieder etwas Ruhe für unsere kleine Familie verspreche." Der Schulrat bekundete sein Beileid und lehnte dann das Gesuch ab:

„Ihr Sohn ist im KLV-Lager sicherer untergebracht als in Wilhelmsburg.“

In Hamburg-Blankenese wollte Erni G. ihre landverschickte Tochter Christa nach einem Heimaturlaub bei sich behalten. Der Gaubeauftragte der NSDAP antwortete auf ihren Antrag: „Im Hinblick auf die erneuten Luftangriffe auf unsere Stadt kann ich ihrem Wunsch, Ihre Tochter Christa bei sich zu behalten, leider nicht entsprechen. Ich glaube, daß die Sicherheit unserer Kinder allem anderen vorzugehen hat. Ich möchte Sie bitten, wie bereits erwähnt, Ihre Tochter wieder in das KLV-Lager zurückzuschicken!“

Offiziell war die KLV-Aktion bis zuletzt freiwillig. Die Antworten der NSDAP und des Schulrates zeigen aber, wie wenig das jetzt noch galt. Für die Menschen in Europa gab es zu jener Zeit keine Freiwilligkeit mehr. Militär und Staat herrschten unumschränkt, Befehle waren zu Gesetzen geworden. Vielleicht war es sogar richtig, in diesen Monaten die Kinder zwangsweise von den in Bombenhagel und Feuersturm untergehenden Städten fernzuhalten, selbst wenn sie in den Lagern litten, wie die nun dreizehnjährige Inge L. Gewiß hätte sie aus dem brennenden und rauchenden Hamburg nicht das berichten können, was sie im November aus dem KLV-Lager schrieb: „Gestern nachmittag gingen wir zum Rodeln. Das war auch ganz herrlich. Wir mußten die Bahn allerdings erst einfahren, aber das ging schnell. Es war eine lange und steile Bahn. Man flitzt wie der Sturmwind hinunter.“

Und die Kinder bekamen den ganzen Winter hindurch genügend zu essen, zumindest die im Lager Hlinsko. Morgens gab es Brot mit Marmelade, mittags Pfannkuchen oder Fleisch und nicht selten dazu noch Pudding oder eingekochtes Obst. Das Mahl am Weihnachtsabend: „fetter Karpfen mit Kartoffeln und Brause. Jeder hatte außerdem einen Weihnachtsteller mit Keksen, Plätzchen und anderen Süßigkeiten. Gemeinsam tranken wir Kaffee.“ Es gab aber auch noch was anderes: „Gemeinsam hörten wir am Heiligen Abend die Ansprache von Dr. Goebbels. Wir denken oft und gern an unsere tapferen Soldaten, die stündlich mit dem Tod rechnen müssen. Die müssen Weihnachten im Graben liegen und frieren. Besonders müssen wir an unseren Führer denken, denn er wacht für sein Volk Tag und Nacht und setzt seine Gesundheit aufs Spiel."

Im Januar holt der Krieg die Kinder ein. Die Postverbindung nach Hamburg wird für eine Zeit unterbrochen, am KLV-Lager ziehen die ersten Flüchtlinge vorbei. „In Hlinsko wimmelt es von Soldaten. Ein ganzer Generalstab ist hier eingezogen." Die Kinder werden ausquartiert und nach Neuenburg verlegt. Überall begegnen ihnen, es ist Februar 1945, die Flüchtlingstrecks: „Gestern kamen wieder zwei Flüchtlingsfrauen an. Die sind schon vier Wochen unterwegs und immer zu Fuß. Sie haben einen Kinderwagen voll Gepäck. Gestern zog ebenfalls ein langer Treck mit Flüchtlingen vorbei. Als wir heute morgen vom Kaffee kamen, sahen wir wieder einen."

Die Lehrerin aber trichtert unverdrossen den Kindern weiterhin das zerfledderte Gedankengut eines bankrotten Regimes ein. Während draußen vor dem immer noch geheizten Schulzimmer lange Schlangen von Frauen, Kindern und Greisen vorbeiziehen, stumme Zeugen der schrecklichsten Epoche der Menschheitsgeschichte, lernen drinnen die Kinder folgendes: „Jetzt haben wir in der Geschichtsstunde gerade die Schlacht im Teutoburger Wald; und wir freuen uns, daß Armin damals durch seinen Mut endgültig die Römer vertrieben hat. Im Geiste erblickten wir seine hohe, schlanke Gestalt mit den leuchtenden Augen und dem scharfgeschnittenen Gesicht, wir sahen, wie er hoch zu Roß, straff die Zügel haltend, über das weite von dichten Wäldern bewachsene germanische Land ritt. Zäh und verbissen warb er bei den Nachbarfürsten um deren Hilfe bei der Vertreibung der römischen Mordbrenner aus der Heimat. Ganz traurig stimmte es uns darum, als wir erfuhren, wie es seiner trauten Gemahlin Thusnelda erging, die durch Spione mit ihrem kleinen Sohn nach Rom verschleppt wurde. An dieser Frau können wir uns alle ein Beispiel nehmen, die fern von ihrer Heimat das Deutschtum tief in ihrem Herzen bewahrte ... Ich bin sicher, daß wir Deutschen bald wieder zum Sieg schreiten wie damals. Adolf Hitler ist der Armin unserer Zeit!"

Die Kinder glauben offenbar selbst immer weniger an ihre eigenen Briefe. Die Propaganda aus all den Jahren fließt einfach automatisch weiter aus ihren Federn. Was bis dahin in den KLV-Lagern so verpönt war, taucht nun angesichts der nahen Niederlage auf – die Angst. Inge schreibt im März an ihre Großmutter: „Eben jagt ein ganz wahnsinniger Gedanke durch mein Gehirn. Ich habe mich selbst davor erschrocken. Ich dachte, wenn nun Mutti und Papi etwas zustößt, dann mußt Du ja für die kleine Schwester und den kleinen Bruder sorgen."

Die Kinder gehen wieder auf Reisen, westwärts, auf der Flucht vor der heranrückenden Ostfront. Zwischen Flüchtlingstrecks kommen sie nach Oberfranken, in ein Dorf mit Namen Weismain. Für Inge schließt sich nach all den Jahren der Heimatlosigkeit der Kreis: Ihr neues KLV-Lager befindet sich nur zehn Kilometer von ihren Pflegeeltern in Trieb entfernt. Die Pflegemutter kommt mit dem Fahrrad, Inge darf aber das Lager nicht verlassen. Ostern schickt sie ihren Eltern noch einen kurzen Brief: „Leider wird es in diesem Jahr keine Ostereier geben. Wir verzichten doch aber gern auf alles, wenn wir dadurch den Krieg wieder ein Stück seinem siegreichen Ende zuführen können. Freut Euch auf Ostern, denn dann wird an der Front die Wende beginnen!"

Dies war die letzte Unterrichtsstunde der Lehrerin, denn eines Morgens, kurz vor dem Einmarsch der Amerikaner, hat sie sich aus dem Lager entfernt und die Kinder mit ihren Siegesgedanken und ihrer Anschauung von Heldentum und germanischer Ehre allein gelassen.

Inge L. heute: „Uns erwarteten schlimme Wochen. Den ganzen Krieg über hatte man uns erzählt, wie böse und gemein und hinterhältig die Amerikaner seien. Wir erwarteten Bestien, Teufel in Menschengestalt. Als die ersten Jeeps in unser Dorf einfuhren, haßten wir die Menschen in den fremden Uniformen. Sie aber warfen uns Schokolade zu, winkten freundlich. Was in diesen Tagen wirklich in uns vor ging, weiß ich bis heute nicht. Mit jedem Tag wuchs die Sorge um unsere Angehörigen. Dieser Gedanke füllte uns so aus, daß wir all die anderen Probleme verdrängten. Das war für uns sicherlich das beste. Von meinen Eltern hörte ich mehrere Monate nichts. Abends saßen wir in unserem Lager, das nun kein KLV-Lager mehr war, an einem alten Radiogerät und hörten die langen Namenslisten von vermißten Personen. Im Gegensatz zu anderen Gruppen hatten wir wenigstens etwas zu essen. Einige Mädchen versuchten, allein nach Hamburg zu kommen. Manche schafften es, andere wurden nicht weit von unserem Lager von einem verantwortungsbewußten Bürgermeister angehalten. Vielleicht sind sie deshalb wenigstens in dieser Zeit noch vor den Gefahren bewahrt worden, die einem jungen Mädchen während der Auflösung aller Ordnungen drohten."

Ihr Urteil über jene Jahre: „Mich hat das Schicksal begünstigt. Meine Eltern und meine Geschwister blieben am Leben, am Anfang hatte ich auch liebevolle Pflegeeltern, und später in den Lagern wurden wir gut ernährt. Trotzdem, wenn ich ein Urteil fällen muß: Es war eine ständige Vergewaltigung von Kinderseelen."

11

Der Krieg holt die Kinder ein

Kinder spielen während des Krieges Krieg · „Schweinkram" im KLV-Lager · Erste Flüchtlingsströme ziehen an den Lagern vorüber · Bei 38 Grad Kälte auf offenen Waggons · Dramatische Rettungsaktion mit Flugbooten

Im Sommer und Herbst 1944 erreichte die Evakuierung der deutschen Jugend ihren höchsten Stand. In den deutschen Großstädten hielten sich fast keine Kinder mehr auf. In einem Land, das sich noch immer Deutsches Reich nannte, waren die kulturellen Zentren kinderlos geworden – so als hätten sich die Schreckensvisionen der Bibel über die unfruchtbare Stadt, „die große Hure Babylon", erfüllt. Die Kinder waren in dieser Zeit in mindestens 12 000 Lagern der Kinderlandverschickung untergebracht. Die offizielle Bezeichnung Lager ist jedoch in vielen Fällen irreführend. Jugendherbergen, Hotels oder ehemalige Schulen lassen sich noch leicht als „Lager" vorstellen, viele Kinder aber lebten in Gruppen zu 20, 30 oder 40 auch in Gastwirtschaften, in kleinen Pensionen, in leerstehenden Villen. Die meisten KLV-Lager befanden sich in abgelegenen Gegenden, der Rest im Umland der großen Städte, wie im Alten Land bei Hamburg, im Taunus-Gebiet um Frankfurt, in der Eifel für Kinder aus Köln, Bonn und dem Ruhrgebiet oder an den Seen um Potsdam vor den Toren Berlins. Die Kinder in der Umgebung der Großstädte hatten oft ihre Eltern in der

Nähe, die ausgebombt waren und nun in den Dörfern das Ende des Krieges abwarteten. Selbst 1944 wurden noch viele tausend Kinder in den Osten geschickt, nach Schlesien, Pommern, Böhmen und Mähren. Opfer ihrer eigenen Propaganda, glaubten die Nationalsozialisten immer noch an den Sieg, wagten sich nicht einzugestehen, daß in wenigen Monaten an der Oder die ersten Artilleriegranaten einschlagen könnten.

Im Sommer und Herbst 1944 wurde allerdings der Erfolg der KLV-Aktion besonders deutlich. Die Organisation hatte sich eingespielt, grobe Mängel kamen nur noch selten vor, und in dieser Zeit war der Gegensatz zwischen der friedlichen Stimmung in den Lagern und der Zerstörung ringsum besonders kraß. Teuflisch nah lebten Gutes und Böses beisammen, Verderben und Bewahren, das Gefühl von Glück neben dem Gefühl ewiger Verlorenheit.

Im Sommer und Herbst 1944 erreichte nicht nur die KLV-Aktion ihren Höhepunkt, auch die Massenvernichtung in den Judenlagern des Ostens war vollbracht. Auf denselben Schienen, auf denen Züge mit Hunderttausenden von Kindern in den Schutz der abgelegenen Reichsgebiete rollten, rollten Züge mit Hunderttausenden von Juden in die KZs, zu Gasöfen, Folter und Hunger. Von Prag aus begleitete die Schwester von Kafka einen jüdischen Kindertransport freiwillig in den Tod – nach Prag wurden deutsche Kinder vor den Bomben evakuiert.

Sommer und Herbst 1944 setzten auch Maßstäbe in der Geschichte der modernen Welt: an der Kanalküste die größte technische Schlacht und in Polen der niederträchtigste Verrat – der Verrat Stalins an den Warschauer Aufständischen. Durch Untergrundsender und Agenten hatte er die Bevölkerung Warschaus zum Aufstand gegen die deutsche Besetzung bestärkt, dann aber ließ er seine Truppen vor der Stadt in Wartestellung gehen, bis die Deutschen die Erhebung niedergeschlagen hatten. Der Faschismus als Handlanger kommunistischer Expansionspläne – es war nicht das erste Mal. 1944 befahl Hitler auch die Masseneinziehung aller Deutschen zwischen dem 16. und 60. Lebensjahr, und im September explodierten die ersten V2-Raketen in London, Vorboten einer neuen Kriegsdimension.

An den Fronten waren inzwischen schon weit mehr als zwanzig Millionen Menschen gefallen, in den KLV-Lagern aber war der Krieg noch ein Phänomen, eine heldische Theorie, die sich harmonisch in die spannenden Kriegsgeschichten der Bücher und Schulhefte einfügte. „Liebe Mammi", schrieb im Oktober 1944 die 12jährige Inge L. aus Böhmen nach Hamburg, „kannst Du mir nicht ein paar Kriegsbücher schicken, auch von den alten? Hier im Lager ist es nämlich so langweilig." Der Journalist Hans Jürgen Trocha erinnert sich: „Im Herbst 1944 lebte ich in einem KLV-Lager bei Euskirchen. In unserer Freizeit spielten wir Krieg, hoben Schützengräben aus und eroberten uns gegenseitig im Nahkampf. Wir hatten viel Spaß dabei, das Komische an dieser Situation wurde mir erst viele Jahre nach dem Krieg bewußt." Bärbel S. aus Bochum berichtete in ihrem wöchentlichen Brief nach Hause: „In unserem Lager hielt ein Mann von der SS einen Vortrag. Er erzählte vom Kampf der deutschen Soldaten überall in der Welt, von ihrem herrlichen Mut und von der großen Sache, für die wir diesen Krieg führen. Zum Schluß standen wir alle auf und grüßten mit erhobener Hand unseren Führer in der Ferne, der Tag und Nacht dafür arbeitet, daß Deutschland groß und stark bleibt."

Andere Briefe wiederum sind von friedlicher Einfachheit, könnten auch heute in irgendeinem Kinderlager geschrieben worden sein, so wie dieser der Kieler Schülerin Susanne T.: „Gestern unternahmen wir eine Wanderung zu einem anderen KLV-Lager. Die Sonne schien so schön, wir sammelten im Wald Beeren. In dem anderen Lager wohnten Jungen. Zuerst sangen wir, dann traten sie auf. Sie haben sich ganz schön blamiert, denn sie kannten einige Lieder nicht, die wir schon längst auswendig gelernt hatten."

In fast allen Lagern wurden auch Bastelarbeiten gemacht, die für Waisenkinder bestimmt waren, und Sachen für Soldaten an der Front gestopft. Ellen Ellendorf aus Essen erinnert sich: „Neben dem Haupthaus gab es noch im Park ein anderes Gebäude. Wir benutzten es als Werkstatt zum Basteln. Dort entstanden prächtige Ziehtiere aus Holz, Puppenwiegen, Eisenbahnen. Aus den Tannenzapfen wurden allerhand lustige Männlein gemacht. Gegenstände aus Bast wurden gefertigt. Kasperleköpfe wurden geformt und für diese Garderobe genäht. Mit diesen Puppen zauberten die Kinder dann die schönsten Kasperle-Vorführungen."

Gustel Riedel aus Essen berichtete in der kindlichen Schrift einer Achtjährigen ihren Eltern: „Wir haben jeden Dienstag Werkarbeit, worauf wir uns riesig freuen. Es ist ein besonderer Auftrag für die KLV, Spielzeug herzustellen, denn die Fabriken haben jetzt anderes zu tun."

Am 2. Oktober 1944 – als im zerstörten Warschau die letzten überlebenden Aufständischen aus ihren Kellerlöchern krochen –, schickte die Hamburger Lehrerin E. ihrem Schulrat ein Laienspiel, das sie zusammen mit Lagerkindern verfaßt hatte. Es hieß *Der Königssohn und das arme Mädchen*. „Können Sie mir bitte schreiben", bat sie, „wie Ihnen der Text gefallen hat?"

In der Adventszeit 1944 schrieb ein Mädchen in einem KLV-Lager diesen Wunschzettel: „Lieber guter Weihnachtsmann! Da ich leider ausgebombt bin und wir keine Säge mehr haben und es ja keine mehr zu kaufen gibt, so bitte ich Dich herzlich darum, daß Du vielleicht in Deinem Vorrat einmal nachsiehst, ob sich dort noch eine Laubsäge für mich befindet. Da ich ja aber auch kein Holz besitze, so möchte ich Dich fragen, ob Du mir wohl auch diese Bitte erfüllen kannst. Nun wünsche ich Dir noch ein recht frohes Fest. Deine Gerda K."

In einem anderen Lager beging man das Christfest auf folgende Weise: „Weihnachten wurde in St. Gilg völlig germanisch mit heidnischen Bräuchen gefeiert. Das ganze Lager marschierte am Heiligen Abend gegen Mitternacht in die Berge bis zu einer Waldlichtung, in deren Mitte eine große Tanne mit blauen Kerzen aufgerichtet war. Sprüche, Gedichte, Lieder zur Sonnenwende. Nicht ein einziges Weihnachtslied."

All diese Beispiele, so absurd sie heute angesichts des allgemeinen Wissens über den Zweiten Weltkrieg anmuten, sprechen eindeutig für die Kinderlandverschickung – für die Mehrzahl der Lehrer und Helfer. Über fünf Millionen Kinder wurden für eine neue Zukunft bewahrt, einer Zukunft allerdings, die sich die Nationalsozialisten anders vorgestellt hatten.

In fast allen Lagern waren die Lehrer dazu angehalten, in bestimmten Abständen über den Gesundheitszustand und über das Gewicht ihrer Zöglinge zu berichten. Noch im Herbst 1944 waren Angaben wie die der Lehrerin Elfriede S. nicht untypisch: „Die Kinder verschlingen ungeheure Mengen. Höchste Gewichtszunahme 7,5 Kilogramm, wenigste 1 Kilogramm."

Es kam sogar vor, daß Kinder aus den KLV-Lagern Eßpakete nach Hause schickten. In Böhmen, in Tirol, in vielen Landgegenden, vor allem aber in Dänemark gab es bedeutend mehr Lebensmittel als zu Hause. Ein Schüler berichtete im Spätsommer 1944 aus einem dänischen KLV-Lager: „Als wir uns die Geschäfte anschauten, konnten wir es einfach nicht glauben, was unsere Augen sahen. Außer Artikeln wie Schokolade oder Bananen, also Waren, die aus Übersee kamen, war einfach alles zu haben, zu ganz normalen Preisen und ohne Lebensmittelkarten." Ein anderer schrieb später auf: „Das Essen im Lager war so, wie wir es uns jetzt nach dem Krieg erlauben können. Fleisch und Wurst, so viel wir haben wollten. Man muß sich das richtig vorstellen, es war das Kriegsjahr 1944, und in Deutschland pfiff man, was das Essen anbelangte, schon aus dem letzten Loch. So waren wir alle sehr niedergeschlagen, als wir nach einigen Monaten der Kriegslage wegen, die Amerikaner standen schon in Aachen, Dänemark wieder verlassen mußten und nach Botterode in Thüringen verlegt wurden."

Selbst wenn es in anderen Lagern bedeutend weniger zu essen gab, in keinem KLV-Lager herrschte bis Ende 1944 wirkliche Hungersnot. Eine nahezu perfekte Verwaltung rettete das Leben vieler Kinder – eine Verwaltung, die in ihren Schattenbereichen nicht minder perfekt den Tod vieler Millionen Menschen organisierte.

Die lange Zeit der Kinderlandverschickung hindurch blieben die Lehrer und erwachsenen Helfer auch nicht immer frei von Anfechtungen. Oft waren sie jahrelang von ihren Ehepartnern getrennt. Kaum vorstellbar, welche Probleme heute, im Zeitalter des „Oversex" und der „Selbstfindung", auftauchen würden, müßte man fünf Millionen Kinder bis hin zum Alter von vierzehn und teilweise gar sechzehn Jahren zusammen mit zigtausend Lehrern und Lehrerinnen verschicken, und das bis für fünf Jahre. Die meisten Lehrer waren vor 1933 erzogen und ausgebildet worden, nach Grundsätzen, die man heute gemeinhin als prüde bezeichnen würden. Diese vermeintliche Prüderie aber bewahrte die Lager vor zusätzlichen Irritationen, schaffte wie selbstverständlich Vertrauen zwischen Eltern, Lehrern und Schülern. Gewiß, in den Akten sind auch sexuelle Vergehen vermerkt, doch selbst wenn man eine hohe Dunkelziffer dazunimmt, hielten sich diese Delikte nach heutigen Maßstäben quantitativ sehr in Grenzen.

In zahlreichen Schulungskursen für Lehrer und Helfer wurde vor allem auf die Gefahr der Homosexualität hingewiesen, sicherlich nicht ohne Grund. Der ehemalige KLV-Lehrer Alfred Ehrentreich schreibt in seiner *Pädagogischen Odyssee*: „Die Kurse dieser Tage richteten sich auf die eigentliche Lagerarbeit ein und erfaßten das Wirtschaftswesen, die Kassenführung, Transport- und Unterbringungsfragen, Werken, Unterricht, Gesundheitsregeln. Nachdruck wird auf die vertraulichen Richtlinien über geschlechtliche Verfehlungen, vor allem homosexueller Art, gelegt. Alle Teilnehmer haben einen Revers zu unterschreiben, daß solche Verstöße in der Kriegszeit mit dem Tode geahndet werden können. Eindeutige Bestimmungen für die Lager besagen: stets mehr als zwei Jugendliche in einem Zimmer, Betten nicht zu nah aneinanderrükken, nie zwei Schüler in einem Bett unterbringen. Dazu Bewegung in frischer Luft, nicht zuviel Kochsalz, beim Zapfenstreich alles in den Schlafraum. Da 60 Prozent der hauptamtlichen HJ-Führer im Krieg gefallen, rücke die Erziehungsaufgabe dichter an die Lehrer heran. Ihre Grundlage sei die Kameradschaft, nicht die Freundschaft."

Mehrere Fälle von Homosexualität in den Lagern sind aktenkundig. Ein Lehrer wurde entlassen, weil er sich mit einem seiner Schüler in der nächsten Stadt ein Doppelzimmer gemietet hatte, ein anderer zurückgerufen, weil er bei Pfänderspielen in einem sächsischen Lager splitternackt über die Betten der Knaben gesprungen war. So oder ähnlich registrierten die Schulbehörden eine Reihe von Vorkommnissen.

Es gab aber auch Fälle harmloser Art, die ebenfalls streng geahndet wurden. Ein Lehrer in einem KLV-Lager in Oberbayern knüpfte, obwohl verheiratet, eine Beziehung zu einer Kollegin an – beide mußten den Dienst in der KLV quittieren. Mehrere ehemalige KLV-Schüler erinnern sich, daß ihre – meist ledigen – Lehrerinnen mit Vorliebe ein Verhältnis mit einem Angehörigen der SS eingingen. Aus der damaligen Sicht sicher nicht unverständlich, denn kaum jemand genoß so viele Privilegien wie die SS-Leute. Wurden die doch auch von vielen Schülern als Idole vergöttert, so wie heute Pop-Stars oder Filmschauspieler.

Unter den Schülern selbst kam es ebenfalls zu Liebeleien und Verstrickungen. Die meisten Flirts aber waren von zarter Harmlosigkeit. In einem KLV-Hospital bei Bamberg fand die Ärztin Liebesbriefe hinter den Fieberkurven; Briefe einer vierzehnjährigen Patientin an einen elfjährigen Schüler. Und ein junges Mädchen reimte aus einem KLV-Lager in Regensburg an einen kleinen Verehrer: „Die Hand zum Gruß, den Mund zum Kuß, ist meiner Zeilen schönster Schluß. Lebe wohl, vergiß mich nicht, ich liebe Dich . . .“

Harmlos sicher auch folgende Begebenheit, die allerdings in den betroffenen Schulämtern zu umfangreichem Schriftverkehr führte. „Lieber Kollege L.“, schrieb ein Lehrer der Hamburger Gauverwaltung, „eine unserer Schülerinnen, die aus der KLV zurückgekehrt ist, wurde gestern überführt, daß sie in der Toilette eine Wand mit gemeinen Versen beschmiert hatte. Das Kind war uns bisher als ein guterzogenes Mädchen bekannt. Auf meine Frage, wo sie solch gemeine Worte gelernt hätte, sagte sie, daß die Leute im KLV-Lager solche Worte gebraucht hätten . . .“

Oft hing es aber von den Lehrkräften ab, wie solche Lappalien behandelt wurden. Ein Beispiel: In das Lager Rabeneck kam für vierzehn Tage eine Vertretung. Die meldete sofort nach Hamburg: „Ich bitte, daß das Kind Annemarie P. aus dem Lager entfernt wird. A. P. hat an Kameradinnen unsittliche Handlungen vorgenommen, die die Sauberkeit der Lagergemeinschaft auf das Äußerste gefährden. Sie gibt an, daß sie diese häßlichen Kenntnisse durch ihren sechzehnjährigen Bruder erworben habe. Außerdem hat sie durch Lieder beispiellos unanständigen Inhalts die Phantasie der Kinder vergiftet."

Daraufhin meldete das Hamburger Schulamt das Mädchen wieder in seiner Heimatschule an. In dem betreffenden Schreiben kommt in Abwandlungen gleich viermal das Wort Schweinerei vor: „... wurde das Jungmädel A. P. bei einer erheblichen Schweinerei ertappt ... kann nicht verantwortet werden, daß ein als Schweinigel erkanntes Mädchen ihr Treiben im Lager fortsetzt ... all der Schweinkram ... solche schweinischen Sitten ..."

Doch zur Rückführung von Annemarie P. kam es nicht. Die reguläre Lagerleiterin kehrte zurück, sprach sich mit dem Mädchen aus und überzeugte den Hamburger Schulrat, der dann seine Schweinereien vergaß und befriedigt in die Akten schrieb: „Das Kind wurde wieder auf die rechte Bahn gebracht. Es darf im Lager bleiben."

Im letzten Kriegsjahr wurden die Kinder jedoch mit der wohl jeden Krieg begleitenden Entwertung der Moralbegriffe konfrontiert. Flüchtlinge übernachteten in den KLV-Lagern und liebten sich in einer Art Endzeitstimmung. Mit einer anderen Welt kamen auch KLV-Kinder in Berührung, wenn sie zu Ernteeinsätzen abkommandiert wurden. Gustav Schreiber aus Frankfurt erinnert sich: „Die 200 Jungen unseres Lagers sollten in der Umgebung von Stankowitz Hopfen ernten. Wir schliefen in Scheunen mit einer bunt zusammengewürfelten Schar von Fremdarbeitern, Dienstverpflichteten und Landarbeitern. Es gab so gut wie keine sozialen oder moralischen Bindungen oder Verpflichtungen – wir waren schockiert, was wir da nachts in den Scheunen erlebten. In den KLV-Lagern waren wir dagegen wirklich behütet gewesen."

Aber im Herbst und Winter 1944 griff der Krieg auch auf diese letzten friedlichen Inseln über. Zuerst kaum greifbar, wie Magdalena S. aus Meschede notierte: „Ich denke besonders an Situationen, die entstanden, wenn auch nur eins der Kinder von seinen Eltern brieflich erfuhr, daß ein Luftangriff aufs Ruhrgebiet gewesen war. In Windeseile ging's von Gruppe zu Gruppe durch das Lager, und der größte Teil der Kinder flog vor Aufregung oder war in Tränen aufgelöst. Kam keine Post, war es ähnlich – ihre Phantasie ging vollends mit ihnen durch." Ende 1944 aber gab es keinen Tag, an dem nicht Bomben aufs Ruhrgebiet niedergingen.

Ein Indikator der zunehmenden Spannung in den Lagern waren die Krankheitsfälle. Scharlach, Gelbsucht, Diphterie, Krätze oder einfach Erschöpfung und nervöse Leiden nahmen 1944 ungewöhnlich stark zu; manchmal mußten ganze Lager unter Quarantäne gestellt werden. Wichtigster Gradmesser für den seelischen Zustand der Kinder aber war die Bettnässerei. Ende 1944 bestanden fünf Sonderlager, in denen jeweils 300 notorische Bettnässer untergebracht waren. Hauptgrund für die Absonderung: In den normalen Lagern gingen die Klassenkameraden mit Bettnässern nicht sehr zimperlich um. „Oft wurden sie einfach verprügelt", erinnert sich Ralf Dahrendorf.

Mit dem Näherrücken der Front machten sich in den Lagern fast irrationale Spannungen bemerkbar. Zahlreiche Kinder liefen einfach davon und versuchten, sich zu Fuß oder auf Dächern von Eisenbahnwaggons nach Hause durchzuschlagen. Es konnte auch zu solchen Szenen kommen wie jener in Neustadt, über die der Schüler Richard Fischer zur Jahreswende 1944/45 seinen Eltern berichtete: „Hotel Rambousek hat die längste Zeit mal gestanden. Am Sonntag sagte Frau R. zu uns: ‚Alle Koffer packen, falls die Russen kommen!' Da bekam unsere Stube die Zerstörungswut. Stühle wurden kaputtgeschlagen, das Waschbecken ging in Trümmer. Die Verwüstung wurde immer schlimmer. Plötzlich schrie unsere Krankenschwester: ‚Feuer, Feuer! Raus und runter!' Der Dachstuhl brannte lichterloh. Zum Glück hatten wir ja unsere Koffer gepackt."

So eine Verhaltensweise war zwar nicht die Regel, andererseits aber nicht untypisch. Und das gilt auch für den Bericht von Winfried F. aus Lahr über den Weihnachtsabend 1944: „Prof. F. hielt eine Ansprache. Hilde H. sang zu Klavierbegleitung ein Lied. Anschließend auf den Stuben ging es erst richtig los. Eine Gitarre ohne Saiten tauchte auf, und R. jazzte dann die Schlager herunter, die in jener Zeit üblich waren. Die Texte waren von uns verändert worden. ‚Wir brauchen keine Millionen, uns reicht ein Pfennig zum Glück' wurde bei uns: ‚Wir brauchen keine Millionen – uns langt ein Bengel ins Knick'. Oder ‚Für eine Nacht voller Seligkeit, da geb ich alles hin' hieß bei uns (verdorben waren wir ja auch, Umgang mit Soldaten): ‚Für einen Stoß in den Unterleib verlangt das Schwein fünf Mark'. Ein Lied bringe ich nicht mehr zusammen, aber der Refrain lautete: ‚Köpfe rollen, Juden heulen, die SS marschiert fürs Dritte Reich!' Daß gerade dieser Refrain später durch die ersten Bilder aus den KZs wieder bitter in Erinnerung kommen sollte, das hat damals keiner ahnen können."

Vereinzelte Verrohung, irrationale Spannungen, unterdrückte Ängste – das waren nur die Vorboten. Die Kinder, jahrelang vor dem größten Menschengemetzel in der Geschichte behütet, gerieten nun – plötzlicher und wohl auch unvorbereiteter als andere – in diesen wahnsinnigen Strudel. In der zweiten Hälfte 1944 waren die KLV-Lager in Ungarn, Rumänien und Bulgarien bereits wieder aufgelöst; die dortigen Gruppen hatte man geordnet und wohlorganisiert auf andere Lager verteilt. Doch die russische Front rückte aus dem Osten heran, Ströme von Flüchtlingen und verwundete Soldaten vor sich herschiebend wie ein Bagger Sand in den Dünen.

Die Kinder sahen plötzlich dieses Elend. Brunhilde Anger aus Berlin erinnert sich noch heute: „Weihnachten 1944 luden wir verletzte Soldaten aus einem nahen Hospital zu uns ins KLV-Lager. Wir hatten alles nett vorbereitet, Tische gedeckt, die Räume geschmückt. In frischen Uniformen standen wir auf der Freitreppe, sangen Hitler-Lieder, als die Männer kamen, die einst Soldaten waren und nun als Krüppel vor uns standen. Wir hoben die Hände zum Hitler-Gruß – und ich weiß es noch, als wenn es erst gestern war: Mit verächtlichen, bleichen und haßerfüllten Gesichtern gingen die Männer schweigend an uns vorüber. Es war ein gedrückter Abend. Zum ersten Mal in diesem Krieg spürte ich, daß irgend etwas nicht stimmt, irgend etwas anders ist, als wir es bisher dachten und auch gesagt bekamen."

Kerstin A. aus Köln erzählt: „Eines Tages wurden wir älteren Mädchen abkommandiert, um am Bahnhof vorbeifahrenden Lazarettzügen Tee und Kaffee zu reichen. Wir wußten, daß es im Krieg Tote gab, auch von Mädchen aus unserem Lager waren Väter und Mütter umgekommen, aber ehrlich gesagt, eine wirklich genaue Vorstellung davon hatten wir nicht. Plötzlich diese Lüge: blutverschmierte Gänge, Soldaten ohne Gesicht, Stöhnen und Gestank ... Meine Freundin bekam einen Weinkrampf, lief über die Gleise davon, lehnte sich schluchzend an eine Mauer. Ich versuchte sie zu trösten, sie aber schaute mich mit weitaufgerissenen Augen an: ‚Mein Vater, mein Bruder – stell dir vor, was ist, wenn sie auch in einem solchen Zug liegen werden!'"

In einem KLV-Lager in der Oberpfalz hatte Johannes S. aus Düsseldorf folgendes Erlebnis: „Abends bekamen wir plötzlich den Befehl, das obere Stockwerk des Heimes zu räumen. Zuerst schimpften wir, da wir nun jeweils zu zweit in einem Bett schlafen mußten – 60 in einem Raum. Dann aber kam vom Bahnhof ein Flüchtlingszug an, Frauen, ein paar Greise, mehrere Kinder und Babys. Jemand sagte, sie seien tagelang in vereisten Zügen gewesen ... die kleinen Kinder würden es sicher nicht mehr lange machen ... So war es auch, am nächsten Morgen trugen einige Frauen die in der Nacht verstorbenen Kleinkinder hinaus, sie wurden am gleichen Tag auf dem Friedhof beerdigt, die Flüchtlinge zogen weiter."

Während in Böhmen Anfang 1945 noch zwischen 50000 und 100000 Kinder in den Lagern lebten, begann für die Kinder in

Schlesien und Ostpreußen bereits die große Flucht. Fast alle Transporte wurden geordnet zurückgeleitet. Fast alle – wie es dabei zuging, schildert Renate Müller in der Freiburger KLV-Dokumentation:

„In den Januartagen hörten wir Schüler, wir Vierzehn- bis Fünfzehnjährigen waren die ältesten, die Front näherrücken. Zurückflutende Truppenteile gab es in den Nachtstunden schon länger. Wir hatten Ausgehverbot, das Tor zum Schulgelände war abgeschlossen. Der Geschützdonner war nicht zu überhören. Da stellte sich die Lagerleiterin zum Appell vor die Front und sagte: ‚Wer Panik verbreitet, erhält schärfste Bestrafung. Der Führer läßt uns nie im Stich!' Die anderen Lehrkräfte waren plötzlich verschwunden, die Wirtschaftsleiterin kochte plötzlich Dinge, die wir an Grütze zu jeder Mahlzeit Gewöhnten gar nicht mehr kannten.

Mit Schnur und Stein hangelten wir eine Nachricht von einer außerhalb des Gebäudes wohnenden Schülerin über die Mauer nach oben. Sie besagte, daß die Trecks sich auf den Weg Richtung Heimat machten, der Zugverkehr war schon eingestellt. Wir Schüler berieten nun auch unsere Flucht, gaben den Befehl an alle, Eßvorräte anzulegen, dicke Kleidung bereitzuhalten, Decken, ‚besorgten' uns den Schlüssel zum Schlittenkeller. Unsere Wirtschaftsleiterin merkte unsere Aktivitäten, übernahm die Leitung, alles ohne Wissen der Lagerleiterin. Am 20. Januar 1945 beluden wir die Schlitten mit Bettsäcken und Koffern, fuhren sie zum Bahnhof. Dort standen zwei offene Eisenbahnwagen, leer. Wir Kinder stapelten die Gepäckstücke rundum, organisierten Stroh von einem weitabgelegenen Schober. Die Wirtschaftsleiterin vollbrachte Unmenschliches: Sie schaffte nicht nur eine Lok herbei, sondern überredete auch einen betrunkenen Polen, die Lok zu führen.

Ob der Einfluß der Auslandsdeutschen, die den zweiten Wagen mit Frauen und Kindern besetzten, mithalf, ob wirklich Mitleid bei den Polen für die armen Kinder siegte, es schien so, denn immer wieder kamen sie zum Zug und drängten auf Abfahrt. Es war fast so weit, da stand wahrhaftig die Lagerleiterin vor unserem Waggon, wir hockten zu 80 Personen drin, und bat ganz kleinlaut, wir sollten sie doch mitnehmen. Wir zogen sie hinein, sie fand ihr Plätzchen neben dem Korb mit Broten und Würsten und sagte die ganze Fahrt kein Wort, sie parierte einmal uns Kindern. Um 18 Uhr, das Thermometer zeigte minus 38 Grad, ging unsere Schule in Flammen auf, am Himmel zeigte sich der blutrote Schein des brennenden Ortes. Wir fuhren, als Kohlenschipper fungierte unsere Wirtschaftsleiterin. In Posen waren noch mehrere Züge unterwegs. Ich erinnere mich an Jungen, die die Federn aus ihren Betten rieseln ließen. Aber auch an Verzweifelte, die über den Zügen auf der großen Brücke umherirrten und schrien. Wir allein fuhren westwärts durch das verschneite Land. Die Decken über die Köpfe gezogen, duckten wir uns vor dem Wind, der uns mit spitzen Eiskristallen zudeckte. Bekam einer ein menschliches Bedürfnis, hielten wir ihn über den Waggonrand. Bald mußte keiner mehr. Brot und Würste zersprangen wie Glas, wenn man sie anfaßte. Im Nebenwaggon stöhnte eine Frau in den Wehen, das Kind erfror wohl noch bei der Geburt. Wir fuhren und standen und fuhren weiter und standen wieder. Plötzlich tauchten vermummte Gestalten neben uns auf, Volkssturmmänner mit Panzerfaust und Karabiner. Sie schüttelten entsetzt die Köpfe, und einige Soldaten weinten. ‚Der Kessel ist dicht!' Es rührte uns auch das nicht mehr. Dann, nach langer Wartezeit, Leuchtkugeln am Himmel, Tannenbäume und das Rattern eines Flugzeuges in der Luft, es kam auf unseren Zug zu. Wer das Lied anstimmte, welches Lied, ich erinnere mich nicht mehr daran, aber wir sangen und schauten zum Himmel zum Flieger und waren wieder still. Und das Wunder geschah, wir fuhren wieder, erstarrte Hände winkten in die Dunkelheit, den Unsichtbaren ein Dankeschön. Am Nachmittag oder Abend erreichten wir Neiße ... Wir konnten kein Glied rühren, fielen den Helfern in die Arme, wurden auf Schlitten gehoben, zu einem Notquartier in einer Schule gefahren. Was half alles Rufen und Warnen, die meisten krochen zu den Heizungen, das Gebrüll, wenn das Blut wieder pulsierte, wenn die Hände, Füße, Nasen, Ohren aufsprangen. Zehn Tage hielt man uns dort fest, wir hungerten, mittags gab es eine Graupensuppe in Zahnbechern. Unsere Nachtruhe störten Panzer, die ohne Beleuchtung westwärts fuhren – wir verstanden die Welt nicht mehr."

Anfang März 1945 erhielt der Kommandeur der Seenotgruppe 81 in Bug auf Rügen einen dramatischen Notruf: Sowjetische Panzer hätten den pommerschen Seefliegerhorst Nest erreicht, zahlreiche Flüchtlinge und mehrere hundert Kinder aus den KLV-Heimen der Umgebung seien abgeschlossen! Sofort wurden zwölf Do 24, die Standard-Flugboote des Seenotdienstes, startklar gemacht. Wenige Stunden später wasserten sie auf dem Nester See. Aus der ersten Maschine sprang ein junger Leutnant auf die Landebrücke. Mit der Pistole in der Hand ordnete er die in Panik geratenen Flüchtlinge zum Abflug. Am Ufer standen auch ein paar hundert Kinder... Nach geglückter Rückkehr zählte einer der Piloten seine Passagiere: 17 Erwachsene und 99 Kinder. Offiziell war die Do 24 für 14 Personen zugelassen. Im Laufe des Tages schalteten sich dann auch die Seefernaufklärer in die Aktion ein. Insgesamt wurden mehrere tausend Menschen gerettet.

Am 18. März 1945 mußte Kolberg aufgegeben werden. Dort waren 2500 KLV-Kinder, Flüchtlinge und verwundete Soldaten abgeschnitten. Unter dem Feuerschutz einiger Zerstörer fuhren vier B-Boote des Seenotdienstes an die Seebrücke von Kolberg-Bad. Alle Kinder, Flüchtlinge und Verwundeten konnten gerettet werden. Am nächsten Morgen fuhr noch einmal ein Boot unter sowjetischem Beschuß bis auf 200 Meter an die Mole heran, um zehn deutsche Soldaten aufzunehmen, die in Schlauchbooten hilflos auf dem Wasser trieben.

Wie viele KLV-Kinder an diesem Abschnitt der Ostfront von den Sowjets überrollt wurden, ist nicht bekannt. Drei Lager sollen es gewesen sein.

12

Die Tragödie von Schwandorf

Schwandorf wird Sackbahnhof für Flüchtlingszüge · Versprengte KLV-Kinder allein unterwegs · 633 Tonnen Bomben fallen auf Flüchtlinge · Im Keller verschüttet · Tod auf Stapeln von Todesurteilen · Geheimnisvolle Briefe

Am 17. April eines jeden Jahres zieht in Schwandorf in der Oberpfalz frühmorgens gegen vier Uhr ein Prozessionszug aus der Stadt hinauf zum Kloster auf dem Kreuzberg, geleitet von Karmelitermönchen in ihren braunen Kutten. Schweigend betet die Gruppe in einem gesonderten Raum bei brennenden Kerzen. Vom Turm läutet eine Glocke, die gewöhnlich schweigt. Ein schweres Buch aus Pergament trägt das Datum des Tages und des Monats – versehen mit der Jahreszahl 1945.

Dasselbe Datum steht auch rund 8000 Kilometer entfernt im Kriegsarchiv von Montreal in einem Logbuch der Kanadischen Luftwaffe: „*17. April 1945*. Erster Abwurf über Schwandorf: 3.52.05 Uhr. Letzter Abwurf: 4.07.08 Uhr. Bombenmenge: 633,3 t. Bemerkung: Abwurfmöglichkeiten ideal." Später wurde noch nachgetragen: „Schwandorf – letzter Nachteinsatz der Canadian Air Force während des Krieges in Deutschland."

Das Buch auf dem Kreuzberg enthält, was die Kanadier nicht in ihr Logbuch schreiben konnten: die Namen der mehr als 1200 Menschen, die in den 15 Minuten und 3 Sekunden ihr Leben verloren.

In jener Nacht stand auf den Gleisen von Schwandorf ein Sonderzug mit über siebzig größtenteils kranken Kindern aus dem KLV-Lager Bad Podiebrad – einer der letzten Züge, die Böhmen noch hatten verlassen können. Im Bahnhof schliefen auch, zwischen Tausenden von anderen Flüchtlingen, versprengte Schüler aus verschiedenen Lagern, die sich allein zu ihrer fernen Heimat durchschlugen. Und oben auf dem Kreuzberg lebten vierzig Mädchen einer Oberschule aus Hagen in Westfalen mit ihren Lehrern; sie hatten am 1. März eine Hamburger Gruppe abgelöst.

So wurden die 15 Minuten und 3 Sekunden von Schwandorf auch zu einer der größten Tragödien in der Geschichte der Kinderlandverschickung.

Sieht man die Gesamtzahlen, so ist es eine unglaublich glückhafte Bilanz: Von den rund 5 Millionen quer durch das Reich verschickten deutschen Kindern starben während des Krieges nur wenige – ein Beweis dafür, wie sehr die freiwilligen Helfer ihre Sorgfaltspflicht und die deutscher Lehrer, fern vom vertrauten Katheder und vor allem als Elternersatz, ihre Bewährung als Erzieher bestanden haben. Und doch: Was sagen noch so günstige Zahlen angesichts einer einzigen Katastrophe?

Gleich den meisten Kleinstädten der damaligen Bayerischen Ostmark hatte Schwandorf infolge der Ferne zur Front und der stillen Genügsamkeit dieser traditionell armen Gegend die ersten Kriegsjahre kaum gespürt. Die knapp 7000 Einwohner teilten sich fünf Kirchen; wer nicht an der Front stand, arbeitete in der Zementfabrik, im Dampfsägewerk oder bei der Reichsbahn. In Schwandorf gab es bis Anfang 1945 weniger Krieg als in der Wüste um Tobruk, im Packeis vor Spitzbergen, im Dschungel von Papua-Guinea oder in den Felsen von Kreta. Dann aber, als dulde eine Schicksalsgöttin nicht die geringste friedliche Nische in diesem weltweiten Brand, mußte auch das abgelegene Städtchen Schwandorf mit seinem und seiner Flüchtlinge Blut bezahlen.

Am 16. April 1945 verlief die Front in einem Halbrund westlich von Schwandorf. Sie zog sich von einer Trümmerstätte, die einmal

Nürnberg gewesen war, über Bayreuth bis Hof. Im Südwesten, bei Regensburg, ragten die Eisenbahnschienen krummgebombt in die Höhe, und Schwandorf wurde an diesem Tag unvermittelt zu einer Art Sackbahnhof Tausender von Schicksalen.

Viele kamen zu Fuß an, so wie der Hamburger Schüler Hermann Zaddach: „Ich war mit meinem Freund aus unserem letzten KLV-Lager in Puttenhausen ausgerissen. Ich wollte heim nach Hamburg. In Landshut sahen wir den zerstörten Bahnhof, mußten anschließend in einem Wald in Deckung gehen, weil uns Tiefflieger beschossen, und in Regensburg saßen wir am 16. April mittags nahe beim Bahnhof in einem Splittergraben, während um uns Hunderte von Bomben explodierten. Zusammen mit anderen Flüchtlingen überquerten wir die Donau und gingen auf der Landstraße bis Regenstauf. Dort wurde ein Personenzug eingesetzt, der in der Nacht zum 17. April in Schwandorf eintraf" – rechtzeitig zur großen Tragödie.

Am Nachmittag hatten die Kreisleitungen von NSDAP, HJ und Volkssturm am Stadtrand ihre Akten verbrannt. Ein Augenzeuge: „Es entwickelte sich eine so gewaltige Hitze, daß die weißen Blätter hoch in den Himmel geschleudert wurden."

Im Felsenkeller der Stadt und in den siebzehn Schulsälen warteten seit Tagen Tausende von Flüchtlingen. In einem dieser Massenquartiere saß bleich und starr Gerda Rüd aus Bratislawa. Sie war am 9. April mit ihrem Mann Tobias in Schwandorf eingetroffen und auf dem Bahnhofsvorplatz von einem SS-Greifkommando angehalten worden. Die SS entdeckte die jüdische Identität der beiden und fand bei dem Mann eine Pistole. Um die Gruppe versammelte sich eine Menschenmenge, nahm mit der Wut eines betrogenen Volkes Partei für die Juden. Ein SS-Mann jedoch ging mit Tobias Rüd über die Gleise hinter einen Waggon – beiläufig wie zum Austreten –, und dann hörte man einen Schuß. Gerda Rüd: „Ich lief hin, sah meinen Mann auf dem Boden, tot."

Am Abend des 16. April schrieb in Washington nach dem plötzlichen Tod des US-Präsidenten Roosevelt sein Nachfolger Harry S. Truman seinen ersten Brief aus dem Weißen Haus nach Hause:

„Dear Mama and Mary..." Roosevelts Tod hatte im Führerhauptquartier völlig irrsinnige Hoffnungen ausgelöst. Goebbels an Hitler: „Mein Führer, ich gratuliere Ihnen. Dies ist die Wende." Damit spielte er auf Friedrich den Großen und dessen Siebenjährigen Krieg an, der durch den plötzlichen Tod Katharinas von Rußland für Preußen unerwartet eine glückliche Wende genommen hatte.

Reichsleiter Bormann wiederholte mit dem unglaublichen Zynismus eines Bürokraten immer noch über den Rundfunk: „Ein Hundsfott, wer nicht bis zum letzten Atemzug kämpft!"

An jenem 16. April füllten Tausende von neuen „Hundsfotten" den Schwandorfer Bahnhof. Aus einem Heer des Triumphes war ein Heer von Schicksalen geworden, einzeln gepreßt in elende Eisenbahnwaggons. Aus dem Osten rollten die Lazarettzüge Nr. 1137, Nr. 826 und Nr. 1113, ein Gefangenentransport und vier Personenzüge ein, dazu der KLV-Transport mit den meist kranken Kindern sowie ein Sonderzug des Berliner Zentralgerichts, und dann schob sich noch ein Munitionszug zwischen die lebende Fracht. Ein Völkergemisch, zusammengetrieben durch ein gewaltiges Grauen: Kroaten, versprengte ungarische SS-Gruppen, Russen in neuen deutschen Wehrmachtsuniformen, Tschechen, Polen, Belgier, Franzosen, Rumänen, Spanier, Ukrainer, Litauer, Holländer.

Der Schüler Friedrich Erhard kam am Abend an. „Die Bahnsteige, die Unterführungen, das ganze Bahnhofsgelände wimmelte nur so von Menschen", berichtet er. „Endlich, spät am Abend, wurde ein Güterzug zur Personenbeförderung eingesetzt, auf den sich alle wie wild stürzten. Wie Vieh zusammengepfercht standen wir im Waggon. Der Platz reichte noch zum Stehen, nicht mehr zum Sitzen. So warteten wir geduldig stundenlang auf die Abfahrt. Da ertönte mitten in der Nacht Voralarm."

Keiner wagte den Zug zu verlassen, aus Angst um den Stehplatz. Friedrich Erhard schlief für Sekunden im Stehen ein, dann aber: „Da krachten die ersten Bomben und rissen mich aus dem Schlaf. Grellrotes Licht schimmerte durch die Türen. Ich schlüpfte zwischen den Waggons, die mir Schutz gaben vor den niedersausenden Bomben, sprang nach rechts über einen Stacheldraht und schlüpfte in ein kleines Bahnerhäuschen. Im Keller zitterten, bebten, beteten Menschen und legten Gelübde ab."

Nach dem Angriff machte er sich auf den Weg in die Stadt: „Brennende Züge, vermutlich Lazarettzüge, hinter mit laufende Detonationen eines nach und nach explodierenden Munitionszuges, Schmerzensschreie, Leichen. Zusammengestürzte Häuser, brennende Ruinen, vor denen ältere Leute die Passanten zur Mithilfe bei der Bergung Verschütteter baten. Der Mensch war zum Tier geworden, nur wenige hatten noch Mitgefühl, die Masse rannte – wohin? Da faßte mich eine kräftige Hand an der Schulter und rief: ‚Kamerad, komm!' Ich erkannte einen Ungarn, der auf deutscher Seite kämpfte. Gemeinsam legten wir einen Kellereingang frei. Mitten aus dem Schutt bargen wir eine Frau, die von den auf ihrem Kopf lastenden Backsteinen bewußtlos war, die aber unter ihrer Brust zwei kleinen Kindern Schutz bot. Daneben konnten wir eine Eisenbahnschaffnerin bergen, die auf der Kellertreppe stehend von dem niederstürzenden Schutt zugeschüttet worden war."

Von dem Sonderzug des Berliner Zentralgerichts war am Abend durch Zufall der Wagen mit dem für die Richter reservierten Abteil abgehängt worden. Er blieb unbeschädigt, die anderen Waggons wurden aber getroffen. In ihnen schliefen Inspektoren und Sekretärinnen auf Gerichtsakten; viele dieser Akten waren mit Paßbildern versehene Todesurteile an Soldaten. Die meisten der Justizangestellten kamen um.

Einem hatte das Schicksal ein im Moment noch schwereres Leid auferlegt. Helmut Schlicht erzählt: „Ich schlief auf den Akten. Plötzlich stand der ganze Waggon in Flammen. Wie ich herausgekommen bin, weiß ich nicht. Ich lag jedenfalls brennend auf dem Bahnsteig und wälzte mich, um die Flammen zu ersticken. Ein neuer Luftdruck schleuderte mich gegen eine Lokomotive. Ein Teil eines Daches flog gegen meinen Kopf, ich erlitt schwere Schädelverletzungen. Es gab kein Erbarmen. Ich flog erneut zu Men-

Im Winter 1942/43 kämpften die deutschen Soldaten in Stalingrad, eingekesselt, verloren . . . Die Kinder lebten unterdessen wie auf friedlichen Inseln. (Foto: Ullstein)

An den Fronten fielen Millionen Menschen. Überall herrschte Hunger, Not, Trauer. Die meisten evakuierten Kinder lebten dagegen in einer scheinbaren Fröhlichkeit. In Ungarn durften sie mit den Bauern auf die Felder fahren (links oben), in den gemeinsamen Speisesälen gab es in den meisten Fällen genügend zu essen (links unten). Viele KLV-Lager waren ehemalige Erholungsheime wie das Jungmädellager »Ludwig d. Bayer« im Ettal (rechts oben) oder es waren ehemalige Hotels wie der »Schlierseer Hof«, vor dem die Mädchen zum Frühsport angetreten sind (rechts unten). (Fotos: Privat [3]; Süddeutscher Verlag)

Die größeren Lager wurden nach militärischen Prinzipien geleitet – und nationalsozialistisch beeinflußt. Die Kinder mußten morgens antreten, Nazi-Lieder singen und mit dem Führer-Gruß die Hakenkreuz-Fahne hissen. Zu den täglichen Übungen gehörten aber auch die Sauberkeitsappelle: Prüfung der gewaschenen Hände und der »gebauten« Betten in den gemeinsamen Schlafsälen. (Fotos: Privat)

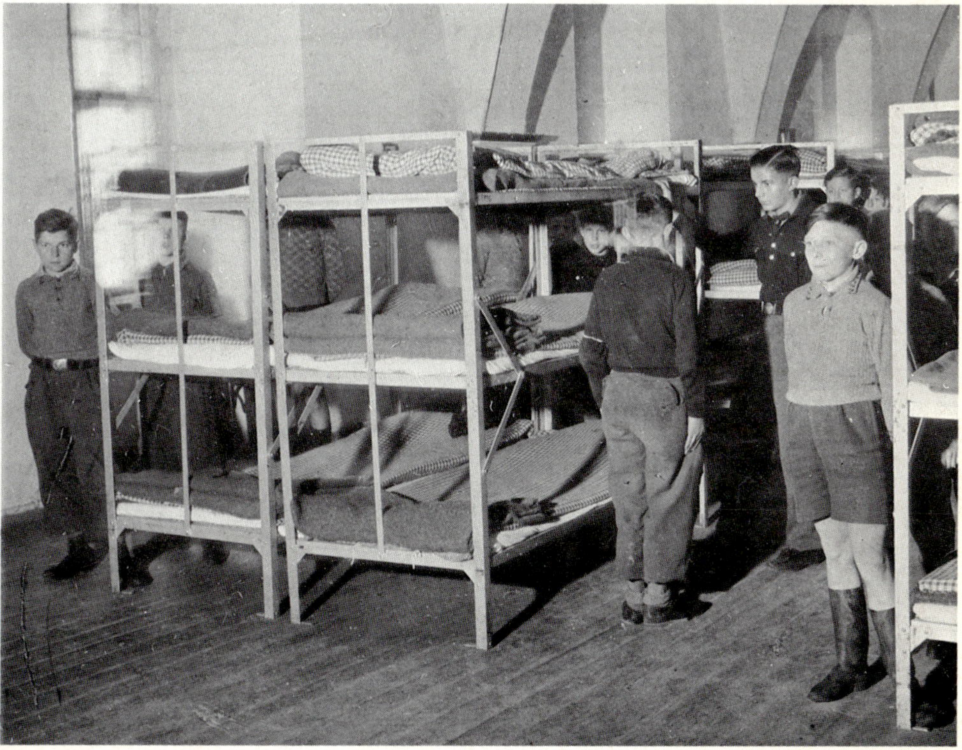

In den Lagern lernten die Kinder Basteln, Singen und Zeichnen. Das war damals nicht für alle Bevölkerungsschichten selbstverständlich. Durch die Bastelarbeiten sollte allerdings die heimische Industrie entlastet werden, die während des Krieges kein Spielzeug mehr produzierte. Die Eltern in den Städten wurden regelmäßig von den Kindern und den Lagerleitern unterrichtet; die Kinder schickten zensierte Briefe und lustige Zeichnungen (unten), die Verantwortlichen der Kinderlandverschickung gaben Zeitungen heraus, in denen Erlebnisberichte der Kinder abgedruckt waren – nicht immer ließen sich die Eltern durch die geschönten Nachrichten beruhigen.

JUNGE HEIMAT + SONDERHEFT A

Spielzeugwerk

DER KLV.-LAGER

SCHULUNGS- UND UNTERRICHTSHEFT 1

1942

Herausgegeben von der Dienststelle Kinderlandverschickung
Schriftleitung und verantwortlich: Oberbannführer Gerhard Dabel
Für die Mädelarbeit: Bannmädelführerin Gretel Seelig
Berlin - Charlottenburg, Kaiserdamm 45

DIE GEMEINSCHAFT

ELTERNBRIEFE DER ERWEITERTEN KINDERLANDVERSCHICKUNG
IN DER SLOWAKEI

PRESSBURG DEZEMBER 1943

Das Echo!

Liebe Wölfi!

Jetzt seid Ihr nun schon einige Wochen an Ort und Stelle, seid in einem fremden aber schönen Land und habt Eure Ordnung! Die grosse Fahrt, die abwechslungsreichen Gegenden, die grossen Städte, die schöne Donau und dann die herrliche Slowakei, ja, Ihr seid schon zu beneiden, dass Euch der Führer so früh hinausschickt alles zu besehen und alles zu erleben! Denkst Du jeden Morgen beim Fahnengruss daran? Denkst Du daran, dass Du jetzt anstatt hier im Keller zu sitzen dort oben in dem freundlichen Pistyan sein darfst und es gut hast? Denkst Du auch daran, dass neben der Fürsorge unseres Führers auch Deine Eltern um Dich besorgt sind? Und weisst Du es ihnen zu danken? Bist Du fleissig, und artig, kameradschaftlich und brüderlich? Du kannst Dich freuen, dass sogar Dein Bruder bei Dir ist! Das Du ihn fragen kannst, dass er Dir helfen kann, wenn Du in Verlegenheit bist! Denke daran, dass Du wohl der einzige unter Deinen Mitschülern bist, der so viel Glück hat.

Ich habe ja bis heute noch nichts von Dir gehört, aber ich hoffe, dass Du doch mal Zeit hast auch mir ein paar Zeilen zu schreiben. Ich erwarte, dass Du mir dann auch etwas gutes mitzuteilen hast, dass Du in der Schule in allem bei bist, dass im nächsten Zeugnis auch einige gute Zensuren zu finden sind, dass Du auch versetzt wirst! . . .

Ein Vater aus Dortmund.

Eltern, das müsst Ihr wissen!

Einzelrückführungen.

In Anbetracht der Luftgefahr in den bedrohten Gebieten ist durch Erlass die Lagerzeit für die KLV auf unbestimmte Zeit festgelegt worden. Diese notwendige Massnahme ist im Bewusstsein der vollen Verantwortung des Reiches für Leben und Gesundheit seiner Jugend bindend gefällt worden. Einzelrückführungen sind aus diesem Grunde nicht tragbar.

Punktpflichtige Kleidung.

Die auf unseren Kammern gelagerten Wollsachen und Unterkleider können nur gegen Abgabe von Punkten den Kindern zur Verfügung gestellt werden, da diese Sachen aus dem Reich geliefert und die Bestände auch von dort aus aufgefüllt werden. Es ist darauf zu achten, dass allen Jungen und Mädeln die Kleiderkarte mitgegeben wird.

Die Elternbriefe der Erweiterten Kinderlandverschickung erscheinen in der Zusammenarbeit vom Amt für Volkswohlfahrt, Amt für Volksgesundheit, Amt für Erzieher und Hitler-Jugend. Herausgeber: KLV-Slowakei Dienststelle Pressburg, Palisadenweg 53a. Zusammenstellung: Bannmädelführerin Irmgard Vahlkampf, Verantwortlich für den Gesamtinhalt: Schriftleiter Karl Fröhlich. Zentralschriftleitung: Oberbannführer Memminger, Dienststelle des Beauftragten für die Inspektion der HJ und Reichsleiter für die Jugenderziehung der NSDAP, Baldur von Schirach, Berlin N 54, Postschliessfach Nr. 10 - Druck: „Karpatia" Pressburg.

1945 überrollte der Krieg auch die bis dahin behüteten Kinderlager. Die Schüler mußten fliehen, gerieten in Bombenhagel und forschten oft nach der Rückkehr in den zerbombten Heimatstädten auf provisorischen Anschlagtafeln nach dem Verbleib ihrer Eltern. (Foto: Ullstein)

schenkörpern auf einen Sandhaufen. Dann wurde es schwarz um mich. Ich kam nur kurz zu mir, als mich ein Bombensplitter im Oberschenkel traf."

Wie dieser Teil des Bahngeländes am Morgen aussah, schildert der Justizangestellte Ludwig Schmauß: „Zwischen riesigen Bombentrichtern fanden wir in dem ausgebrannten Wagen zwei verkohlte Leichen ohne Gliedmaßen. Eine Identifizierung war unmöglich."

Sechs Mitglieder des Berliner Zentralgerichts tauchten mit dem Rest der Akten in einem Bahnwärterhaus unter. Der Eisenbahner Hans Schloderer: „Im Wohnzimmer hatten sie einen Haufen von Akten gestapelt. Sie waren mit Fotos bespickt. Alles Todesurteile! Ältere und blutjunge Soldaten wurden hingerichtet wegen Fahnenflucht, unerlaubtem Entfernen von der Truppe und anderen, oft minimalen Delikten. Vor Eintreffen der Amerikaner vergruben sie die Akten. Als die Amerikaner weiterzogen, holten sie die Papiere wieder aus der Erde und verbrannten alles."

An den Sonderzug der Schüler des KLV-Lagers Bad Podiebrad waren mehrere andere Wagen gekoppelt; so eine Flak-Einheit, die völlig vernichtet wurde. In einem weiteren Waggon saßen sieben junge Kanoniere von der Hamburger Fähren-Flak 992. Ihr Anführer war der trotz seiner Jugend nicht mehr unbekannte Maler Franz-Josef Geppert. Er starb an Lungenriß. Die sechs anderen überlebten und zogen zu Fuß weiter in Richtung Norden. Amerikaner nahmen sie gefangen und überantworteten sie ehemaligen KZ-Häftlingen zur Bewachung. Fünf von ihnen wurden erschlagen, und nur einer überlebt und berichtete davon.

Wie viele Kinder sich in dem KLV-Zug befanden, wurde nie geklärt. Aus Bad Podiebrad kamen sechzig im Alter zwischen zehn und zwölf Jahren. In Prag waren in die Wagen noch kranke Kinder des KLV-Lazaretts Prag-Reuth gelegt worden. Das Lazarett wurde in vier Schüben evakuiert. Drei Transporte hatten bereits das Ausweichlager Burg Lengenfeld erreicht, der vierte sollte dort niemals ankommen.

Die siebzig bis hundert Kinder blieben nachts auf dem Schwandorfer Bahnhofsgelände in ihren Abteilen. Die meisten von jenen, die überlebt haben, berichten von der gewaltigen Helle, die sie plötzlich mitten in der Nacht sahen. Anni Gorzella: „Als ich die Augen aufschlug, war heller Sonnenschein." Ingrid Janicke: „. . . ein merkwürdig heller Himmel."

Lassen wir diese Ingrid Janicke, die damals elf Jahre alt war, weitererzählen: „Als die ersten Einschläge detonierten, rief unsere Schwester: ‚Tiefflieger!' Erschreckt zog ich Strümpfe und Schuhe an. Ein ohrenbetäubender Krach, ich hockte, unfähig, einen weiteren Schritt zu machen, auf dem Mittelgang des Waggons. Die Schwester zog Wolldecken über unsere Köpfe, um uns vor Splittern zu schützen. Wieder explodierte etwas in unserer Nähe, ich verlor das Bewußtsein. Als ich wieder aufwachte, lag ich ausgestreckt auf dem Rücken, wischte mit meiner freien linken Hand mein Gesicht von Sand und Schmutz frei; auf meinem rechten Arm lag eine schwere Röntgenkiste, meine Beine konnte ich nicht bewegen. In den Lärm der Detonationen mischten sich die Schreie verletzter Menschen. Ich begann auch zu schreien, betete dann, schrie wieder los. Plötzlich hörte ich eine Männerstimme: ‚Da ist ja noch jemand!' Ein deutscher Soldat trug mich auf den Bahnhofsvorplatz, legte mich in die Reihe auf eine Bahre. Neben mir lag ein Mädchen aus Berlin, die auch Ingrid hieß. Ich schloß die Augen und hörte nach einer Weile eine Frauenstimme meine Nachbarin auf der nächsten Bahre fragen, ob das Kind da tot sei. Ich riß angstvoll die Augen auf und sah vor mir das beruhigende Bild einer Nonne."

Hannelore Czekalla berichtet: „Dreizehn Jahre war ich alt. Ich rannte mit einem Jungen von etwa zwölf Jahren davon, kletterte über einen Zaun. Den Jungen verlor ich unterwegs, und ich lief dem Tod davon." Anni Gorzella: „Ich lief mit sechs Buben über die Gleisanlagen zu einem Waschhaus. In dem Augenblick krachte es. Ich befreite mich aus dem Schutt; nicht weit von mir ragte aus den Trümmern eine in einem blauen Ärmel steckende Hand heraus."

Helmut Zik: „Wir suchten unter einem Güterwagen Schutz.

Nach einem besonders lauten Knall sah ich Löcher im Abteil unseres KLV-Zuges. Dann noch ein lauter werdendes Pfeifen – als ich wieder zu Bewußtsein kam, wühlte ich mich durch Staub, erfaßte einen Mädchenschuh mit einem blutenden Beinstumpf und erreichte den Rand eines Bombentrichters. Unser Waggon war verschwunden."

So endete das Schicksal dieses KLV-Transportes in den Morgenstunden des 17. April 1945. Die genaue Zahl der umgekommenen Kinder ist bis heute nicht bekannt; tot geborgen wurden neunzehn. Auch die Leiterin des Transportes, die dreiundzwanzigjährige Hamburgerin cand. med. Anneliese Schnitter, fand den Tod.

Wie bei Bombenangriffen in anderen Städten wurden auch in Schwandorf viele Menschen Opfer des ungeheuren Luftdrucks. In den Krankensälen flogen Gipsverbände wie durch Geisterhand davon, verbogene Eisenbahnschienen ragten plötzlich aus rauchenden Dachsparren. Der Geistliche Rat Alois Wild berichtete vom Alten Friedhof: „Gräber waren von den Bomben aufgerissen, Fetzen von Totenkleidern hingen in den Ästen der Bäume" – als wären in diesem Inferno die Grenzen zwischen den Lebenden und zwischen den Begrabenen aufgehoben.

Der Luftdruck riß sich zusammendrängende Familienmitglieder auseinander, die einen in den Tod, die anderen in neues Leid. Die aus Schlesien geflüchtete Magdalena Kuhl: „Der Luftdruck schleuderte uns aus dem Haus; mein jüngstes Kind, damals noch ein Baby, flog auf ein Dachstück, meine älteste Tochter, damals 15 Jahre alt, wurde von einem Eisenträger erfaßt und starb an den Verletzungen." Der ebenfalls aus Schlesien stammenden Maria Bachmann wurde das Kind in den Armen getötet: „Als ich wieder zu mir kam, blitzte es in meinen Gedanken, verschüttet, Tod, die Kinder! Ich befreite meinen Kopf aus dem Schutt, deutsche Soldaten halfen mir. Eine meiner Töchter konnte lebend aus dem Schutt geborgen werden. Wie schlaftrunken, völlig verstört, kam meine andere Tochter aus einer Ecke voller toter Menschen. Meinen Jüngsten, unser Söhnchen, erst 1½ Jahre alt, trug ich in meinen

Armen, als ich die Treppe hinunterhastete. Nun lag das Kind vor mir, tot, der Luftdruck hatte seine Lungen zerrissen."

Im gleichen Haus ereignete sich noch die fast wundersame Rettung zweier Schüler, die ebenfalls zur Kinderlandverschickung gehörten. Über dreißig Stunden nach dem Angriff waren auf den Hof Dutzende von Leichen zur Identifizierung gelegt worden. Plötzlich bröckelten an einer Stelle Steine, zwei völlig mit Blut und Staub verschmierte Jungen kletterten aus der Erde und rannten davon. Der ältere von beiden, Paul Faulhaber, erzählte später: „Ich sah durch die Kellerluke einen grellroten Blitz, ein Ziegelstein traf mich am Kopf. Ich war bis zum Bauch verschüttet. Bomben fielen. Dann eine seltsame Stille. Zwischendurch Zeitzünderdetonationen. Ich rief nach meinem Bruder. Keine Antwort. Endlich hörte ich sein Jammern: ‚Hilf mir doch!' Ich begann mich selbst zu befreien, warf die Ziegelsteine seitwärts in einen Flaschenkeller, wie es das Klirren verriet. Andere Steine rutschten nach. Es war völlig dunkel. Ich grub meinen Bruder aus und zündete eine Kerze an, doch vor Staub gab es kaum einen Lichtschein. Vor Erschöpfung schliefen wir ein. Wir wachten mit einer grausigen Entdekkung auf: Es brannte mehrere Meter oberhalb im Vorkeller. Glühendes und flammendes Holz schob sich langsam in unseren Raum. Wir bauten eine Ziegelsteinbarrikade. Es wurde unheimlich heiß, wir konnten kaum noch atmen. Über uns hörten wir dann das Brummen einer Motorspritze, Feuerwehrmänner. Die Flammen versiegten, aber keiner hörte unser Schreien. Wieder war es dunkel. Mit zusammengesteckten Gardinenstangen, die wir im Keller gefunden hatten, schaukelte ich einen in der Elektroleitung hängenden langen Treppenstein, bis er aus der Halterung fiel. Ziegelsteine und Schutt prasselten nach – mehrere Meter über uns bildete sich eine kleine Öffnung. Ich kletterte hoch, klemmte in der Öffnung; zwei Frauen sahen mich, liefen schreiend davon, zwei Soldaten zogen mich und meinen Bruder unter den blauen Himmel. Wie von Sinnen rannten wir beide davon."

Die Mädchen der Oberschule aus Hagen erlebten mit ihren Lehrern den Angriff im tiefen Keller der Wallfahrtskirche auf dem

Kreuzberg. Über ihnen stürzte das Gotteshaus ein, uralte Eichen flogen splitternd durch die Luft, mehr als vierzig Bomben explodierten allein auf dem Hügel. Die Mädchen saßen im Dunkeln, der Boden, die Wände zitterten und knirschten wie bei einem Erdbeben, aber das Gemäuer aus dem 17. Jahrhundert hielt. Stärker als das Explodieren der Bomben blieb ihnen jedoch etwas anderes in der Erinnerung – wie auch vielen anderen Schwandorfern: Durch eine Bombe gelöst, flog eine der Glocken mit seltsam hellem, deutlich hörbarem Klang durch die Luft und krachte dann zu Boden. Und in dem freigelegten Kirchenraum erzeugte der Luftdruck in den einzelnen Orgelpfeifen klagende Töne, die zwischen den Detonationen über die Stadt schwangen.

Ein Mädchen aus Hagen, die Schülerin Ursula Knopp, erlebte die Tragödie von Schwandorf im Krankenhaus der Dominikanerinnen, das vollständig zerstört wurde. Während des Angriffs sprang sie über die Mauer, rettete damit ihr Leben und lief zwischen den Flammen und Geschossen hinauf zum Kreuzberg zu ihren Kameradinnen. „Verzweifelt war ich beim Anblick der zerstörten Kirche, und ich glaubte, das ganze Kloster mit meinen Kameradinnen sei zerstört. Der Angriff verebbte, und ich versuchte, irgendwo einen Zugang zu den Kellerräumen zu finden. Plötzlich sah ich unsere beiden Lehrer, Dr. Riemann und Tölte, vor mir. Ich fühlte mich geborgen und fiel in Ohnmacht und erwachte erst wieder im Keller, umgeben von meinen Freundinnen. Dann erst spürte ich den Schmerz: Steine und Splitter hatten an den Armen und auf dem Rücken tiefe Fleischwunden gerissen, die wochenlang eiterten."

Bei den notdürftigen Aufräumungsarbeiten fand ein Soldat am nächsten Tag auf dem Bahngelände vier Briefumschläge, die die Aufschrift „Kurt von Schuschnigg" trugen. Schuschnigg, der letzte österreichische Bundeskanzler vor dem Einmarsch der deutschen Truppen in Österreich, war im nahen Konzentrationslager Flossenbürg mit Frau und Kindern interniert gewesen und dann in einem Sonderzug mit anderen prominenten Gefangenen, Generaloberst Halder, Dr. Schacht und Dr. Josef Müller, über Schwandorf nach Dachau transportiert worden. Die anderen Flossenbürger Häftlinge erwartete noch in den letzten Tagen ein erbärmliches Schicksal: An einem Morgen verließen die SS-Mannschaften das Lager, kehrten aber, von welchem abartigen Gefühl auch immer verfolgt, am Abend zurück und trieben, da durch den Angriff auf Schwandorf die Eisenbahnverbindung ausgefallen war, die Häftlinge zu Tausenden zu Fuß in Richtung Dachau. Zum ersten Mal sah so die Bevölkerung diese Leidensgestalten, die ihre Nachbarn gewesen waren und die nun zu Hunderten am Wegrand aus Schwäche umfielen und von den Wachmannschaften erschossen wurden; über fünfzig andere wiederum starben bei neuen Tieffliegerangriffen der Amerikaner in einem verriegelten Waggon. Aber der Tod fragte zu dieser Zeit noch weniger als sonst nach Schuld und Unschuld, nach Recht oder nach Gut und Böse; Opfer töteten ihre Mörder und die Mörder im Namen von Gesetzen ihre Kumpane. In einem nahen Wald kam ein Mann unter den Schüssen der SS um, der wenige Tage zuvor die Schwandorfer noch zu äußersten Härten aufzuputschen versucht hatte: Fritz Wächtler, der Gauleiter von Bayreuth. Hitler mochte ihm nicht verzeihen, daß er nicht bis zum letzten Atemzug in Bayreuth gekämpft hatte.

Die Ruinen von Schwandorf fielen kampflos an die Amerikaner. Ein klappriger Bus brachte die Mädchen aus Hagen in die verwüstete Heimat zurück, und schon Anfang Mai forderte ein Aushang am Rathaus die Einwohner auf, an der Stadtkasse, Zimmer 7, die Grundsteuer für das zweite Quartal, die Hundesteuer und allfällige rückständige Steuern zu entrichten.

13

Endstation Schüttenhofen

Kinder knacken Panzer · Tieffliegerangriff · Zu Fuß über die Grenze · Erste Begegnung mit den Amerikanern · Todesschüsse noch nach Kriegsende

Die drei Männer wohnen in drei verschiedenen Teilen der Bundesrepublik Deutschland.

Karl-Heinz R. besitzt in Bad Schönborn bei Karlsruhe ein eigenes Haus, fährt einen Ford Taunus und fotografiert seit seiner Jugend. Er ist Techniker.

Bernhard K. lebt inmitten eines bunten Gartens in Brensbach bei Darmstadt. Er hat eine führende Stellung in einem Baumaschinenunternehmen.

Rudolf Sch. wohnt in der Berliner Krokusstraße. Er ist Angestellter.

Alle drei sind zwischen fünfzig und fünfundfünzig Jahre alt, in Wesen und nach Herkunft verschieden, wissen nichts voneinander. Und doch verbindet sie ein gemeinsames Schicksal: Wie Millionen andere deutsche Kinder lebten sie in den Kriegsjahren fern von ihren Eltern in Lagern der Kinderlandverschickung. Wie aber nur wenige andere erlebten sie einen kleinen Abschnitt in der Geschichte des Zweiten Weltkrieges, über den es bisher keinerlei Daten, keinerlei Schilderungen gegeben hat: das Schicksal der Kinderzüge, die 1945 auf der Flucht vor den anrückenden Russen quer durch Böhmen in Richtung Bayern fuhren, alle überladen, ungeheizt, schmutzig und klapprig; viele von ihnen wurden beschossen, notdürftig wieder instand gesetzt und brannten schließlich im Bombenhagel aus oder fielen nach Tieffliegerangriffen in Fetzen auseinander.

Fast all diese Züge fuhren an einem kleinen Ort vorbei, der heute auf den Landkarten unscheinbar wirkend als „Sušice“ zu finden ist und der damals genauso unscheinbar war, nur einen anderen Namen trug: Schüttenhofen. Dieser Ort war Hoffnung und Alptraum für Millionen Flüchtlinge, für Tausende von Kindern der KLV. Für die meisten Flüchtlinge war Schüttenhofen die erste deutsche Stadt, bedeutete also Aussicht auf Rettung; tatsächlich aber lag die Grenze noch zwanzig Kilometer weiter westlich. Bis kurz vor Kriegsende verteidigten Panzertruppen mit unglaublicher Tapferkeit und Selbstaufopferung diese Bahnlinie, um sie für alle freizuhalten, die aus den ehemals besetzten Gebieten zurückfluteten.

In der Umgebung von Schüttenhofen geriet eine Reihe von Kinderzügen in die letzten Salven, die dieser Krieg zu vergeben hatte.

Die Fakten über die Tragödie von Schwandorf sind dank des emsigen Fleißes eines Oberstudiendirektors aus Schwandorf mit Namen Klitta erhalten geblieben, die über jene von Schüttenhofen aber, das ja auf tschechischem Gebiet liegt, gerieten in Vergessenheit.

Eine 1982 in fünf verschiedenen deutschen Zeitungen aufgegebene Kleinanzeige mit dem Stichwort „Schüttenhofen 1945?“, brachte eine Flut von Briefen voller Erinnerungen. Drei dieser Berichte geben zusammen mit den ihnen nachfolgenden Interviews einen besonders aufschlußreichen Einblick in die fast ein halbes Jahrhundert zurückliegenden Vorgänge – und sind darüber hinaus Zeugnisse für eine ganze Generation. Alle drei Männer, die hier erzählen, lebten jahrelang in den Lagern der Kinderlandverschickung. Sie sind somit Beispiele für die Produkte und Opfer der nationalsozialistischen Erziehung: Sie wurden als Zehn- oder Elfjährige verschickt und fern von ihren Eltern an die Schwelle zum

Mannesalter gebracht, nur umgeben von Lehrern, Lagermannschaftsführern, Vertretern der Partei und oft auch Ausbildern der Wehrmacht oder gar der SS.

Über die verführte, verlorene Generation – jene Menschen, die bei Hitlers Machtübernahme Halbwüchsige waren, drei vier Jahre später zum Reichsarbeitsdienst einrücken mußten, anschließend ihren Wehrdienst ableisteten, 1939 unmittelbar aus den Kasernen an die Front zogen und dann den ganzen Krieg als Soldaten mitgemacht haben – gibt es unzählige Berichte. Aber welche Probleme diese Generation auch mit sich zu tragen hat, eines mußte sie nicht erdulden: Sie wurde in ihrer Kindheit nicht aus dem Elternhaus gerissen; sie erfuhr zu Hause den regulierenden Einfluß elterlicher Liebe und übernahm, wenn auch oft unbewußt, Traditionen, die sich stabilisierend auswirkten. Nicht so die Millionen verschickter Kinder. Wie reagierten sie, als sie nach Jahren der Propaganda plötzlich den Krieg erlebten, den richtigen Krieg, der ja schon mehr als fünf Jahre zuvor seine anarchischen Kräfte entfesselt hatte und nun, zu Tode erkrampft, in einem Meer von Blut unterging? Was fühlten diese Kinder, denen das Abbild des Führers oft vertrauter und umgänglicher war als das Bild des Vaters oder der Mutter, als sie plötzlich hörten, dieser Hitler sei tot? Ihre Reaktionen sind heute unfaßbar: Sie weinten, viele berichten, wie sie sich seltsam leer fühlten oder Krämpfe bekamen. Nicht untypisch war auch, daß manche Kinder, als sie nach wochenlangen Märschen wieder in ihrer Heimatstadt waren, nicht sofort nach der Geborgenheit der elterlichen Wohnung suchten, sondern sich zuerst bei der Behörde meldeten und sich, so blaß, schmächtig und klein, wie sie waren, in den Volkssturm einreihten, um dann in der Uniform eines Soldaten zu Hause zu erscheinen. So jedenfalls erinnern sie sich heute, aber genausogut könnte es sein, daß sie instinktiv in der neuen Gruppe, die ja wie die alte im Lager erschien, wieder die Geborgenheit der vergangenen Jahre suchten – bis zur allerletzten und grausamen Enttäuschung.

Von den erwähnten drei Männern fuhr im Jahre 1945 Karl-Heinz R. als erster auf der Strecke von Prag über Schüttenhofen-Schwandorf zurück ins Altreich. Als Elfjähriger war er mit seiner Essener Schule evakuiert worden, als Fünfzehnjähriger kehrte er heim. Mit elf hatte er sich zwischen Fahnen und Wimpeln am Bahnhof von Vater und Mutter verabschiedet, mit fünfzehn ging er über Trümmerberge, um sein Elternhaus zu suchen, bange hoffend, daß es noch stehe. Bei der Abfahrt war er von einem Klassenkameraden fotografiert worden: Er hält die Hand seiner Mutter, lächelt verspielt und verdreht in der Verlegenheit eines Kindes seine Beine. Wie anders zeigt ihn dagegen ein nur vier Jahre später aufgenommenes Bild: kurzer Militärhaarschnitt mit Scheitel, heller, klarer Blick, straffer Mund, die Züge so ernst und erwachsen, wie man sie heute schwerlich unter Zwanzigjährigen findet.

Seit dieser Aufnahme sind wiederum bald vier Jahrzehnte vergangen. Karl-Heinz R. ist immer noch kein alter Mann, wirkt höchstens ein bißchen gesetzt, wie er bei sich daheim in einem Sessel sitzt und mit ruhigen Bewegungen erzählt. Er habe hart arbeiten müssen wie fast alle anderen auch, sagt er langsam, die Worte sorgfältig wählend. Er ist Techniker in einem mittleren Unternehmen, und er wählt seit Jahrzehnten sozialdemokratisch. Dann spricht er schneller, erinnert sich. Nur, er fängt nicht mit seiner Abreise von zu Hause in das KLV-Lager an, sondern: „1938 wurde mein Vater arbeitslos. Zwei Tage später schickte die Volksfürsorge uns ein großes Eßpaket, und sie schickten die Pakete so lange, bis mein Vater wieder Arbeit hatte." Heute noch kann er genau aufzählen, was in diesen Paketen enthalten war und der Familie nicht nur einen Teil der Existenzsorgen nahm, sondern auch ein Gefühl gab, das in jenen Jahren offenbar Millionen an die Nationalsozialisten band: daß die Partei für sie da sei, ihre Sorgen kenne, ihnen helfen wolle, daß sie den arbeitenden Menschen nicht ausschließe, ihn vielmehr zum Mittelpunkt der „Volksgemeinschaft" mache.

1941 fuhr Karl-Heinz R. in einem langen Kinderzug Richtung Böhmen. „Wir waren stolze Hitler-Jungen, und eigentlich wollte ich zu Hause bleiben, um den nächsten Lehrgang nicht zu verpassen." Er lebte in vier verschiedenen Lagern, zuletzt in Bad Podiebrad, wo mehr als 3000 Kinder zusammengefaßt waren. „Der Unterricht war ziemlich normal, jeden Vormittag gingen wir in die uns zugeteilte Klasse."

Und politischer Unterricht, wie sei es damit gewesen?

„Natürlich gab es den, aber seltsamerweise spielte er in unserem Leben keine besondere Rolle. Heute macht man sich da vielleicht falsche Vorstellungen. Natürlich schrieben wir zu jedem Führer-Geburtstag einen Aufsatz über sein Leben, zum Tag der Machtergreifung den nächsten. Nur: Wir schrieben jedes Jahr den Aufsatz vom Vorjahr ab, mehr interessierte uns nicht."

Und der militärische Drill?

„Drei- oder viermal in der Woche mußten wir exerzieren; wir übten auch das Schießen mit Luftgewehren, hörten Vorträge von verwundeten Soldaten und vergötterten sie. Wir waren auf den Führer eingeschworen, aber die Gestalt war für mich immer zu abstrakt. Wirklich konkret war für uns die Verbindung zu den Kameraden; für uns verband sich die Idee des Nationalsozialismus mit dem Gruppen- oder Lagerführer. Sicher habe ich geweint, als ich vom Tod Adolf Hitlers hörte, aber wirklich enttäuscht war ich nur, als ich nach meiner Rückkehr in Essen nicht mehr meine Anführer vor mir sah, plötzlich den Eindruck hatte, sie seien nicht mehr da und hätten mich im Stich gelassen. Sie mußten einfach da sein, sie waren vier Jahre Tag und Nacht um uns gewesen."

Karl-Heinz R. verließ Bad Podiebrad im Februar 1945. Zu dieser Zeit standen die Alliierten schon längst auf Reichsgebiet. „Am Nachmittag gegen vier Uhr fuhren wir mit dem Sonderzug ab. Ich saß auf meiner Holzkiste, darin Tagebücher, Hunderte von Fotos und Briefe der vergangenen vier Jahre. In Schüttenhofen kamen wir in den ersten Fliegeralarm. In der Dunkelheit liefen wir hinaus, versteckten uns im Wald, hörten das Aufklatschen der Geschosse und hatten eine irrsinnige Wut auf diese unangreifbaren Maschinen. Schüttenhofen selbst war noch nicht beschädigt; dort befanden sich noch mehrere KLV-Lager, die aber zu dieser Zeit ebenfalls schon ihre Sachen packten." Wie Millionen andere las auch er erst nach dem Krieg auf der hilflosen Suche nach den Markierungspunkten seines Lebens in Lexika über die Orte jener Jahre, so auch über Schüttenhofen: „Stadt in Böhmen, 5 Kirchen, ein Rathaus, ein Kapuzinerkloster, ehemals bedeutende Goldwäscherei..."

Nach eineinhalb Tagen Fahrt erreichte er Essen, genauer: den Bahnhof Essen-Altenessen, der einzige, der zu dieser Zeit noch halbwegs in Betrieb war. „Die Bahnsteige waren zerrissen, das Dach hing in Fetzen herunter, überall stiegen kleine Rauchwolken auf. Zu Fuß durchquerten wir die Steinwüste, versuchten uns an den Ruinen zu orientieren. Wir gingen 20 bis 25 Kilometer, bis ich im Süden von Essen das Haus meiner Eltern sah. Es stand noch. Meine Mutter kam gerade mit zwei Wassereimern von einer Pumpe, fiel mir um den Hals. ‚Du lebst noch!' rief sie immer wieder. Am nächsten Morgen ging ich wie selbstverständlich ins Bann-Ausbildungslager. Ich bekam die Uniform eines Fallschirmjägers und eine Armbinde des Volkssturms. Engländer und Amerikaner standen schon vor der Stadt, wir aber übten in Kindergruppen von zwanzig bis dreißig Mann das Schießen mit MG und Panzerfaust, schliefen in einem Bunker."

Sei ihm diese Situation nicht absurd vorgekommen? Habe er Angst gehabt?

„Nein, denn so richtig wußten wir immer noch nicht, wie es wirklich im Krieg zuging. Die zerbombte Stadt kannten wir nur als Resultat, wir hatten es nicht miterlebt. Wir waren wirklich voller Haß auf den Feind, der das alles zerstört hatte. Die Ausbildung, das neue Leben in der kläglichen Kampfgruppe war für uns wohl der einfachere Weg. Fünf Jahre hatten wir uns an das Gemeinschaftsleben gewöhnt. Vielleicht fühlten wir uns so geborgener."

Mit vier, fünf anderen Kindern legte er am nächsten Tag wahllos auf einer Straße eine Panzersperre an, verschanzte sich am Rande eines Brunnens. Flüchtlinge zogen vorbei, auch Fremdarbeiter. Zwei Italiener riefen ihnen zu, sie sollten sich nach Hause scheren, alles sei aus. Die Reaktion: „Wir nahmen sie erst einmal fest und untersuchten sie, wie wir es im KLV-Lager gelernt hatten, setzten uns dann aber friedlich mit ihnen an den Brunnenabsatz und aßen gemeinsam, was noch da war, eine Dose Tomaten, Brot, Zwiebeln. Plötzlich rollte ein amerikanischer Panzer auf uns zu – wie im Spiel setzten wir die Panzerfaust an, schossen und waren völlig erschrocken: Wir hatten getroffen, der Panzer brannte, glühte aus!"

Ein Schuldbewußtsein?

„Wir verdrückten uns einfach wie nach einem Streich."

Wo sollten sie hin? Das Lager, die Gruppe war ihnen zur Heimat geworden, das Elternhaus nicht gerade fremd, aber ganz sicher hatte sich der Stellenwert beträchtlich verschoben. Sie hätten einfach nach Hause laufen können. Das aber taten sie nicht. Sie versteckten sich nachts in einer verlassenen Flak-Stellung, und am Morgen richteten sie aus Jux die Rohre in den Himmel, drehten sich mit dem eisernen Stuhl. „Wir waren so in unserem Spiel versunken, daß wir nicht die Tiefflieger bemerkten; die Piloten sahen Bewegung an der Kanone und eröffneten das Feuer. Ein Wunder, daß keiner von uns verletzt wurde."

In einem geräumten Bunker tauschten sie gegen Zigaretten Zivilkleider ein und versteckten sich in der nächsten Nacht bei Bergarbeitern, die durch einen Stollen unter der Ruhr Flüchtlinge auf die andere Seite des Flusses schleusten. Die Behelfsbrücken wurden schon von den Alliierten kontrolliert.

Am nächsten Morgen zogen sie wieder durch die Stadt. „Wir fühlten uns auf einmal hilflos. Vor dem Essener Polizeiquartier hielten sich viele Fremdarbeiter auf, vor allem Russen. Manche randalierten, wollten uns festnehmen oder verprügeln. Wie wir wieder loskamen, weiß ich nicht. Vielleicht war es unsere Kindheit."

Wann habe sich seine Bindung an die Nationalsozialisten gelöst?

„Es dauerte Jahre. Immer wieder suchten wir die Gruppe, trafen uns wieder, fühlten uns wie Fremde. Zuerst glaubten wir nichts von den Greueltaten, die über Hitler bekannt wurden."

Alles in allem sieht er die Zeit in der Kinderlandverschickung aber auch jetzt noch als positiv an; dies sei die einzige Möglichkeit gewesen, so viele Kinder vor den Bomben zu retten.

Der heute bei Darmstadt lebende leitende Angestellte Bernhard K. stand im Jahre 1941 nur einige Wochen später als Karl-Heinz R. in einer langen Schlange wartender Kinder vor dem Essener Hauptbahnhof, dessen Konturen wenige Jahre später kaum noch auszumachen waren. Wieder spielte eine Blaskapelle, auch diesmal verabschiedete ein NSDAP-Funktionär die zapplige Schar: „Ihr seid unsere Hoffnung für die Zukunft, für ein machtvolles, nationalsozialistisches Europa." Zu diesem Zeitpunkt waren schon Hunderttausende Soldaten gefallen.

Bernhard K. war wie die anderen seines Jahrgangs in der Uniform der Pimpfe angetreten, und gleich den meisten wurde er nur von seiner Mutter verabschiedet. Er kam aus einer anderen sozialen Schicht als Karl-Heinz R., war der Sohn eines Krupp-Direktors. Aber wie Karl-Heinz R. verbrachte auch Bernhard B. fünf Kriegsjahre in den Lagern der Kinderverschickung, sah seine Mutter nur bei kurzen Besuchen.

Anfang April 1945 zog er mit dreihundert anderen Essener Schülern in sein viertes Lager, ein großes Schloß in der Nähe von Olmütz: „Ein phantastisches Gebäude mit einem großen Park, mit Spiegelsälen und Stuckdecken, mit Marmor und spiegelglatten Parkettböden. Wir schliefen auf Strohsäcken in Doppelbetten, Nonnen kochten unser Essen. In Olmütz erlebten wir auch zum ersten Mal einen Vorboten des Krieges, also zu einer Zeit, als der Krieg fast wieder vorüber war: Jagdflieger beschossen den Bahnhof, ein Munitionszug explodierte, in einem Waggon röstete die gesamte Eierration für den Distrikt." Für die Kinder war es eher ein Jux, die Fortsetzung einer Spielerei: „Wir holten die verkohlten Eierkisten aus den zerstörten Waggons, suchten die Eier aus dem Inneren der Kisten; sie waren hart gebacken, aber noch nicht zerstört. Ein Junge schrieb in sein Tagebuch: ‚Haben heute tausend hartgekochte Eier bekommen; alle mit einem Mal gekocht!!!'"

Die Kinder sammelten die Geschoßreste, versteckten sie unter ihren Strohsäcken. Auf dem Bahnhof begegneten sie auch einer Gruppe der auf deutscher Seite kämpfenden russischen Wlassow-Armee. „Voller Bewunderung standen wir um einen baumlangen russischen Unteroffizier herum; er trug eine wilde Fellmütze, setzte sich auf die Schienen und holte aus einem Brotbeutel Dinge heraus, die wir damals mit heiliger Scheu betrachteten: Nahkampfspange in Gold, Eisernes Kreuz ... Er lachte nur, sagte, der Krieg sei verloren, sein Schicksal gewiß, er werde es aber so teuer wie möglich verkaufen. Lachend ging er weiter. Für uns war er der Inbegriff des Heldentums."

Die Kinder, nicht älter als vierzehn Jahre, wurden im KLV-Lager an Maschinenpistolen und Panzerfäusten ausgebildet – im April 1945, als Deutschland nur noch ein Trümmerhaufen war! Die jahrelang durch das Lagerleben in gänzlich anderen Vorstellungen lebenden Kinder glaubten noch an den Sieg: „Wir waren felsenfest überzeugt, daß Hitler gewinnen würde. Abends lagen wir auf unseren Strohsäcken und erzählten uns Geschichten über die Wunderwaffen, die Hitler irgendwo in Bunkern versteckt hielt und erst in letzter Sekunde gegen den Feind einsetzen würde. Wir malten uns aus, was für eine Sensation das sein würde ..."

Sehr schnell erlebten sie etwas völlig anderes; nach Olmütz begann für sie der apokalyptische Weg, auf dem die Völker Europas schon seit Jahren gingen. Am 27. und 28. April, als in dem oberpfälzischen Bahnhof Schwandorf über 633 Tonnen Bomben auf Kinder und Flüchtlinge fielen, reiste Bernhard K. mit 267 Mitschülern und Lehrern in einem Kinderzug Richtung Westen. Im Zug befanden sich noch rund fünfzig Tschechen, die die seltene Fahrgelegenheit ausnutzen wollten. „Etwa zehn Kilometer vor Schüttenhofen tauchten plötzlich über den Waldrändern amerikanische Flugzeuge auf. Sie schossen sofort, wendeten, kamen zurück, schossen wieder ... Wie lange es dauerte? Ich weiß es nicht, aber insgesamt müßten es so zwanzig Minuten gewesen sein. Um uns flogen die Holzsplitter der Waggons. In den KLV-Lagern hatten wir immer wieder gelernt, wie man sich in solchen Situationen verhält. Vielleicht rettete dieser Unterricht, wie immer man ihn heute beurteilen mag, damals vielen von uns das Leben."

Was für ein Bild muß das gewesen sein: ein paar Hundert Kinder, die kleinsten sieben oder acht, die ältesten fünfzehn – wie sie aus Fenstern und Türen sprangen, den Ackerstreifen überquerten, hinfielen, wieder weiterliefen ... Lehrer, Helfer, Kinder, Tschechen. Bernhard K.: „Ich lag dicht an einem Baumstamm, neben mir eine Tschechin; sie war vielleicht vierzig Jahre alt, trug eine graue Strickjacke. Plötzlich ging ein Ruck durch ihren Körper, mir schien, als sei sie für einen Moment doppelt so umfangreich, dann fiel sie in sich zusammen, lag starr. Ich spürte, wie sich um mich herum eine Blutlache bildete. Ich drehte sie um, der vordere Teil des Körpers war aufgerissen. Jahrelang hatten wir in den Lagern alle Berichte über die Heldentaten, über Sieg und Sterben gelesen – jetzt, erst jetzt sah ich wirklich einen Toten und wie wirklich häßlich, kalt und schmutzig alles war. Zwei oder drei Meter weiter schlug ein Geschoß in einen Baumstamm, die Splitter zerfetzten das Gesicht eines Klassenkameraden. Die Amerikaner benutzten Munition, die beim Aufprall explodierte."

Nach dem Angriff versammelten sich alle auf dem Feld. Sieben oder acht Kinder lagen nebeneinander auf dem Boden. Sie waren tot.

Aus Schüttenhofen holte ein Ersatzzug die Kinder; am frühen Abend rollte der Zug in den Bahnhof ein, in dessen Nähe zwei Monate zuvor Karl-Heinz R. seinen ersten Fliegerangriff erlebt hatte. Einige Kinder waren schon ausgestiegen, als abermals Flugzeuge angriffen. Bernhard K.: „Wieder rannten wir über die Schienen; wir legten uns in Gräben, die am Bahnhof ausgehoben waren. Diesmal begleiteten unseren Zug Fliegerabwehrgeschütze. Die Bedienungsmannschaft war auch nicht viel älter als wir, so zwischen sechzehn und neunzehn. Noch heute bin ich voller Bewunderung über diese Soldaten. Sie standen da oben, völlig ungeschützt, inmitten der Geschoßgarben und feuerten zurück, als sei es das selbstverständlichste von der Welt; keiner von ihnen suchte die Deckung der Mauern, der Gräben. Drei Flugzeuge wurden von ihnen abgeschossen. Eine Bombe schlug während des Angriffs in den Wartesaal des Bahnhofes. Er soll voll mit Menschen gewesen sein, das weiß ich aber nicht genau. Irgend jemand sagte, daß allein in dem Raum zwanzig Menschen, Deutsche und Tschechen, umgekommen seien."

Von den Kindern aus Essen wurde bei diesem zweiten Angriff des Tages keines verletzt. Die Nacht verbrachten sie in einem der KLV-Lager der Stadt, dessen Wirtschafterin Klara O. war. Sie wohnt heute in Duisburg und berichtet: „Ich kam 1945 nach Schüttenhofen, um meine drei Kinder zu suchen. Ich fand sie im KLV-Lager und blieb dort als Wirtschafterin. Täglich trafen 800–1000 Flüchtlinge aus Schlesien, aus Prag oder anderen Gebieten ein. Auch viele Kindertransporte. Zum Schluß sammelten sich im Lager Alte, Gebrechliche und Frauen mit kleinen Kindern – alles Menschen, die nicht mehr die Kraft hatten, zu Fuß über die zwanzig Kilometer entfernte Grenze zu laufen. Es gab kaum etwas zu essen. Alle mußten hungern. Ein einziges Mal konnte ich für die armen Menschen Pferdefleisch auftreiben, sonst gab es nur faulige Kartoffeln, getrocknete Rüben und Zwiebeln." Auch Bernhard Klein erinnert sich an die Armut, die Trostlosigkeit des Lagers: „Es gab kaum etwas zu essen. Dazu kam: Die Haltung der Tschechen selbst uns Kindern gegenüber wurde immer feindseliger."

Am nächsten Morgen zogen die Kinder und Lehrer in langen Reihen zu Fuß zur Grenze, einer von den vielen zerlumpten Kinderzügen, die in jenen Tagen frierend, hungrig und ohne Schutz in Richtung Bayern liefen. Bernhard K.: „Es war der 1. Mai, und es schneite, deshalb habe ich das Datum so gut in Erinnerung. In dem Grenzort Eisenstein fingen wir plötzlich an zu reden, lachten trotz der Kälte und des Hungers. Wir waren ja wieder in der Heimat."

Wie böse kann das Schicksal sein, wie grausam und für Menschen unergründlich behandelte es die ärmliche, rührende Freude der Kinder – denn es ließ sie Zeugen eines furchtbaren Gefechtes werden. Der Vorgang rückt einen Vorwurf zurecht, der heute immer öfter gegen alliierte Flieger erhoben wird: Wie konnten sie in jenen letzten Tagen noch Züge bombardieren und auf Menschen schießen? Zu dieser Zeit war doch absehbar gewesen, daß der Krieg innerhalb weniger Wochen vorüber sein würde; zudem war der Kampf an den meisten Fronten schon zusammengebrochen. Aber gerade in diesen letzten Tagen bildeten sich in den noch nicht eindeutig besetzten Gebieten viele Soldateneinheiten, die entweder unter militärischer Führung oder aber auf eigene Rechnung Krieg führten. Aus Dummheit oder aus Ehrgefühl, aus verletztem Stolz oder aus sturer Standhaftigkeit, vielleicht aber auch aus purer Mordgier, aus einem Zustand der Verrohung nach so vielen Jahren Krieg. Wer vermag schon in das menschliche Herz zu blicken, noch dazu in jenen Tagen, in denen alle Gesetze des menschlichen Zusammenlebens auseinandergerissen und neu zusammengesetzt schienen – oft teuflisch, oft aber auch menschlicher als je zuvor. Die Alliierten, des nahen Sieges gewiß, wollten keine Risiken mehr eingehen, und der Krieg aus der Luft war das einfachste Mittel, kostete die wenigsten Menschenleben in der eigenen Truppe. Wo bei diesen Überlegungen allerdings die Grenze verläuft zu jenen schier hemmungslosen Städtebombardements, das ist wiederum eine andere Frage ...

Hören wir Bernhard K. wieder zu: „In Bayerisch-Eisenstein, direkt an der Grenze, steht heute noch das rote Backsteinhaus. Wir näherten uns, und im gleichen Moment bogen um die Hausecke zehn bis fünfzehn Panzer. Zuerst dachten wir, es seien deutsche Panzer, riefen hurra und winkten – dann aber sahen wir den amerikanischen Stern. Die Rohre richteten sich auf uns, zitternd standen wir in unseren schwarzen Winteruniformen der Pimpfe. Sie schossen nicht. Unser Englischlehrer ging zu ihnen, verhandelte mit ihnen, noch immer waren die Rohre auf uns gerichtet. In diesem Moment begannen ohrenbetäubende Schläge, grellrote Blitze schlugen aus den Tanks, Eisensplitter flogen durch die Luft – eine versprengte SS-Einheit hatte auf die Panzer das Feuer eröffnet. Sie wurden alle vernichtet, mit allen Soldaten, die uns Sekunden vorher vor dem Tod bewahrt hatten.“

Der Kinderzug marschierte weiter durch den Osten Bayerns, in dem es keine klaren Fronten mehr gab. In dem einen Dorf waren schon die Amerikaner, im nächsten lagen noch SS-Gruppen und Soldaten der Wehrmacht. Seltsame Bilder drängten sich den Kindern auf: „Aus den Wäldern hörten wir das Kreischen von Kreissägen; deutsche Kommandos waren es, die Bäume für Straßensperren legten – Sperren, von denen man nicht mehr wußte, wem sie eigentlich nützen, wem sie schaden würden... Auf einem Waldweg kam uns ein junger Soldat der Wehrmacht entgegen. Er hatte den Stahlhelm leicht in den Nacken geschoben, spielte mit seinem Scharfschützengewehr und fragte uns, ob wir irgendwo Amerikaner gesehen hätten. Wir sagten es ihm und fragten, wozu er es wissen müsse. Der Soldat: Er brauche noch zwei Abschüsse für einen Sonderurlaub... In einem Dorf sahen wir viele Frauen mit Eimern zusammenstehen, amerikanische Jeeps fuhren herum. Wir schauten hin. Ein Pferd war verendet, die Frauen schnitten mit Küchenmessern das dampfende Fleisch aus dem Kadaver... Nachts lagen wir erschöpft in einer Scheune; ich hörte Geräusche, ging hinaus. Ein GI, ein Neger, kam mir mit einem Messer entgegen, packte mich. Ich dachte nur: Jetzt mußt du doch noch sterben. Er aber schnitt mir nur das HJ-Koppel vom Leib – als Souvenir. Er gab mir Schokolade dafür und Kaugummi."

In Zwiesel wurde der Kinderzug von den Amerikanern angehalten, registriert und in einen großen Gasthof eingewiesen, in dessen Tanzsaal sich die Lehrer mit den rund 250 Kindern ein Nachtquartier herrichteten. Am Tag ging Bernhard K. über den Platz, und da erfuhr er etwas, das ihn – gleich vielen damals – zutiefst erschütterte. „Auf den Panzern lasen die amerikanischen Soldaten Zeitungen. Auf einer war eine dicke Schlagzeile: ‚Hitler Dead' – Hitler tot. Ich riß die Augen auf, mir wurde eisig kalt, ich bekam einen Weinkrampf; Tränen liefen mir über das Gesicht, die Soldaten wußten nicht, was geschehen war. In diesem Moment glaubte ich, die Welt sei zusammengebrochen. Alles war leer, sinnlos."

In Zwiesel löste sich die Schulgemeinschaft auf; die Lehrer hatten keine Autorität mehr, Bernhard K. machte sich mit Freunden auf den Weg, wieder zu Fuß. Nicht weit von München, in Moosach, traf er noch einmal auf den Krieg, der offiziell schon seit Wochen beendet war, nun aber in einer grauenhaften Szene zurückkam, gleichsam wie ein verspäteter Blitz nach einem Gewitter: „Neben der Kirche stand ein Panzer; die US-Soldaten juxten herum, ihr Einsatz nahm langsam die Form von Friedensroutine an. Ich stand auf der Straße, plötzlich sah ich ein Motorrad der Wehrmacht mit Beiwagen. Vorn war ein MG 42 montiert, die Männer noch immer in voller deutscher Uniform. Sie rasten auf den Panzer zu, eröffneten das Feuer auf die amerikanische Besatzung und brausten wieder davon. Die Besatzung war tot."

Bei seinem Fußmarsch streifte er auch das Gelände des Konzentrationslagers Dachau und fiel ehemaligen Häftlingen in die Hände. Über seine Erlebnisse dort möchte er auch heute noch nicht sprechen: „Man muß die Emotionen dieser Leute verstehen." Er kroch dann bei einer Tante in Augsburg unter, und machte sich erst einige Zeit später auf den Weg nach Essen.

Auf die Frage nach seinem heutigen Urteil über seine Jahre in der Kinderlandverschickung zögert Bernhard K., denkt nach und sagt schließlich: „Es klingt vielleicht absurd, aber die Zeit in den KLV-Lagern war die intensivste Zeit meines Lebens, ja sogar auch die schönste. Heute habe ich alles, was sich ein Mensch wünschen kann: Eine schöne Frau, gesunde, liebe Kinder; ich habe auch Geld, eine gute Stellung und lebe im Frieden. Und doch fahre ich mit meiner Frau und meinen Kindern alle paar Jahre in die Hohe Tatra, rede mit den Einwohnern über das, was nach uns vergessen sein wird. Dort verbrachte ich als Kind wichtige Jahre meines Lebens. Ich kann mich davon nicht lösen und will es auch nicht. So ungeheuer es klingen mag: Dieses Gebiet ist mir damals zu einer zweiten Heimat geworden."

Er hat noch eine Beobachtung an sich gemacht: „In Böhmen gab es damals anderes Essen als zu Hause; viel Quark und Schnittlauch zum Beispiel. Es war ein besonderer Geruch. Wenn ich irgendwo heute diesen Geruch in die Nase bekomme, denke ich sofort wieder an die Zeit zurück – dagegen kann sich ein Mensch nicht wehren. Er sollte es wohl auch nicht."

Einer der letzten, die die Strecke von Schüttenhofen passierten, war der Berliner Rudolf Sch. Er erzählt: „Wir kamen aus einem KLV-Lager nahe von Prag. Der Zug war fast ausschließlich mit Schülern und Lehrern besetzt. Unser Gepäck befand sich am Ende des Zuges in einem Güterwagen."

Wie all die anderen hatte Rudolf Sch. jahrelang von dem „heldenmütigen Kampf" gehört, er war begeistert wie all die anderen, und nun plötzlich kam am hellichten Tag ein tschechischer Bahnbeamter durch den Zug gelaufen und rief „Tiefflieger, Tiefflieger!" Die Reaktion der Jungen: „Wir waren dumm und unerfahren und lachten ihn aus. Wir kannten den Krieg ja nur vom Hörensagen. Dann sahen wir die erste Maschine dicht über dem Wald hervorkommen. Immer tiefer, als wolle der Pilot den Zug rammen. Wir sahen die grellrot bemalte Spitze am Propeller, konnten den Piloten erkennen, doch schon war sie über uns hinweg. Entweder hatten wir immer noch nicht begriffen, oder der Schreck lähmte uns. Der Zug hielt, aber nur einige stiegen aus. Dann kam der zweite Anflug. Es war eine amerikanische Maschine. Schon über dem Wald sahen wir das Mündungsfeuer der Bordkanonen. Es war ein Höllenlärm. In Panik stürzten alle hinaus, alles fiel übereinander. Im Fallen sah ich noch die Geschosse auf dem nahen Ackerboden einschlagen; hoch spritzte die Erde in einer langen Spur. Einige Beherzte oder Wahnsinnige versuchten trotzdem, über das freie Feld den Wald zu erreichen" – vielleicht jenen Wald, in dem wenige Tage zuvor Bernhard K. an einem Baum gelegen hatte. „Regungslos blieben wir in mehreren Schichten liegen und erwarteten den nächsten Anflug – und den Tod. Doch nichts geschah. Die Maschine kam kein drittes Mal. Ungläubig rappelten wir uns nach einiger Zeit auf. Die Lehrer riefen uns zusammen. Wir empfanden es als ein Wunder: Niemand war getötet worden. Im Ackerboden fanden wir Überreste der Geschosse, es war ein Mordskaliber. Erst jetzt stellten wir fest, daß wir uns in der Nähe von Schüttenhofen befanden. Damals dachte ich, es wäre schon der Grenzort. Man erklärte uns, daß der Kessel der Lokomotive zerschossen sei und wir nun zu Fuß weiter müßten. Dies geschah auch. In Schüttenhofen sahen wir den zertrümmerten Bahnhof, die Güterwagen mit unserem Gepäck blieben stehen. Zu Fuß zogen wir über die Berge. Es war ein langer Zug von Kindern; eine seltsame Stille herrschte, die Gesichter blaß, müde, hungrig. Auf dem Weg nahmen die Lehrer ihre Parteiabzeichen ab und warfen sie seitwärts in die Sträucher. Merkwürdigerweise habe ich mir damals nicht sonderlich viel dabei gedacht, erst später fiel mir das Absurde dieser Situation auf. Wir gingen von Dorf zu Dorf, am 20. Mai hatten wir Viechtach erreicht. Es war Pfingsten, und ich wurde elf Jahre alt. Nur deshalb kann ich mich an das Datum genau erinnern. Demnach müßte der Tieffliegerangriff in Schüttenhofen in der ersten Maiwoche erfolgt sein, da ja am 8. Mai die Kapitulation erfolgte. Irgendwann wurde uns auch erzählt, daß unser Gepäckwagen in Schüttenhofen von Tschechen geplündert worden sei. Vielleicht war es nur ein Gerücht. Genausogut kann er durch Luftangriffe verlorengegangen sein."

Fühlte er damals Haß auf die feindlichen Flugzeuge, ihre Piloten, auf die Amerikaner?

Er sieht es anders: „Im August 1945 traf ich endlich in Berlin ein. Meine einzige wirkliche Begegnung mit dem Krieg habe ich aber nie vergessen, und immer habe ich es bedauert, daß ich keine Möglichkeit hatte, mich bei dem amerikanischen Flieger zu bedanken, der uns damals verschont hatte. Er muß gesehen haben, daß wir alle noch Kinder waren. Ich war elektrisiert, als ich jetzt nach so vielen Jahren die Anzeige über Schüttenhofen in der Zeitung las und würde gern hören, was damals noch in Schüttenhofen geschah."

14
Vier Prominente erzählen

Mildred Scheel: Wenn nachts die Kinder weinten · Loki Schmidt: Ein Brief aus dem Jahre 1940 · Ralf Dahrendorf: Als Fünfzehnjähriger von der Gestapo verhaftet · Jürgen Roland: Im Handwagen den Berg hinab

Heute gehören sie zu den Prominenten in der Bundesrepublik Deutschland. Sie geben Interviews, ihre Meinung gilt. Sie treten im Fernsehen auf, sitzen in Gremien, bestimmen nicht unwesentlich das öffentliche Image dieses Landes. Während des Zweiten Weltkrieges aber war ihr Schicksal das Schicksal von Millionen anderen Kindern und Jugendlichen, denn sie erlebten einen nicht geringen Teil dieser Zeit in KLV-Lagern. Wir reden von Mildred Scheel, Loki Schmidt, Ralf Dahrendorf und Jürgen Roland – vier Beispiele für viele berühmte Politiker, Wissenschaftler, Künstler. Ihren Erlebnissen kommt gewiß nicht mehr Bedeutung zu als etwa denen der drei Zeugen von Schüttenhofen, aber ihre Schilderungen runden das Bild jener Tage und Lager ab und machen darüber hinaus deutlich, was man bisher vor allem von den Erwachsenen und höchstens noch von den Flüchtlingskindern wußte: daß es für keinen ein Entrinnen gab, daß sich niemand abseits stellen und niemand behütet werden konnte – nicht einmal die Unschuldigsten, die Kleinsten.

Bei Mildred Scheel steht im *Munzinger-Archiv*, der Arbeitsgrundlage aller deutschen Journalisten, so kurz wie falsch: „Nach der Volksschule in Köln folgte mit elf Jahren die Evakuierung nach Amberg in der Oberpfalz.“ Es ist bei ihr nicht anders als bei fast allen Prominenten: Weder bei Helmut Kohl noch bei Klaus und Christoph von Dohnanyi, weder bei Loki Schmidt noch bei Ralf Dahrendorf, weder bei Jürgen Roland noch bei Hardy Krüger und Barbara Rütting finden sich in den offiziellen Biographien Hinweise auf ihre Zeit in den Lagern der Kinderlandverschickung. Warum eigentlich nicht? Die Teilnahme an der KLV war nach dem Krieg doch nicht verfänglich wie etwa die Mitgliedschaft in der Partei oder anderen NS-Organisationen; KLV-Lager waren generell keine Nazi-Lager, ihr letzten Endes positiver Hintergrund wurde zu keiner Zeit, nicht einmal während der Nürnberger Prozesse, in Frage gestellt. Die einfachste Erklärung: Wie so oft, wenn ein Mensch etwas selbst miterlebt, wird ihm dessen Bedeutung schwerer oder überhaupt nicht bewußt. Möglich aber auch, daß angesichts der großen Tragödien des Zweiten Weltkrieges die Lagerzeit der Kinder als nicht so bedeutend, einschneidend und dramatisch empfunden wird wie all die anderen Schicksale, wie etwa der Tod von fünfzig Millionen Menschen. Rund vier Jahrzehnte später aber, im Gespräch, als die Erinnerungen wieder wach wurden, erklärten alle Befragten übereinstimmend, daß dies eine der wichtigsten Phasen ihres Lebens gewesen sei.

Loki Schmidt wurde während eines Besuches in Kulmbach an ihre KLV-Zeit erinnert. Mildred Scheel während eines Interviews in ihrem Kölner Haus, in dem sich auch ihr Büro der Deutschen Krebshilfe befindet. Für Ralf Dahrendorf fand die Begegnung mit der eigenen Vergangenheit ebenfalls an seinem Arbeitsplatz statt, in der London School of Economics, deren Direktor er bis vor kurzem war. Und Jürgen Roland, den wir in Hamburg besuchten, steckte gerade in den Vorbereitungen für einen neuen Film.

Mildred Scheel kommt ein paar Minuten zu spät. Sie trägt einen Rock aus schwarzer Seide, hat das Haar, durch das sich ein paar graue Strähnen ziehen, wie immer locker gewellt. Mit ihrem

Mann teilt sie sich in der Lindenallee im vornehmen Kölner Stadtteil Marienburg eine große, etwas kantig wirkende Villa. Am Eingang weisen zwei Klingelschilder auf die Einwohner hin. Parterre: Mildred Scheel; erster Stock: Walter Scheel. Beide hatten sich in den sechziger Jahren in einem bayerischen Alpensanatorium kennengelernt. Sie war Röntgenärztin, er war Witwer, Vorsitzender der FDP und auf dem Sprung in das Bonner Außenamt. 1969 heirateten sie, 1974 zogen sie um. Eine vornehmere Adresse als die ihre gab es in der Bundesrepublik Deutschland nicht zu vergeben: Bonn, Rheinallee, Villa Hammerschmidt – der Amts- und Wohnsitz des Bundespräsidenten. Sie war fortan die erste Dame des Staates, ließ sich aber höchst ungern mit der Bezeichnung „First Lady" in Verbindung bringen – sie, die als Ärztin schon eine Aufgabe im Leben bestanden hatte und deshalb auf den schmückenden Beinamen leichten Herzens verzichten konnte. Für ihren Mann war die Bundespräsidentenschaft der vorläufige Abschluß einer Politikerlaufbahn, für sie wurde sie zum Beginn eines neuen Engagements, das ihr in ganz Deutschland Anerkennung brachte und ihr mehrmals den Titel „Frau des Jahres" eintrug: Sie gründete 1974 die Deutsche Krebshilfe, deren Vorsitzende sie noch heute ist. Sie wurde am 31. Dezember 1932 geboren, dreizehn Monate vor der Machtergreifung, und gehört somit zu den typischen Jahrgängen für die Kinderlandverschickung.

„Oh, hoffentlich bekomme ich das alles noch zusammen", sagte sie am Anfang des Gesprächs. Doch in den folgenden zwei Stunden dann kehren jene Kindheitstage wieder ins Bewußtsein zurück; zuerst in kurzen Episoden, dann immer schneller, immer lückenloser.

„Ich war knapp zehn Jahre alt, als unsere Schulklasse evakuiert wurde. Es war eine Mischung aus Neugier und Angst, als wir auf dem Bahnhof in den Zug stiegen. Soweit ich weiß, war bis dahin noch kein Mädchen aus meiner Klasse auf eine so weite Reise gegangen. Ich jedenfalls nicht. Zu jener Zeit waren die Bombenangriffe auch noch nicht besonders stark, deshalb sahen wir die Fahrt anfangs wirklich mehr als eine Kinderlandverschickung an, eine schöne Möglichkeit, für ein paar Monate aus dem üblichen Schultrott herauszukommen. Wir fuhren nachts, und ich weiß noch, wie wir da schon Angst bekamen. Schon zu dieser Zeit, erst wenige Stunden nach der Abfahrt, fehlten die Eltern. Einige Mädchen weinten, wir saßen ziemlich dicht in den Abteilen, einige hatten sich in die Gepäcknetze gelegt, das ging damals in den Zügen noch. Ich legte mich auch nach oben."

Mildred Scheel, die damals noch Mildred Wirtz hieß, kam mit ihrer Klasse in ein Gehörlosenheim in der Nähe von Nürnberg. „Die Gänge, die Räume, das ganze Haus war von bedrückender Sauberkeit und Stille. Die Flure alle spiegelblank gebohnert, die evangelischen Schwestern fürsorglich. Wir waren etwa fünfundzwanzig Mädchen. Alle schliefen in einem Raum, aßen gemeinsam in einem anderen und lernten und spielten wiederum alle gemeinsam in einem dritten Zimmer. Es gab kein Alleinsein, kein Sich-Zurückziehen."

Wie habe sich die Angst der Kinder geäußert?

„In jener Zeit lebten wir noch nicht in Angst um unsere Eltern. Die Bedeutung der Bombenangriffe erfuhren wir erst später. Wir hatten einfach Heimweh. Jeder hatte es mal, manche die ganze Zeit. So richtig wurde darüber nie gesprochen; soweit ich mich erinnere, sprachen auch wir Kinder nicht darüber. Das Heimweh machte sich auf andere Weise bemerkbar. Manchmal fing ein Kind plötzlich an zu weinen, mitten im Unterricht oder beim Spielen, und nannte, wenn es gefragt wurde, einen völlig absurden Grund. Vor allem morgens gegen vier Uhr, wenn man alle im Schlaf wähnte, kam plötzlich aus einem der Betten vor lauter Heimweh ein heftiges Schluchzen."

Habe es eine nationalsozialistische Erziehung gegeben?

„Nicht mehr als zu Hause in der Kölner Schule. Wir hatten ja unsere Lehrer mitgebracht. Natürlich mußten wir irgendwelche Aufsätze schreiben, aber das schien Routine, auch für die Lehrer. Da die Schwestern streng evangelisch ausgerichtet waren, drohte auch von der Seite keine Gefahr. Lehrer und Schwestern waren aber sehr streng mit uns; die altdeutsche Erziehung galt damals noch. Wir hatten auch immer Hunger, obwohl es sicherlich nicht wenig zu essen gab. Morgens wurden die Marmeladenbrote meist ohne Butter geschmiert – natürlich war daraufhin Butter das Köstlichste der Welt. Ich weiß noch, immer wenn ein Mädchen Geburtstag hatte, konnte sie sich soviel Butter wie nur irgend möglich auf ihr Frühstücksbrot schmieren. Es war mein Traum, ich wollte es auch einmal machen und durfte aber nicht – ich hatte während der Zeit keinen Geburtstag."

Ende 1942 fuhr die Klasse, durchaus üblich, nach Köln zurück, um wenige Wochen später in neuer Zusammensetzung und zu einem neuen Ort aufzubrechen. Mildred Scheel fuhr nicht wieder mit. „Um nichts in der Welt wäre ich wieder in so einen Kinderzug gestiegen. Ich sagte es meinen Eltern, und sie verstanden mich. Für sie war es angesichts der Bombenflüge sicherlich eine schwere Entscheidung, mir war es damals aber nicht bewußt. Nach meiner Rückkehr verbrachten wir jede, aber auch wirklich jede Nacht im Luftschutzkeller. Manchmal zu Hause, dann immer öfter im nächstgelegenen öffentlichen Luftschutzbunker. Köln lag in der Einflugschneise für die alliierten Bomber, deshalb verging kein Tag ohne Alarm. Eines Tages brannten auch die ersten Häuser in unserer Straße. Menschen waren betroffen, die auch wir Kinder kannten, Altersgenossen, mit denen wir gespielt hatten."

In Köln wurde nach den schweren Angriffen 1943 der Schulbetrieb fast völlig eingestellt, in der Stadt befanden sich kaum noch Klassen. Mildred Scheel verließ mit Mutter und Schwester ebenfalls die Stadt; sie zogen nach Amberg in der Oberpfalz zu Verwandten des Vaters.

„In dem kleinen Städtchen gab es keine Wohnungen mehr. Wir lebten in einem winzigen Raum, ich schlief zusammen mit meiner Schwester in einem Bett." Monate vor Kriegsende wurde auch die Praxis des Vaters in Köln ausgebombt, und der Vater zog nun ebenfalls nach Amberg, wo er dann im Krankenhaus arbeitete. Die Familie fand, ein seltenes Glück in jener Zeit, eine kleine Wohnung und blieb auch nach dem Krieg in Amberg. „Mein Vater wollte zwar nach Köln zurück, die Familie überstimmte ihn aber. Meine Schwester wohnt heute noch dort. Sie hat sich in Amberg verheiratet."

Um ihre abschließende Wertung der Kinderlandverschickung gebeten, sagt Mildred Scheel: „Sicher wurde man da vor vielem bewahrt, und deshalb läßt sich aus vernünftigen Gründen kaum etwas dagegen sagen. Aber ich persönlich habe es als eine schlimme, wirklich schlimme Zeit empfunden und möchte sie auch keiner folgenden Generation wünschen."

Unter dem Datum vom 18. November 1940 erhielt ein Hamburger Schulrat einen aus dem oberpfälzischen Kulmbach kommenden seltsamen Brief einer Junglehrerin. Handgeschrieben, in blauer Tinte, die Buchstaben voll, die Schriftzüge bereits selbstbewußt und doch noch mädchenhaft. Ungewöhnlich schon Anrede und Einleitung: „Lieber Herr Schulrat Köhne! Sie sind der einzige Mensch, der keinen Bericht verlangt von unserer Tätigkeit hier unten, und darum möchte ich Ihnen schreiben ..." Noch ungewöhnlicher aber der Schluß, denn in jenen Jahren pflegten im offiziellen Schriftverkehr Briefe mit einem zackigen „Heil Hitler!" zu enden. Die junge Dame dagegen schrieb: „Es grüßt Sie herzlich und wünscht Ihnen möglichst wenig Ärger ... Hannelore Glaser, Schule Bauerberg 44."

Zweiundvierzig Jahre lang lag der Brief unter dem Buchstaben G, Bereich Gauverwaltung Bayreuth, zwischen verschnürten Aktendeckeln. Und zweiundvierzig Jahre nach jenem Brief besuchte die ehemalige Junglehrerin, inzwischen die Frau des Bundeskanzlers Helmut Schmidt, wieder die Stadt Kulmbach, erinnerte sich an die Straßen, durch die sie mit ihren Schülerinnen gegangen war, sah wieder die aus der Stadt aufragende Burg, in deren Nähe sie gewohnt und wo sie sich in spielerischer Vergnügtheit den Namen „Prinzessin" gegeben hatte. Damals fand sie anfangs in der Stadt keine Unterkunft, diesmal stand sie inmitten vieler Menschen; Scheinwerfer flammen auf, Fernsehkameras richteten sich auf sie – in Bayern war gerade Wahlkampf.

Als „Loki" Schmidt bekannt geworden, hatte sie sich während

der achtjährigen Kanzlerschaft ihres Mannes Achtung und Anerkennung erworben wie kaum eine andere Frau im politischen Bonn. Sie hielt sich während dieser Zeit bescheiden im Hintergrund und wirkte doch nachdrücklich und überzeugend, still und von einer mutigen, selbstverständlichen Freiheit, die keiner Lautstärke bedurfte, um Zeichen zu setzen. Etwas davon kündigte sich schon in jenem Brief aus Kulmbach an, der den Schulrat Kühne zu der stolzen und mit Rotstift dick unterstrichenen Aktennotiz veranlaßte: „Eine unserer ganz jungen Lehrkräfte!" In seinen 68 Zeilen beleuchtet dieser Brief, wohl mehr oder weniger unbewußt, die wichtigsten Probleme der Kinderlandverschikkung: die Schwierigkeiten der Organisation, die Machtansprüche der HJ, das Heimweh, all die Ängste und schließlich die Todesnachrichten, mit denen Kinder und Lehrer in der Ferne konfrontiert wurden:

„Ich bin mit einer Mädelgruppe von 21 hier in Kulmbach. Die ersten Tage waren sehr unerfreulich. Die Kulmbacher Kreisleitung hatte erst einen Tag, bevor wir abfuhren, Nachricht bekommen, daß 800 Hamburger Kinder im Anrollen seien. So ging hier alles Hals über Kopf. Für meine Gruppe war in der Eile keine Unterkunft mehr vorhanden, und wir mußten uns fünf Tage sehr primitiv behelfen, auch unter den anderen Gruppen hatten einige eine Unterkunft, die alles andere als schön war. Herr Bollmann und Libnau haben es auch wenig erfreulich getroffen. Sie hoffen aber beide, daß sich im Laufe der Zeit alles noch etwas gemütlich machen läßt. Für unsere Unterbringung sind in ganz Kulmbach die Tanzsäle beschlagnahmt. Die Betten sind dreistöckig und überall mit einer Wollmatraze und drei Wolldecken belegt. Die Verpflegung wird meistens in den Unterbringungsgaststätten eingenommen und ist sehr gut. Nur essen unsere Kinder unmöglich viel. Man kann es kaum mehr mit Essen bezeichnen.

Nachdem ich mit meiner Gruppe fünf Tage ein Zigeunerleben geführt habe, zogen wir in die schönste Gaststätte Kulmbachs. Kulmbach selbst liegt in einem Talkessel. Auf der höchsten Erhebung liegt die Plassenburg und eben das Gasthaus Schatz, unser neues Heim. Wegen der Nähe der Burg ist es ja verständlich, daß wir uns den Titel Prinzessin und Königinmutter (Frau Dietrich, Hi-[Hilfs-]Schule, Hubbesweg) zugelegt haben. Ein- oder zweimal am Tag geruhen wir von unserem Stammsitz hinunterzusteigen, und unsere weniger königlichen Besorgungen zu erledigen. Uns steht hier der große, holzgetäfelte und dampfgeheizte Tanzsaal als Schlafraum zur Verfügung. Spinde sind angefordert, aber noch nicht vorhanden. Drei Aborte können wir benutzen. Die gekachelten Vorräume dienen uns als Waschraum. Zum Schluß das Schönste, der Tagesraum. Wir haben zwei große Gasträume bekommen. In beiden Räumen besteht eine Wand nur aus Fenstern, durch die man einen ganz wunderschönen Blick auf diese herrliche Landschaft hat. Allerdings ist sie sehr verschieden von der Niederelbe. Frau Dietrich und ich haben zusammen ein Zimmer im Haus.

Zuerst war es mir nicht angenehm, mit einer Hi-Schulgruppe zusammen zu sein. Dieser Standpunkt hat sich aber in der einen Woche unseres Hierseins sehr geändert. Nun sind wir sogar dazu übergegangen, alle Dinge im Tagesablauf gemeinsam zu machen, zum Beispiel Sport, Singen, Spiele, Essen usw. Man kann dann nicht behaupten, daß das meinen Volksschülern schadet, aber wir haben festgestellt, daß die Hi-Schüler so mitgerissen werden, daß ein Außenstehender (zum Beispiel unser Lagerarzt) keinen Unterschied bemerkt, besonders, da die Mädel im selben Alter (10 bis 14 Jahre) sind.

Einmal wöchentlich treffen sich alle Lehrkräfte unseres Transportes zu einer Besprechung. Das hervorstechendste bei diesen Versammlungen ist immer wieder die Bemerkung, mit welcher Fürsorge und Einsatzbereitschaft hier die Kulmbacher Kreisleitung uns zur Seite steht. Von morgens bis abends ist der Pg. Hermannsdörfer für uns unterwegs und hilft hier und berät dort. Ganz anders ist das als in Hamburg, wo sogar gesagt wurde: ‚Einem Lehrer tun wir grundsätzlich keinen Gefallen.' Erfreulich ist die Zusammenarbeit mit den Jungmädelführerinnen in den Lagern (bis auf einzelne Ausnahmen). Auch die Kulmbacher HJ hat uns schon allerlei geholfen.

Mit der Reichsjugendführung ist es nicht ganz so erfreulich. Eine Abordnung besichtigte vor einigen Tagen unsere Behausung, ohne sich bei der Kreisleitung zu melden, was jetzt unbedingt nötig ist. Wir wußten leider noch nicht davon. Die Abordnung würdigte uns keines Blickes und keiner Antwort. Ich wurde zuerst als BDM-Führerin angesehen. Als ich dann sagte, ich sei zwar in Hamburg BDM-Führerin, hier aber als Lehrkraft, wurde ich auch nicht mehr beachtet.

Es gibt eben auch hier viel Unerfreuliches. Als schöner Ausgleich sind ja aber die Kinder da. Besonders abends, wenn sie ins Bett steigen, sind die Mädchen in einer so weichen Stimmung und erzählen so viele kleine persönliche Sorgen, weil sie wissen, daß man im Augenblick nur für sie allein da ist. Diese Minuten sind so schön, daß man all das weniger Erfreuliche mit in Kauf nimmt."

So der Brief von vor über vier Jahrzehnten, an den sich Loki Schmidt nur noch vage erinnern wird. Und heute? In einer Stellungnahme für die Arbeitsgemeinschaft KLV in Freiburg sagte sie: „Ich weiß nicht, ob die jungen Lehrer von heute – ob überhaupt jemand, der das nicht selbst miterlebt hat – sich vorstellen kann, was es bedeutet, als selbst noch blutjunge Lehrerin mit einer Gruppe ganz junger Mädchen zu leben, die etwas brauchen, was man heute wohl ‚Vollbetreuung' nennen würde. Ich sollte ihnen Mutter und Vater sein, nachts kamen sie manchmal heulend zu mir ans Bett, sollte für Unterkunft, Essen und Trinken sorgen, außerdem ihnen natürlich Unterricht geben. Denn trotz Krieg und Bombenangriffen: Die Schule ging weiter. Auch damals wurden Zeugnisse und Noten geschrieben ..."

Auch heute erinnert sich Loki Schmidt noch an jenen Schlafsaal in der Nähe der Burg und auch daran, daß sie später in ein anderes Quartier mußten: „Wir zogen auf ein Dorf in der Nähe um, in eine ehemalige Trinkerheilanstalt. Das war ein großer Fortschritt. Die Mädchen bekamen jetzt jeweils zu viert ein Zimmer, und ich bekam mein eigenes Zimmer. Nur einen Nachteil hatte der Umzug für uns: Sechs Patienten der Trinkerheilanstalt waren noch im Haus verblieben."

Wie so viele andere KLV-Lehrer mußte auch die Junglehrerin den Kindern Todesnachrichten aus der Heimat oder von der Front mitteilen: „Fünf dieser Mädchen habe ich während der Evakuierung sagen müssen, daß ihre Mütter, die in Hamburg geblieben waren, nicht mehr lebten. Wenn ich heute auf diese Jahre zurückschaue, dann ist mir zweierlei klar: Das war die härteste Zeit meines Lebens, aber die Lebenserfahrung, die ich damals gesammelt habe, möchte ich nicht mehr missen."

Ihr Urteil über jene Zeit ist so mehrschichtig wie in ihrem Brief von 1940, insgesamt aber positiv: „Heute gibt es noch viele Menschen, die sich an die ‚Kinderlandverschickung' erinnern: an eine fürsorgliche Aktion inmitten eines grauenvollen Krieges, an die Nöte und Sorgen der Kinder und Lehrer, auch an die Probleme mit Führern und Führerinnen von der HJ und vom BDM, an die Marmeladenbrote ohne Butter und an das Heimweh in der Nacht – aber auch an den späteren Stolz, daß man so jung gelernt hatte, auf eigenen Füßen zu stehen und für andere mitzusorgen. Diese vielschichtigen Erinnerungen an einen Aspekt des Zweiten Weltkrieges sollen nicht verblassen. Sie sind ein Stück Zeitgeschichte. Sie sind ein Stück menschlicher Geschichte."

Am 28. Oktober 1944 taucht der Name der Junglehrerin abermals in den Akten der KLV auf, diesmal als Hannelore Schmidt. Sie hatte im Juni 1942 den mit dem Eisernen Kreuz dekorierten Oberleutnant Helmut Schmidt geheiratet und im Mai 1944 einen Sohn bekommen. Jetzt, im Oktober, meldete sie sich freiwillig für einen neuen Einsatz in der KLV. Im November erschien dann noch einmal eine Notiz in der Akte: Der Schulrat bat sie um persönliche Vorsprache. Hannelore Schmidt wurde von ihrem Einsatz entbunden – ihr Sohn war erkrankt. Im Dezember 1944 starb er, vermutlich an Gehirnhautentzündung.

Mildred Scheel war als Jungmädel in einem KLV-Lager, Loki Schmidt als Junglehrerin, und der dritte unserer vier Prominenten erlebte die Zeit der Kinderlandverschickung nacheinander in drei verschiedenen Dimensionen: zuerst als Pimpf in einem Lager in

Polen, später als Lagermannschaftsführer an der Ostsee und schließlich – obwohl immer noch ein Kind – als Ausgestoßener, als Geächteter und Gefangener der Nationalsozialisten.

Prof. Dr. Ralf Gustav Dahrendorf, Jahrgang 1929, Soziologe, Philosoph und Politiker, lehrte bis 1983 dort, wo er Anfang der fünfziger Jahre gelernt hatte: an der berühmten London School of Economics. Wir besuchten ihn an einem Werktag morgens um acht Uhr. Von der schmalen Houghton Street im Herzen Londons strömten Schüler aller Nationalitäten in das alte, schwarz gewordene Gebäude. Ralf Dahrendorf, der Direktor, hatte seine Büroräume im sechsten Stockwerk; die hohen Fenster staubig, der Raum nach britischen Maßstäben groß und modern eingerichtet, mit hellen Polstermöbeln und einem Teppichboden, dessen Kanten sich mit englischer Lässigkeit in die Luft bogen.

Ende der dreißiger Jahre erlebte Ralf Dahrendorf etwas, dessen Bedeutung ihm erst später aufgehen sollte: „Ich stöberte wie jeder andere anständige Junge im Keller meiner Eltern. Wir wohnten damals in Berlin. In einer Ecke, versteckt, fand ich eine Kiste mit Dokumenten aus den Reichstagssitzungen von vor 1933 und in den Protokollen auch einen Namen: Gustav Dahrendorf, Reichstagsabgeordneter der Sozialdemokratischen Partei ... Mit dem Namen wußte ich etwas anzufangen, das war schließlich mein Vater. Mit dem Rest wußte ich nichts anzufangen. Das Wort ‚Sozialdemokraten' war in der Presse höchstens noch ein Schimpfwort, wir Kinder kannten es überhaupt nicht." Wenige Jahre später wurde der Junge mit diesem Begriff konfrontiert – es hätte ihm das Leben kosten können.

Ende der dreißiger und Anfang der vierziger Jahre aber lebte Ralf Dahrendorf wie Millionen andere Kinder: „Meine Eltern blieben während der ganzen Hitler-Zeit überzeugte Sozialdemokraten, aber sie wollten mir das Leben nicht unmöglich machen. Deshalb war ich wie die meisten anderen auch bei der HJ und fuhr im Herbst 1940 mit einem der ersten Kinderzüge von Berlin nach Polen."

In den erhaltenen zeitgenössischen Berichten wirken diese Abschiede, diese Fahrten wie freudige Feste, heute jedoch erinnern sich die meisten Teilnehmer anders. So auch Ralf Dahrendorf: „Die Abfahrt war schrecklich. Die Eltern standen alle am Bahnhof, es gab viele Tränen. Wir wußten nicht einmal genau, wohin der Zug fuhr. Es gab nur Gerüchte, es ginge in polnisch besetzte Gebiete. Das war natürlich ein wenig spannend, aber auch furchteinflößend. Kaum einer von uns hatte schon einmal vor einer so langen Reise gestanden. Ich war elf, und wie es unter Jungens so üblich ist, gewöhnte man sich an die Fahrt. Sie dauerte sehr lange. Länger als eine Nacht. Wir fuhren durch ganz Schlesien. Auf verdunkelten Bahnhöfen reichten uns freiwillige Helferinnen warmen Tee in die Abteile. In Krakau machten wir ein paar Stunden Pause, dann kamen wir in Zakopane an, unserem Bestimmungsort. Wir kamen nachts an, das war schrecklich. Viele hundert übermüdete, ängstliche Kindergesichter im fahlen Licht. Alles wirkte fremd, auf den Bahnhöfen liefen deutsche Soldaten herum, plötzlich hatten wir alle Angst. Es war wirklich schrecklich."

Entgegen den Meldungen der Propaganda waren die ersten Kindertransporte überaus schlecht organisiert. Der Führer hatte befohlen, und alle Dienststellen wollten so schnell wie eifrig Vollzug melden – die Kinder trugen es aus. Ralf Dahrendorf: „Ich erinnere mich noch genau, wir standen eine Weile übermüdet am Bahnhof herum. Dann mußten wir, obwohl es Nacht war, in langen Kolonnen zu Fuß mit unserem Gepäck gehen, bis wir zu dem Sanatorium kamen, in dem wir wohnen sollten. Das uns alle beherrschende und auch ängstigende Gefühl war wohl, daß wir in einer ganz fremden Welt aufwachten, obwohl die Schulkameraden um einen waren."

Fuhr die Klasse auch 1940 schon geschlossen zur Kinderlandverschickung?

„Nein, einige waren zu Hause geblieben. Ich ging auf das Mommsen-Gymnasium; wer zu Hause blieb, kam in eine andere Schule, in unserem Fall in das Charlottenburger Gymnasium. Die Gründe für Eltern oder Kinder, nicht an der Kinderlandverschikkung teilzunehmen, weiß ich heute nicht, vielleicht haben wir es damals auch nicht gewußt. Es können sehr persönliche, familiäre Gründe gewesen sein, aber auch Vorbehalte gegen die Nationalsozialisten."

Wie war es mit der Angst im Lager?

„In dieser Zeit wußten wir wenig über die Auswirkungen von Bomben, und deshalb waren Angst, Verzweiflung oder Trauer in dieser Phase vordergründig nicht so deutlich spürbar. Sie äußerten sich wohl nur indirekt: Die Zahl der Bettnässer war ungeheuer hoch, auch seltsame Ausbrüche unter uns Kindern, die sich nicht so leicht einordnen lassen, denen aber möglicherweise eben doch verdrängte Angstzustände zugrunde lagen. In dem Sanatorium gab es manchmal regelrechte Schlachten, die Blumentöpfe flogen aus den Fenstern ... Überhaupt haben wir uns in dieser Zeit unmöglich benommen, auch gegenüber den Polen."

Wie äußerte sich das?

„Man schämt es sich heute zu sagen, aber es war wirklich so. Wir waren die Besatzer, oder besser: die Kinder der Besatzer. Und so haben wir uns auch benommen. Einige von uns stahlen etwas in polnischen Läden, so geschnitzte Stöcke und anderes. Zuerst haben es die Kinder natürlich mit dem schlechten Gewissen des Diebes gemacht. Aber die polnischen Ladenbesitzer getrauten sich nicht, uns anzuzeigen. Als die Kinder merkten, daß nichts passierte, zogen immer mehr in die Läden und stahlen. Unser Sanatorium wurde merkwürdig oft unter Quarantäne gestellt, angeblich wegen Scharlach. Heute bin ich mir nicht so sicher, ob es nicht auch etwas anderes war; vielleicht weil es selbst den deutschen Stellen zuviel wurde, was wir anstellten."

Ein ehemaliger KLV-Schüler erzählte, sehr beschämt, er habe noch 1945 in Hannover einen Polen angespuckt, ohne direkten Grund, einfach aus einer schwer ergründlichen spontanen Reaktion.

„Das kann ich mir vorstellen, so schlimm es auch ist. Einmal die ständige Propaganda und dann auch, was wir in Polen selber spürten: Für uns waren die Polen wie eine fremde Folie vor unseren Taten. Es wäre in dem KLV-Lager niemals möglich gewesen, mit polnischen Kindern zu spielen."

Wie stark war während der KLV-Zeit der Einfluß der Nationalsozialisten? Manchmal sollen die Lager ja sogar mit den berüchtigten Adolf-Hitler-Schulen verglichen worden sein.

„Das stimmt überhaupt nicht. Wir kamen schließlich von einem humanistischen Gymnasium und hatten in der Mehrzahl Lehrer, die bereits pensioniert und nun, während des Krieges, reaktiviert worden waren. Gewiß, zwei oder drei waren überzeugte Parteigänger, die meisten aber so alt, daß sie Hitler, den Nationalsozialismus und den Krieg mit einer gewissen, oft sogar mit einer erheblichen Distanz betrachteten. Ich weiß noch, wie wir während einer Führerrede, die eigentlich alle anhören sollten, mit den Krankenbetten grölend durch die Zimmer rollten. Die friedlichen alten Herren gaben auch einen ganz normalen, traditionellen Unterricht. Sie paukten eben Latein und Griechisch, wie sie es seit Jahrzehnten gewohnt waren. Darüber kann man lachen, es auch absurd finden. Damals jedenfalls war diese Beständigkeit positiv, weniger anfällig und nicht so stark manipulierbar. Man darf ja nicht vergessen, wie kurz das alles war. Man muß das mal mit anderen politischen Zeiträumen vergleichen. Adenauer hat vierzehn Jahre regiert, Hitler nur zwölf, der Krieg dauerte knapp sechs Jahre."

Eines der großen Probleme für alle Jugendlichen während der Hitler-Zeit war die Auseinandersetzung mit der Angst. Hitlers seltsame Vorstellungen über die „Jugend aus Krupp-Stahl" waren natürlich keine Erfindung allein der Nationalsozialisten. Den Männlichkeits- beziehungsweise Härtewahn gab es in der deutschen Erziehung schon seit längerem; oft wurde das ja ausdrücklich „altdeutsche Erziehung" genannt. Die Nazis haben diesen Hang dann aber bis hin zum Perversen gesteigert. Die Kinder in den Lagern lebten entsprechend, wobei manchmal nicht ganz sicher ist, ob sie sich 1920 anders verhalten hätten.

Ralf Dahrendorf: „Wir schliefen jeweils zu sechzehn in einem Zimmer. Es kam vor, daß nachts ein Junge aufwachte und weinte.

Wir waren nicht sehr freundlich mit diesen Kameraden. Manchmal ging es harmlos mit einer Kissenschlacht aus, manchmal aber auch mit Prügel für den Betroffenen. Ja, da waren wir ziemlich gnadenlos, das kann ich leider nicht anders sagen. Es gab eine ganze Reihe von empfindlichen Gemütern unter uns; ich glaube, sie hatten es nicht immer einfach. Wir hatten aber einen Lagermannschaftsführer, der im Tagesablauf zwar eine zweitrangige Rolle spielte, uns aber ein guter Freund war. Bei einer dieser Verprügelungen griff er ein, sagte uns, so könne man nicht miteinander umgehen. Er ist später an der Front gefallen."

Nach einem Jahr holte der Vater Ralf Dahrendorf aus dem KLV-Lager zurück nach Berlin – weil das Zeugnis des Sohnes bedeutend schlechter geworden war und weil er von den Diebereien der Kinder gehört hatte. Der Sohn, nun gerade zwölf Jahre alt, lebte daraufhin in der Reichshauptstadt in jener Gefahr, vor der er eigentlich in einem KLV-Lager geschützt werden sollte: „Die Zeit in Berlin war sehr eigentümlich. Sie war völlig beherrscht von Bombenangriffen. Von Schule war nicht mehr viel die Rede. Mein Gymnasium war geschlossen, ich mußte zur Sammelschule gehen, das war in meinem Fall das Charlottenburger Gymnasium. Aber wie? Entweder fuhr die U-Bahn nicht, oder es brannte irgendwo auf dem Weg. Wir wohnten in Zehlendorf, und auf dem Weg zur Schule mußte ich praktisch durch die innere Stadt. Wenn man bedenkt, daß heute manche Eltern ihre zwölfjährigen Kinder noch nicht mit der Bahn allein fahren lassen! Es gab damals zwar mehr Sirenengeheul als Angriffe. Aber auch am Tage fielen Bomben, auch auf der Fahrt zur Schule. Es gab noch keine Ruinenstraßen wie 1945, aber mit den Lateinbüchern unterm Arm ging ich öfter an ausgebombten, noch qualmenden Häusern vorbei. In der Schule hatten wir in bestimmten Abständen, ich glaube es war alle vierzehn Tage, Nachtwache. Wir Kinder waren genau instruiert, wie wir Brandbomben aus den Fenstern werfen sollten. Unser Alter spielte da keine Rolle. Ich weiß noch, wie wir nachts in den unheimlich stillen Räumen der Schule heimlich englische Sender einstellten und die Feindnachrichten hörten. Das war spannend und angsteinflößend zugleich. Auf das Abhören von Feindsendern stand damals die Todesstrafe."

Trotzdem: Arrangierte man sich nicht auch innerlich mit diesen chaotischen Verhältnissen?

„Ja, natürlich. In der Berliner Zwischenzeit habe ich zum Beispiel Flak-Splitter gesammelt. Da bin ich stundenlang durch den Grunewald gegangen und habe die Metallteile gesucht. Dabei habe ich auch Thomas Manns berühmte Propagandarede an die Deutschen gefunden. Die war von den Alliierten als Flugblatt abgeworfen worden. Ich habe es natürlich gelesen, aber in dem Alter kaum etwas verstanden. Wer Flak-Splitter und Flugblätter sammelt, der ist nicht nur entsetzt, der versucht auch, das Unmögliche irgendwie in sein Jugendleben zu integrieren. Das haben wir ja alle gemacht. Sowohl in der KLV wie zu Hause."

Natürlich hatte die Bewahrung des physischen Lebens in diesen Jahren Vorrang, und deshalb gibt es an der KLV-Aktion vom Prinzip her nichts zu kritisieren. Könnte es aber sein, daß für Kinder der Anblick des Todes, des Feuers und der Zerstörung manchmal weniger gefährlich für ihre innere Entwicklung war als die Trennung und die damit verbundenen Ängste?

„Für die zweite Hälfte des Krieges trifft das sicher zu. Ab 1942 kannte jeder, auch jedes Kind, die Bedeutung der Bombenangriffe. Auch wenn es sich in einem KLV-Lager aufhielt. Das gilt ja auch für den Extremfall, wenn ein Krebskranker stirbt, dann ist es für ihn furchtbar. Aber für den, der das Sterben mit ansieht, ist es oft noch unerträglicher. Wenn man dieses Grundproblem auf die Kinder während des Krieges übertragen will: Wer inmitten des Grauens lebte, also sah, wie Häuser sich in Trümmerstätten verwandelten, wer selbst in irgendeiner Form angegriffen wurde, mußte unmittelbar mit seinem Körper reagieren und arrangierte sich deshalb innerlich damit, fand ein Verhältnis. Vor allem in der zweiten Hälfte des Krieges aber wußten auch die Kinder in den Lagern um die Gefahren, um Angst und Not zu Hause und an der Front. Sie konnten sich alle Implikationen vorstellen. Wer nicht mittendrin steckt, stellt sich alle möglichen Dinge vor; sie können monströsen

Charakter annehmen, ohne daß es eine Möglichkeit der Reaktion gibt."

Mit diesem Problem wurde Dahrendorf während seiner zweiten KLV-Zeit konfrontiert. 1943 zog er mit seiner Familie aus Berlin weg, weil die Schulen geschlossen wurden. Zunächst lebte er in Buckow und besuchte für kurze Zeit wieder die Schule. Anfang 1944, knapp fünfzehn Jahre alt, wurde er als Lagermannschaftsführer mit einer Potsdamer Volksschulklasse nach Horst an die Ostsee geschickt.

Seine Erlebnisse in dieser Zeit korrigieren Legenden, die über die Rolle der Hitler-Jugend in den Lagern aufkamen. Sicher gab es Fälle, vor allem in der ersten Zeit, wo die HJ versuchte, die Kinder streng nationalsozialistisch auszurichten; Drill und Drall im Namen des Führers. Vielleicht hatten sich die Machthaber die Rolle der HJ in den Lagern auch so vorgestellt, aber das Beispiel Dahrendorf scheint der Realität mehr entsprochen zu haben:

„Wir waren in Horst an der Ostsee. Das ist ein Seebad mit vielen Pensionen. Wir lebten im ‚Haus Lange'. Ich hatte ein Zimmer für mich, was mir damals schon sehr wichtig war, weil ich Gedichte schrieb. In der Zeit hatte ich sehr stark das Gefühl, Verantwortung zu haben. Die Jungs waren zehn und elf Jahre alt; es waren dreißig oder vierzig. Sie tobten natürlich ziemlich wild umher, und ich saß oft im Zimmer und wußte nicht, was tun. Ich war ja nur vier Jahre älter. In dieser Phase des Krieges war aber auffallend: Die Kinder hatten sehr viel Angst; in meinem Zimmer saßen oft weinende Jungs. In dieser Phase hing man auch in unserem Alter an den Nachrichten und wartete auf jeden Brief von zu Hause. Die Briefe der Kinder habe ich nicht geöffnet, und ich weiß nicht, ob es der Lehrer gemacht hat. Auf jeden Fall dürfte man dies heute nicht negativ sehen. Man konnte unmöglich die Kinder allein lassen und ihnen unvorbereitet die möglichen Schreckensnachrichten zu lesen geben. Die Monate an der Ostsee hatten aber auch ihre angenehmen Seiten. Es wurde Sommer, wir hatten den Strand. Er war leer, wir konnten baden. Der einzige Zwischenfall, an den ich mich erinnern kann: Einmal sah es so aus, als wäre ein

Junge ertrunken. Das war eben die schwierige Situation, daß ein Fünfzehnjähriger Verantwortung hatte für dreißig bis vierzig Kinder, die nicht bedeutend jünger waren als er selber. Ein Junge war ein bißchen weit ins Wasser gegangen. Wir holten ihn wieder an das Land. Er war bleich, nicht ohnmächtig. Das war für mich schrecklich. Darunter habe ich tagelang gelitten. Ich saß oft vollkommen verängstigt in meinem Zimmer und wußte nicht, was tun. Der eigentlich wichtige Mann im Lager war der Lehrer; ein alter, schon pensionierter Mann, der für diese Aufgabe reaktiviert worden war und das Lager zusammen mit seiner Frau leitete. Beide kümmerten sich auch um mich."

Nach dem 20. Juli 1944 mit dem mißglückten Putschversuch gegen Hitler verhaftete man den Vater von Ralf Dahrendorf als einen der Verschwörer. Noch im Ostseebad Horst wurde der fünfzehnjährige Lagermannschaftsleiter zum Ortsverantwortlichen für die KLV-Lager bestellt: „Ich war völlig überrascht, daß ich überhaupt zu diesem Mann hin mußte. Er brüllte mich auch gleich mit hochrotem Kopf an: ‚Du bist Sozialdemokrat!' Das klang und bedeutete damals etwa so wie ‚Du bist ein Mörder!' oder ‚Du bist ein Verbrecher!' Ich hatte das Wort ‚Sozialdemokrat' fast noch nie gehört, vor allem nur jenes mal, als ich in der Kiste im Keller meiner Eltern stöberte. Der Mann brüllte mich immer lauter an, wahnsinnig laut, ich wußte überhaupt nicht, was los ist. So richtig im altdeutschem Temperament. Ich bekam natürlich Angst, war auch ratlos. Dann kam aber am gleichen Nachmittag meine Mutter aus Berlin, weil sie beschlossen hatte, mir nicht zu schreiben. Wir gingen spazieren, und sie setzte mir auseinander, was geschehen sei. Was sie damals gesagt hat, war eigentlich sehr dramatisch. Sie sagte: ‚Dein Vater ist verhaftet. Er war beteiligt am 20. Juli. Ich tue alles, was ich kann, aber jetzt kommt die Zeit, in der jeder von uns versuchen muß, sich selber durchzuschlagen.' Dies war überhaupt eine Grundstimmung der Zeit. Meine Situation war zwar anders als die jener Kinder, die ihren Vater oder ihren Vater und ihre Mutter verloren hatten, aber im Prinzip war es ähnlich: diese Vorstellung in einer Familie, wir können das jetzt nicht mehr gemeinsam machen, jeder muß sich jetzt selber durchschlagen."

Die langen Schlangen der Kinder vor den Bahnhöfen als erstes Symbol für die Auflösung der Familie in Mitteleuropa?

„Das ist durchaus möglich. Den Menschen war dieser Hintergrund sicherlich nicht bewußt, sie empfanden es einfacher, praktischer, etwa: Jeder müsse nun selber sehen, wie er zu Rande komme."

Ralf Dahrendorfs Mutter fuhr am gleichen Tage nach Berlin zurück, der Sohn mußte erst einmal im Lager bleiben. „Es dauerte dann noch ein paar Tage, bis ein neuer Lagermannschaftsführer kam. Erst dann wurde ich zurückgeschickt. Im Lager war ich in diesen Tagen ein großer Fremder. Ich hatte das Gefühl, kaum einer will mehr etwas mit mir zu tun haben. Die Jungen meiner Gruppe blieben nett; sie wußten natürlich auch nicht, was da passiert war. Der alte Lehrer half mir ebenfalls. Wie so viele der alten KLV-Lehrer war er fast großväterlich fürsorglich."

Wie war die persönliche Reaktion von Ralf Dahrendorf? War er wütend auf die Nationalsozialisten oder vielleicht, das wäre nicht so ungewöhnlich wie es klingt, auf seinen Vater?

„Das ist tatsächlich nicht einfach. Aber in meinem Fall war es nicht so schwer: Der Standführer hatte mich so fürchterlich angebrüllt, daß es mir sehr leichtfiel, meine Wut auf ihn zu richten. Und auf meinen Vater? Nein, das kann ich nicht sagen. Es gibt noch einen Grund, warum es mir nicht schwerfiel: In dieser zweiten KLV-Zeit hatte ich ohnehin begonnen, mich innerlich abzuwenden. Nicht direkt und sicherlich auch noch nicht klar, aber, wie gesagt, ich begann Gedichte zu schreiben, mich für andere Dinge zu interessieren. Deshalb hatte ich ursprünglich schon gar nicht mehr an dem zweiten KLV-Lager teilnehmen wollen. Es war ein Opfer für meine Schule gewesen. Sie mußte einen Lagermannschaftsführer nominieren, und der Schulleiter hatte aus mir unerfindlichen Gründen den Eindruck, daß ich am ehesten geeignet sei. Es hat mich immer beschäftigt, warum er mich dafür bestimmte. Er war ein sehr netter Mann, einer jener früheren

Deutschnationalen mit einer ganz klaren moralischen Position. Ich konnte ihn nach dem Krieg nicht mehr fragen. 1945 erschossen ihn die Russen."

Nach seiner Ablösung in dem KLV-Lager an der Ostsee kehrte Dahrendorf in die Gegend um Berlin zurück und ging wieder zur Schule. Der NS-Staat zeigte Zerfallserscheinungen und gebärdete sich deshalb radikaler als je zuvor. Ralf Dahrendorf gründete mit ein paar Kameraden einen „Freiheitsverband höherer Schüler Deutschlands." Dahrendorf nennt den Namen der Gruppe heute „etwas hochtrabend", betont die Jugendlichkeit dieses Unternehmens. Immerhin, so etwas gab es im Herbst 1944.

„Das kam plötzlich. Ein Freund von mir, er war ein Jahr älter, hatte noch Freunde in Neukölln und brachte eines Tages Flugblätter mit, die sich gegen den NS-Staat richteten. Als Erkennungszeichen trugen wir eine gelbe Stecknadel, und dann gab es eine dramatische Situation. Am 17. Oktober 1944 wurde der Volkssturm ausgerufen, und wir sollten einen Aufsatz schreiben mit dem Thema ‚Was bedeutet der 17. Oktober 1944?' Und da haben wir einfach geschrieben, er bedeute, daß es nun wirklich zu Ende sei mit Hitler, und bald werde wieder alles gut. Vier von uns gaben ihren Aufsatz mit diesen Aussagen auch ab. Es hätte uns den Kopf kosten können. Der Schulleiter aber rief uns zu sich und zeigte uns, wie er die Aufsätze im Kamin verbrannte. Weg waren sie! Es war halt mehr eine Gruppe, die sich einig war in einer etwas vagen, kindlichen Ablehnung des NS-Staates. Wir sprachen damals schon von KZs, ohne daß man genau wußte, was da passierte.

Leichtsinnigerweise wechselte ich mit meinem Freund auch Briefe, in denen wir über Hitler und sein System schimpften. Es kam heraus, wir wurden verhaftet. Die Gestapo holte uns nacheinander am gleichen Abend ab, mich in Buckow. Die Stunden werde ich nie vergessen. Meine Mutter war im Kino, und ich bat die Gestapo-Männer, ob wir dort nicht noch vorbeifahren dürften, um ihr Bescheid zu sagen. Sie hielten wirklich vor dem Kino; ich ging hinein, es war vollbesetzt. Ich rief im Dunkeln nach meiner Mutter ... Sie kam durch die Reihen ... Dann fuhren uns die Gestapo-Männer nach Frankfurt an der Oder. Sie wollten uns dort im Polizeigefängnis unterbringen. Doch da zeigte sich die positive Seite des preußischen Beamtentums. Der Gefängnisdirektor fragte, wie alt wir seien, der Gestapo-Mann sagte, das spiele keine Rolle. So entwickelte sich der typische Kampf zwischen dem alten preußischen Beamtenapparat und der SS – der preußische Beamte gewann. Die Gestapo fuhr mit uns von Polizeirevier zu Polizeirevier, bis wir auf dem einem schließlich in Einzelzellen landeten. Dort blieben wir acht, neun Tage, wurden verhört und kamen anschließend mit einem Gefangenentransport in das Lager Schwettig auf der östlichen Seite der Oder. Dort gab es einen Menschen mit dem fabelhaften Titel Lagervollstreckungskommissar.

Es war ein sehr kalter Winter, es gab kaum etwas zu essen und nichts zum Heizen. Früh um fünf Uhr standen wir Schlange für einen Teller Suppe, und die nächste Mahlzeit gab es abends. Im Lager lebten mehrere Schutzhäftlinge, ehemalige Parteifunktionäre aus der Zeit vor 1933, die nach dem Attentatsversuch am 20. Juli verhaftet worden waren. Diese Männer halfen uns. In diesen Wochen starben mehrere Gefangene an Entkräftung, andere wurden gehängt. Es entstanden absurde Situationen wie diese: Obwohl die Russen schon im Anmarsch waren, bestellte uns der Lagervollstreckungskommissar zu sich und erläuterte uns ausführlich das Parteiprogramm der NSDAP. Wir versuchten mit allen Mitteln, diese Sitzungen zu verlängern. Gleichzeitig hatten wir das Gefühl, wir würden ihn nicht beeindrucken, wenn wir zu allem ja sagten. Deshalb fingen wir einen völlig unsinnigen, nebensächlichen Streit an. Da gab es doch im Nazi-Programm die Forderung nach Verstaatlichung der Warenhäuser. Darauf bohrten wir herum. Alles würde uns einleuchten, wir würden nur nicht verstehen, warum die Warenhäuser nicht verstaatlicht worden seien. So ging es stundenlang vor sich hin, im Dezember 1944, in einer jämmerlichen Amtsstube, die aber einen unschätzbaren Vorteil hatte und uns nur deshalb zu diesen Diskussionen veranlaßte – der Raum war geheizt.

Am Heiligen Abend saßen wir in unserer Baracke die ganze Nacht wach. Die Betten waren dreistöckig, reichten aber nicht aus, im Raum war es fast so kalt wie draußen, und wir sangen hintereinander und immer wieder die Kampflieder der Sozialdemokraten und Kommunisten. Alle waren vereint, und wohl keiner konnte sich in dieser Nacht vorstellen, daß sie sich ein Jahr später wieder bis aufs Blut befehden würden – bei den Auseinandersetzungen um die Zwangsvereinigung von SPD und KPD in der sowjetischen Besatzungszone.

Nach einigen Wochen im neuen Jahr standen die Russen vor dem Lager, der Vollstreckungskommissar überreichte mir ein amtliches Schreiben, korrekt, folgenden Inhalts: ‚Hiermit wird bescheinigt, daß Ralf Dahrendorf im Deutschen Reich nie wieder eine höhere Schule besuchen darf. Er ist zum Empfang von Lebensmittelkarten berechtigt.' Er drückte uns noch die Hand und schmiß uns dann aus dem Lager – vom Osten her schlugen schon die Granaten der Russen ein. Im Laufschritt liefen wir an der Oder entlang, überquerten den Fluß auf einer noch nicht zerstörten Eisenbahnbrücke und zwängten uns in einen der Flüchtlingszüge nach Berlin. Dort erlebte ich das Ende des Krieges, erlebte es auch in unserer Straße – wie sich der Offizier aus dem Ersten Weltkrieg und seine Frau das Leben nahmen, wie eine Hure der SS die ersten russischen Soldaten empfing ...

Der Rest ist schon fast Geschichtsbuch: Mein Vater wurde Stellvertretender Vorsitzender der ostzonalen SPD. Er stimmte zweimal gegen die Fusion mit der KPD an dem berühmten Tag im Februar 1946. Die Russen forderten ihn auf, in ihr Hauptquartier nach Karlshorst zu kommen. Wir riefen unsere englischen und amerikanischen Freunde an; sie schickten einen Trupp GIs, die blieben mit der Waffe in der Hand über Nacht bei uns zu Hause, falls die Russen den Versuch unternehmen sollten, meinen Vater zu verhaften. Am nächsten Morgen nahmen sie uns mit in den Westen. Durch all die Verstrickungen habe ich eine etwas bewegte Schulzeit gehabt und konnte erst in Hamburg mein Abitur machen."

Ralf Dahrendorf schaut auf die Uhr. Unten in der Houghton Street steigert sich der Lärm des Tages. An der Tür verabschiedet er mich, sagt noch: „Wenn ich an diese Jahre zurückdenke und jetzt erlebe, vor welchen Gefahren ich meine zwölfjährige Tochter zu bewahren versuche ..."

Die Geschichte der KLV wäre nicht vollständig, wollte man nur die dramatischen Schicksale beschreiben oder sich auf die negativen Erlebnisse beschränken. Denn auch heute bekennen noch zahlreiche ehemalige KLV-Kinder, daß jene Jahre zu den schönsten ihres Lebens zählen.

Für Hardy Krüger zum Beispiel begann in der Kinderlandverschickung seine Karriere als Schauspieler. Das gleiche gilt für TV-Kommissar Jörg Felmy. Beide wurden in einem Lager in Mittenwald von Regisseur Weidemann für den Jugendfilm „Junge Adler" ausgesucht. Später spielten sie in verschiedenen Filmen über die KLV – Werbefilme zu dem Zweck, die Eltern von der heilen Welt der Lager zu überzeugen.

Ein anderer Junge, der sogar drei verschiedene Lager erlebt hat, wurde nach dem Krieg ebenfalls durch Filme berühmt: Jürgen Roland, Regisseur der „Stahlnetz"-Serie und zahlreicher anderer Kriminalfilme. Er sagt noch heute: „Es war eine unbeschwerte Zeit. Voller Streiche und geprägt von Kameradschaft."

Zuerst kam er als Pimpf in den bekannten Kurort Alexandersbad. Er erinnert sich: „Zusammen mit meinem Freund meldeten wir uns täglich freiwillig zum Postholen unten im Dorf. Wir organisierten uns einen hölzernen Handwagen. Ich saß vorn und lenkte die Deichsel mit meinen Füßen, er saß hinten und versuchte während der Schußfahrt ins Tal zu bremsen. Fast jeden Tag heckten wir irgendeinen Streich aus – unsere Lehrer waren sehr geduldig mit uns."

Im nächsten Lager brachen Scharlach und Diphterie aus. Jürgen Roland mußte mit allen anderen Schülern in Quarantäne. „Auch da erlebten wir lauter lustige Dinge. Aus Besenstielen und Bierdeckeln bauten wir uns Schwerter und führten Ritterturniere auf.

Zu essen gab es immer reichlich. Eine Besonderheit: In den Lagern lebten wir Gymnasiasten mit den Volksschülern zusammen. Jungens aus Hamburger Stadtteilen, die sonst nicht sonderlich viel gemeinsam hatten, lagen nun zusammen in einem Schlafraum. Wir lernten da einiges und waren mächtig stolz darauf."

Nach der KLV-Zeit wurde Jürgen Roland zum Flak-Dienst eingezogen und erlebte wie viele seiner Altersgenossen das Kriegsende als Luftwaffenhelfer. „Die Freundschaften aus der KLV-Zeit", sagt er, „haben bis heute gehalten."

15

Das Ende

Aus dem Tagebuch eines KLV-Verantwortlichen · Die Front rückt heran · Nazi-Lehrer verdrücken sich · SS rekrutiert KLV-Kinder · Einmarsch der Alliierten · Mönche quartieren Kinder aus · Hunger · Zu Fuß nach Hause · Suchdienst im Rundfunk · Berliner Jungs auch in Bayern pfiffig

Die Geschichte kümmert sich herzlich wenig um das Einzelschicksal, wenn es nicht in irgendeiner Weise den Erwartungen entspricht, die man mit der beschriebenen Zeit verbindet. Was die letzten Wochen vor der Kapitulation des Hitler-Reiches im Mai 1945 betrifft, so wissen wir viel über Vertriebenenströme, über Menschen, die in den Städten zwischen rauchenden Trümmern nach Angehörigen gruben, über Kleinkinder, die irgendwo aus den Flüchtlingszügen gehoben wurden – Kinder, die nicht einmal ihren Namen, ihre Herkunft, ihr Geburtsdatum kannten. Wir wissen von Soldaten, die in den Jahren an der Front ängstlich ihr Leben behütet hatten, aber in den letzten Kriegstagen mit einer plötzlichen seltsamen Inbrunst in den Tod gingen, so als hätte das nahe Ende eine bei ihnen bis dahin unbekannte Saite angerührt. Wir wissen von Hunger und Kälte, von älteren Menschen, die, als hätte all das Leid ihnen gegolten, irgendwo in einer friedlich scheinenden Wohnung den Freitod wählten ...

Fragt man aber die Menschen aus jenen Jahren, wie sie die

einzelnen Tage vor dem Ende des Krieges verbracht haben, was sie konkret an jenem Nachmittag oder an diesem Abend taten, so wird man auf merkwürdige Dinge stoßen. Sicher, all das aufgezählte Leid wird dabei sein, wahrscheinlich auch überwiegen, aber daneben dringen gänzlich andere Erlebnisse durch, etwa die Lektüre eines packenden Romans, die Freude über im Garten aufgeblühte Tulpen, ein schöner Traum, vielleicht auch ein Liebesabenteuer ...

Wie viele Erinnerungen wie die folgende mag es aus jenen Wochen wohl geben? Als schon ein Großteil der Städte Deutschlands vernichtet war, notierte in Berlin der im Innenministerium für die Kinderlandverschickung zuständige Oberrat Dr. Werner Schmidt in sein persönliches Tagebuch: „*Sonntag, 11. März.* Der Tag war köstlich ruhig. Am Morgen habe ich an Kants Vernunftskritik gearbeitet. Abends bei Carl S. Er begleitete mich bis an die Bahn, und ich habe ihm von meiner Arbeit erzählt. Weil wir so gut lernen, ist er wie ich völlig ruhig in der Beurteilung der Lage. Und er erlebt wie ich, daß die revolutionären Zeiten im großen individuell die eigentlich schöpferischen sind. So ist jedenfalls bei mir die Schaffenskraft und Freude größer als je in normalen Zeiten, auch soweit sie sich auf ganz abseits liegende Dinge erstrecken."

Das Tagebuch war privat, deshalb wohl ehrlicher als andere Zeugnisse. Kaum ein Mensch würde es heute wagen, in seinen Erinnerungen an die Kriegsjahre den Zusammenhang zwischen „Freude" und „Schaffenskraft" einerseits und dem Blut- und Stahlgewitter auf der anderen Seite herzustellen. Tod und Verwüstung als Droge für die schöpferische Arbeit? Es gibt vernünftige Gründe, diesen Zusammenhang auch heute noch in uns zu vermuten. Gewiß, das Ideal kennen wir: Der Mensch soll aus seinem Inneren heraus schöpferisch werden, sei es nun aus seinen inneren Zwiespälten, Spannungen und Kämpfen oder aus seiner inneren Harmonie, seinem inneren Frieden. Wir wissen aber, daß es in vielen Epochen anders war – in Epochen, in denen der Mensch diese schöpferischen Kräfte vielleicht nicht mehr in sich fand, deshalb mit der Gier eines in Not Geratenen nach äußeren

Stimulanzien suchte und sie – noch schlimmer – notfalls selber produzierte, mal mehr und mal weniger skrupellos. Ob man diese Anreize durch Anzünden eines Hauses oder gar Entfesseln eines Krieges erzeugt, oder ob einem etwa ein Fußballspiel oder ein ins Absurde gesteigerter Tourismus genügt, mag zwar moralisch einen Unterschied machen, der Grund aber, der Ursprung, scheint immer der gleiche zu sein: Angst vor mangelnder schöpferischer Kraft, vor innerer Leere, die durch eine generelle, schreiende Außenszene überdeckt werden soll. Das heißt, die Stimulanzien sind nur Werkzeuge und somit austauschbar.

Ein anderes, so typisches wie banales Beispiel haben wir bei Baldur von Schirach gesehen. In den Zeiten extremer äußerer Stimulanzien (Hitler als radikale Vaterfigur, die revolutionäre Massenbewegung, der Krieg) schrieb er Gedichte, empfand sich als Künstler – nach dem Zusammenbruch, als ihm diese Antriebe genommen waren, brachte er keinen einzigen Vers mehr zusammen, wurde stumm, wurde wie eine Maschine, die man vom Stromkreis abgeschnitten hat. War es ein Zufall, daß unter den nationalsozialistischen Führern so viele als Künstler begonnen hatten? Joachim C. Fest beschreibt dies Plänomen in seiner Hitler-Biographie: „Es ist ... nicht ohne Bedeutung, daß die nationalsozialistische Führungsspitze einen unverhältnismäßig hohen Anteil an verhinderten, nicht zum Zuge gekommenen oder gescheiterten Halbkünstlern aufwies: Neben Hitler selber gehört Dietrich von Eckart dazu, Goebbels hatte sich erfolglos als Romancier versucht. Rosenberg als Architekt begonnen, von Schirach und Hans Frank als Dichter, Funk als Musiker dilettiert; auch Speer, in seinem unpolitischen Isolierungswillen, rechnet dazu, desgleichen jener Intellektuellen-Typus, der mit ästhetisierenden Pronunziamentos, vage und unerbittlich zugleich, den Aufstieg des Nationalsozialismus begleitet und gefördert hat."

Im Tagebuch des Dr. Schmidt wird noch ein anderer charakteristischer Zug des Nationalsozialismus und seiner letzten Wochen deutlich. Dr. Schmidt hatte den Befehl, auf mehreren Inspektionsreisen mit Gauleitern zu verhandeln und verschiedene KLV-Lager zu besuchen. Es ist ein verblüffender kleiner Ausschnitt aus den Wochen vor dem Ende:

„*Donnerstag.* Heute mittag bei Reichsminister Lammers. Die einst so stolze Reichskanzlei ist doch etwas gerupft. Die Teppiche sind ausgeräumt, der Stuck etwas abgefallen, Lammers saß in seinem Mantel im Arbeitszimmer, da er offenbar fror ...

Sonntag. Die nächtliche Fahrt ging durch den schwer angeschlagenen Westen, bis wir das liebliche Tal der Ennepe im Sauerland erreichten. Dort in Rümmenohl versammelten sich am Morgen die Gauleiter der fünf nordwestdeutschen Gaue. Es ging um Fragen der Räumung an der Westfront ... Gauleiter Florian, der schiefe Fanatiker und frühere Kommunist, unlogisch und krakeelend, gar kein rechter Sendling aus der einst so flotten Gauhauptstadt Düsseldorf, schlug vor, bei der Räumung die zurückzuführenden ausländischen Arbeiter zu vergiften, um so der zweifellos gegebenen Belastung des Reiches zu entgehen ...

Nach einer Weile Schlaf fuhren wir unter Jabo-Beschuß in den Süden, über die jetzt so gefährlichen Höhen des Westerwaldes bis nach Eppenheim. Hier hatten sich die Gauleiter des Südwestens versammelt. Fanden wir im Nordwesten die größere Härte, die unbürgerliche Luft des Nebeneinander von Industriekapitänen und Millionenmassen der Arbeiter, so hier im Süden die behäbige Bürgerluft des Südwestens. In allen politischen Fragen war man viel eher zum Kompromiß bereit als im Norden. Ja, als man von der Lenkung der überschüssigen Kraft sprach, verstiegen sich die Gauleiter nach uralter deutscher Manie zum Spintisieren über die sozialistische Abschaffung des Geldes, aber ganz in Theorie. Zu diesem Zeitpunkt hatten die Amerikaner die Mosel überschritten und näherten sich der Westmark. Es war ein Bild nicht ohne Komik ...

Donnerstag, 29. März. Vor einer Woche mit drei KLV-Führern aus Berlin in den Süden gefahren. Das Wetter des Vorfrühlings war herrlich, die Fahrt verging mit den lebhaftesten Debatten – über Führungsgrundsätze, Erziehung, Kunst, Geschichte und vieles mehr –, ganz wie es immer ist, wenn junge Deutsche zusammen sind. Anderntags sind wir durch das sonnenüberstrahlte Bergland, durch das Elbtal bis hinein in die sanften Wellen des Böhmerlandes gefahren. Am Abend im KLV-Lager Podiebrad erfreuten wir uns an einem ausgezeichneten Spielabend der Mädel, die in solchen Dingen den Jungen turmhoch überlegen sind... Am anderen Tag habe ich noch die Pirnaer Adolf-Hitler-Schüler beim Unterricht besucht."

Dieses Nebeneinander von Leben und Tod, dieses Spintisieren über die Abschaffung des Geldes (ganz in Theorie, versteht sich!) und der Forderung nach Vergiftung der Fremdarbeiter (schon nicht mehr ganz so theoretisch!), von Disputen über Kunst und dem Massensterben wenige Kilometer weiter an den Fronten, von einem Spielabend in einem KLV-Lager, während anderswo KLV-Kinder zu Fuß durch den Schnee flohen, unter Bomben begraben wurden! Doch läßt sich daraus kein Vorwurf ableiten. Warum sollten Kinder nicht Spiele machen, wenn es in ihrer Umgebung noch friedlich zuging? Im Gegenteil, dadurch wurden sie abgelenkt und ein wenig länger vor dem unerbittlich auf sie zurollenden Chaos behütet. Wichtig ist allein der Tatbestand dieses doppelten Klimas. Die folgenden Berichte beziehen sich alle auf die Zeit Mitte März 1945. Ließe man das gemeinsame Datum weg, könnten sie aus gänzlich verschiedenen Epochen stammen. Deshalb auch heute noch die Schwierigkeit vieler ehemaliger KLV-Schüler, ihre Erlebnisse auf einen gemeinsamen Nenner zu bringen. Mitte März 1945 konnten KLV-Schüler so Gegensätzliches erleben, als würden sie jeweils in anderen Ländern und zu anderen Zeiten leben.

Bernd S.: „Wir verbrachten den ganzen Tag in einer Höhle der Fränkischen Schweiz. Tieffliegerangriffe!"

Johannes B., KLV-Lager am Tegernsee: „Machten heute eine Skiwanderung; auf der Hütte bekamen wir warmen Tee und Brote. Wir alberten herum und rollten uns gegenseitig in den Schnee."

Ingeborg E., KLV-Lager bei Mittenwald: „Meine Freundin hatte heute Geburtstag. Wir legten unsere Butterrationen zusammen und backten einen Kuchen."

Susanne D., KLV-Lager bei Schüttenhofen: „Seit einer Woche essen wir nur gekochte, faulige Zwiebeln. Viele Kinder sind krank.“

Es gab aber noch schlimmere Berichte aus diesen letzten Wochen. Mit jedem Tag glich sich das Leben, das Schicksal der Millionen Kinder und der Lehrer in den Lagern dem der Menschen draußen mehr an. Die Kinder, die bis dahin behütet und im Grunde wie im Frieden gelebt hatten, erfuhren nun am eigenen Leib, was ein ganzer Kontinent schon seit Jahren durchmachte.

Ende Februar fuhr die KLV-Lehrerin Clara Thieme aus einem nahen Lager nach Neumarkt in der Oberpfalz. In dem amtlichen Bericht heißt es darüber: „Bei Fliegerangriff warf sie sich auf dem Bahnhof Neumarkt in einen Splittergraben. In diesen Graben fiel eine Bombe. Wir fanden von ihr nur noch eine Handtasche.“

Wenige Tage zuvor hatte die Lehrerin noch in der stillen Genügsamkeit einer anderen Epoche in klarer deutscher Handschrift einen Brief an ihren Hamburger Schulrat geschrieben und darin über den Ausbildungsstand der Schüler berichtet. Ihre Schlußworte: „Über die Erfahrungen, die ich persönlich hier gemacht habe, möchte ich nicht viel sagen; sie sind teils guter, teils schlechter Art. Am meisten Kummer hat mir die Wohnungsangelegenheit gemacht. Nachdem ich nun aber seit drei Wochen in einem heizbaren Zimmer wohne, will ich das Unangenehme, das vorausging, vergessen. Heil Hitler! Clara Thieme.“

Die Lehrerin Elly Wolpers, geboren 1900, im Juli 1943 in Hamburg ausgebombt, wurde bei einem Tieffliegerangriff am 4. April 1945 in Pegnitz schwer verwundet. Sie starb im Bayreuther Krankenhaus. In den Akten der Hamburger Schulverwaltung findet sich dazu eine heute makaber anmutende Notiz: „Unsere leider bei einem Fliegerangriff auf Pegnitz in Oberfranken gefallene Lehrerin Elly Wolpers hinterließ einen Teppich von 9 qm Größe, der bei der ‚Detaka‘-Reinigung in der Hamburger Heidbergstraße 25 in Aufbewahrung ist.“

Auf dem katholischen Friedhof von Landau erinnern noch heute zwei Grabsteine an die beiden Lehrerinnen Elfriede

Glamann und Gertrud Höfer. Sie waren am Morgen des 30. April 1945 von Artilleriegeschossen tödlich getroffen worden. Zu ihrer Beisetzung hatten sich alle Schüler des KLV-Lagers an den Gräbern eingefunden.

Dies sind nur vier Fälle aus einer Zeit, in der täglich viele Tausende Menschen den Tod fanden. Es starben noch mehr Lehrer und Schüler, wie die Beispiele von Schwandorf und Schüttenhofen zeigen. Aber insgesamt war die Zahl der Todesopfer unter Schülern und Lehrern äußerst gering – eine bessere Bestätigung für den Sinn der Kinderlandverschickung läßt sich nicht finden. Gewiß, in den Jahren zuvor verunglückten KLV-Kinder beim Spielen, wurden bei Alpenwanderungen von Schneelawinen erdrückt, ertranken beim Schwimmen im Meer, aber das waren Unfälle, wie sie auch in Friedenszeiten geschehen. Nach Schätzung der Arbeitsgemeinschaft KLV in Freiburg lag die Quote unter dem Durchschnitt in Friedenszeiten.

Die letzten Wochen vor und die ersten Monate nach dem Krieg stellten Lehrer und Kinder vor schier unlösbare Probleme. Aus dem Osten strömten täglich Tausende hungrige Flüchtlinge heran, unter ihnen viele KLV-Gruppen. Die Lager im Wartheland, in Ostpreußen, Westpreußen, Hinterpommern, Schlesien und Böhmen waren zu spät für einen geordneten Rückzug geräumt worden, oft fuhren die Kinder erst unter dem Grollen der nahenden Front ab – manchmal ohne Gepäck und ohne Proviant. Hören wir uns einige Zeugen an:

„Die Russen waren bereits von Ungarn her in Österreich eingedrungen. Wir mischten uns unter Tausende von ungarischen Volksdeutschen, die der Propaganda Hitlers vertraut hatten und nun ihre Heimat verlassen mußten. Sie führten riesige Viehherden mit – ihren einzigen Besitz."

„Der Befehl zur Auflösung kam für uns völlig überraschend. Kurz zuvor hatten wir mit unserem Lagerleiter eine Wanderung für die nächsten Tage verabredet. In aller Eile wurde gepackt, die Sachen mit einem Leiterwagen zur Bahnstation gefahren. Einen halben Tag fuhren wir mit der Bahn, dann mußten wir zu Fuß weitergehen. Uns wurden einige Wehrmachtssoldaten zugeteilt. Sie sagten uns, wer sich aus der Reihe entfernt, wird erschossen. Heute weiß ich, daß sie uns nur angst machen wollten, um einen schnellen und geordneten Marsch zu ermöglichen. Damals aber glaubten wir ihren Worten. Jahrelang waren wir von der Propaganda mit Berichten über unsere unbeugsamen, heldischen Soldaten gefüttert worden. Wir hatten großen Respekt vor ihnen."

„Während des Rücktransportes gerieten wir in einen Tieffliegerangriff. Wir gingen in Deckung, ein Mädchen aus unserer Klasse wurde getroffen, sie verlor ein Bein. Alle Wagen gingen in Flammen auf, auch unser Gepäck. Zu Fuß gingen wir, hungrig und frierend, in Richtung bayerische Grenze."

Der KLV-Lehrer Alfred Ehrentreich schildert in seinem Buch *Pädagogische Odyssee* die Flucht mit mehreren Kindern aus Böhmen nach Bayern: „Der weiterführende Zug ruckt vier Stunden nach der angesagten Zeit an. Er kriecht dahin. Seine Scheiben sind durchlöchert. Geflohene Ungarn, die kaum Deutsch verstehen, im Abteil. Über Cham erreichen wir Schwandorf; auch da geraten wir in Alarm, den wir in einem Felsstollen überdauern. Auf dem Güterbahnhof weiß man nichts von unsern Gepäckwagen, beim HJ-Bann nichts über unser Lager. Die Verbindung nach Weiden sei abgeschnitten, man befinde sich zwischen Panzerkeilen und Fliegerangriffen. So beschließen wir, zunächst nach Regendorf zu fahren, um weiterzuforschen. Überall wimmelt es von Soldaten, besonders von abmarschierenden. Keiner glaubt mehr an einen Sieg. Noch kein 1918, aber Zeichen in der gleichen Richtung. Abermals beginnt die deutsche Tragödie."

Die meisten Menschen erlebten diese Wochen wie in einer apokalyptischen Vision. Alle Städte waren zu Festungen erklärt worden. In Regensburg strangulierten SS-Einheiten einen Domkapitular. Sein Vergehen: Er hatte zur friedlichen Übergabe der Stadt an die Amerikaner aufgerufen. In Coburg ging die SS gegen Einwohner vor, die weiße Bettlaken aus den Fenstern gehängt hatten. In dem kleinen Dorf Urfeld bei Mittenwald winkten Hunderte von

KLV-Schülern aus Berlin einer seltsamen Lastwagenkolonne zu, die Berliner Nummernschilder trug und mit großen Lettern als Verpflegungstransport der Kinderlandverschickung deklariert war. Tatsächlich aber standen auf den Ladeflächen Säcke und Kisten, in denen sich der deutsche Reichsschatz befand: 75 Zentner Gold, 20 Säcke mit Devisen, Kisten mit Brillanten und dem wertvollen Rohstoff Quecksilber. Auf einer einsamen Hochebene im Gebirge wurde der Schatz dann ins Erdreich versenkt – um wenige Wochen später von den Amerikanern wieder ausgebuddelt zu werden. Überhaupt traten damals in Mitteleuropa zahlreiche Spaten in Aktion. So wie es die Menschen bei Gefahr schon seit Jahrtausenden getan hatten, vergruben jetzt viele ihre Wertsachen. Schmuck, Briefmarkensammlungen oder wichtige Familiendokumente verschwanden ebenso im dunklen Erdreich wie Kisten mit Meißener Porzellan, Perlen, Edelsteinen oder einfach den paar gesparten Münzen eines arbeitsreichen Lebens. So manches dieser privaten Verstecke wird ein ewiges Geheimnis bleiben.

Es schien in jenen Tagen, als ginge die Front durch die Seelen der Menschen. SS-Leute erschossen sich gegenseitig, weil sie sich der Feigheit bezichtigten. Brave Volkssturmmänner standen mit der Zündschnur in der Hand und warteten auf den Befehl zur Sprengung einer Brücke – die zumeist ein Teil ihrer Heimatstadt war. Andere wurden erschossen, weil sie sich weigerten, in den letzten Tagen noch zu kämpfen oder deutsche Dörfer oder Städte mit Granaten zu beschießen. In den Wäldern bildeten sich Banden aus versprengten und desertierten Soldaten. Der Schwarzmarkt begann.

Henriette von Schirach, die Ehefrau des obersten KLV-Chefs, versenkte im Walchensee die Zinnsoldatensammlung ihres Freundes Colin Ross, der sich hinter ihrem Haus erschoß. Überall, in Dorfweihern wie in Flüssen versenkten in diesen Wochen die Deutschen etwas: Parteiabzeichen, Uniformen, Armeepistolen, SA-Dolche, Führer-Nippes. Das Wasser, Symbol des Wahnsinns und des Totenreiches, aber auch Symbol des sich erneuernden Lebens, der Freude und des Spiels, schluckte die Insignien eines

Reiches. Der KLV-Schüler Bernd S.: „Wir sammelten alle Abzeichen und Uniformstücke im Lager ein, schweigend legte unser alter Lehrer sein Parteiabzeichen hinzu. Wir bündelten alles und warfen es, beschwert mit Steinen, in eine mit Wasser gefüllte Kiesgrube. Anschließend machten wir ein Feuer für alle Bücher, die mit einem Hakenkreuz geschmückt waren. Es blieb nichts übrig." Inge L. aus Hamburg erinnert sich, wie sie in ihrem KLV-Lager die letzten Hakenkreuzabzeichen wie einen kostbaren Schatz hüteten: „Wir steckten sie in unsere Wollmützen oder nähten sie in unser Jackenfutter. So hatten wir wenigstens das Gefühl, unseren Führer nicht ganz verraten zu haben. Trotzig erwarteten wir dann die Ankunft des Feindes."

Aus den Konzentrationslagern strömten ausgemergelte, halb tote Gestalten. Nicht alle widerstanden dem jahrelang aufgestauten Rachegefühl. Durch die noch nicht besetzten Gebiete zogen Greifkommandos der SS, jeden bestrafend, der sich nicht mehr der Sinnlosigkeit opfern wollte. Alfred Ehrentreich: „Der 20. April begann mit einer Morgenfeier. Das war insofern wichtig, als in den nächsten Tagen eine SS-Patrouille den Direktor ins Verhör nahm: Er hätte angeblich den Führergeburtstag nicht mehr gewürdigt. Diese Kommandos suchten vor Eintreffen der Amerikaner nach aufgeweichten Stellen in der Verteidigungsfront und waren mit dem Erschießen schnell bei der Hand."

Nicht wenige KLV-Lager wurden über Nacht führerlos. Aber auch darin gibt es kein einheitliches Bild: Manche nationalsozialistischen Lehrer setzten sich klammheimlich ab und ließen die Kinder im Stich; andere wiederum blieben und riskierten die Verhaftung durch alliierte Truppen. Nicht immer waren die überzeugten Parteigänger unter den Lehrern die schlechten. Für viele von ihnen brach in jenen Tagen eine Welt zusammen, an die sie geglaubt und für die sie gearbeitet hatten.

Auch mancher Lehrer, der nichts oder wenig mit dem Nationalsozialismus zu tun hatte, verschwand plötzlich, um sich allein in Sicherheit zu bringen. Grundsätzlich gilt aber: In den meisten Lagern blieben die Lehrer trotz aller Schwierigkeiten, die sie unter

Umständen von den Alliierten und von ihren eigenen Schülern zu erwarten hatten, auf ihrem Posten. Um noch einmal Alfred Ehrentreich zu zitieren: „Unser Lager bleibt unversehrt. Die Mädels müssen sich im Haus halten und bei Beschuß den Keller aufsuchen. Es knallt heftiger: Einschläge im Gartenhaus gegenüber, im zugehörigen Bauerngut, schließlich in einer Ecke unseres Schlosses. Wir stehen in der Kampflinie. Im Kirchturm sitzt ein deutscher Späher, der Signale über die amerikanischen Truppen nach Regensburg weitergibt. Die Amerikaner nehmen ihn fest, danach hört der gezielte Beschuß auf. Das Schicksal des Verhafteten ist eindeutig. Unseren Mädels bieten die beruhigten US-Soldaten von ihrer Schokolade an ... Der Lagerleiter wurde in der neuen, in vieler Hinsicht kritischen Lage der ihm anvertrauten Jugend gegenüber täglich nervöser ... Vor der Ankunft der Besatzung waren die ausgesprochen nationalsozialistischen Kennzeichen des Lagers beseitigt worden. Die Uniformen des Lagerleiters wurden in einem Teich versenkt. Er hat sich oft die Frage gestellt, wie es kommen konnte, daß er als Historiker sich so hinters Licht führen lassen konnte."

Andere KLV-Schüler hatten andere Erlebnisse. Ernst Blöckner aus Hamburg erinnert sich: „Gegen Ende des Krieges war plötzlich der Lagerleiter weg. Er hatte sich per Rad zu seiner Familie abgesetzt."

Eine Schülerin aus Essen notierte 1945 in ihr Tagebuch: „Wir hörten gestern die Rede von Dr. Goebbels. Mehrere Mädchen weinten. Unser Lehrer hielt anschließend auch eine kurze Rede und sagte, Adolf Hitler würde jetzt seine geheimen Waffen einsetzen. Der Krieg sei nicht verloren. Heute morgen war der Lehrer nicht mehr im Lager. Er sei, so sagt unsere Wirtschafterin, heimlich abgehauen."

Ein Berliner Lehrer erinnert sich: „Unser Lagerleiter war ein strammer Nationalsozialist. Er duldete im Kollegium keine Witze über Göring oder Goebbels, tadelte uns aufs schärfste, wenn an unserer Uniform etwas nicht korrekt war. Weihnachten hatte er noch eine germanische Sonnenwendfeier zelebriert. Einen Tag vor Einmarsch der Amerikaner fuhr er davon. Angeblich wollte er Lebensmittelkarten holen. In Wahrheit war er geflohen."

In Oberbayern erlebte ein KLV-Schüler folgendes: „Abends gab es noch wie üblich das Essen. Unser Lehrer saß am Tisch, sagte nichts. Am nächsten Morgen war er verschwunden – in seinem Zimmer lagen Braunhemd und Uniform mit dem Parteiabzeichen."

Lieselotte W. aus München: „Unser Lehrer war wenigstens ehrlich. Kurz vor Einmarsch der Amerikaner versammelte er das Lager, sagte, der Krieg sei verloren, jeder müsse selbst für sich sorgen, er habe keine Vollmacht mehr und würde, bliebe er im Lager, von den Alliierten verhaftet und sei deshalb für die Kinder auch nicht mehr von Nutzen. So sprach er und verschwand. Unsere Lagermannschaftsführerin, eine fünfzehnjährige Schülerin, übernahm daraufhin das Kommando. Wir mochten sie gern und gehorchten deshalb freiwillig."

Nach dem Einmarsch der Alliierten wurden viele Lehrer verhaftet. Zuerst nur die Parteimitglieder, später auch solche, die lediglich einer Parteiunterorganisation angehört hatten. Die meisten wurden allerdings nach wenigen Tagen oder Wochen wieder freigelassen und in die Kinderlager zurückgeschickt. Sie durften aber vorerst nicht mehr unterrichten, hatten auch nur geringe Vollmachten gegenüber den Kindern. Je nach persönlicher Autorität übernahmen sie die Leitung. Oft aber gehorchten die Kinder nicht mehr. Heinrich D.: „Nach dem Einmarsch der Amerikaner verachteten wir unsere Lehrer gründlich. Wir glaubten ihnen nichts mehr."

In den meisten Fällen waren aber die Kinder froh, wieder von den ihnen vertrauten Erziehern geleitet zu werden. Auf jeden Fall war es eine peinliche Situation. Bis kurz vor dem Ende der NS-Herrschaft hatten die Lehrer die Propagandasendungen interpretiert, mehr oder minder überzeugend die vorgeschriebenen Losungen über den Endsieg und über die Führergestalt wiederholt. Nun galt das alles nicht mehr. Und welches Kind hatte schon zuvor das feine Gehör für Unterschiede gehabt und heraushören können, ob ein Lehrer nur widerwillig ein Minimum von der ihm aufgetragenen nationalsozialistischen Propaganda weitergab, oder ob er aus Überzeugung oder gar – das waren oft die schlimmsten – aus Ehrgeiz das Pflichtpensum verdoppelte? In Ausnahmefällen wurden Lehrer auch von den Kindern bei den alliierten Behörden wegen ihrer Nazis-Vergangenheit angezeigt – oder, umgekehrt, bei NS-Stellen des Verrats am Führer bezichtigt.

Da die KLV-Schüler die schwarze Winteruniform der Pimpfe trugen, ereilte manche von ihnen das gleiche Schicksal wie die Erwachsenen. Oft hielten die alliierten Soldaten sie für Militär und steckten sie ebenfalls in Internierungslager, allerdings meist nur für wenige Tage. Das Mißtrauen der Alliierten war nicht immer unberechtigt. In den letzten Kriegswochen hatte die SS in den Kinderlagern Freiwillige angeworben und nicht selten fanatischen Zuspruch gefunden. Die Frucht von vier Jahren nationalsozialistischer Erziehung fern des Elternhauses war bei manchem aufgegangen. Wie viele der an den Fronten eingesetzten Kinder direkt aus KLV-Lagern kamen, läßt sich heute nicht mehr nachprüfen. Aber in allen Teilen des noch nicht besetzten Landes gab es KLV-Kinder, die unter dem Kommando der SS Panzerfäuste trugen oder später auf vorbeifahrende Besatzungswagen schossen.

Der Frankfurter Schüler Gustav Schreiber gehörte zu 200 Jungen im Alter von dreizehn und vierzehn Jahren, die in der Nähe von Bad Orb in KLV-Lagern von der SS rekrutiert wurden: „Um 19 Uhr kam in der Osterwoche im KLV-Lager die Anweisung, sofort anzutreten. SS-Offiziere gaben die Befehle, rüsteten uns mit Waffen aus und sagten, wer flüchte, der werde erschossen. Wir marschierten in Richtung Rhön, also nach Osten. Unter den SS-Leuten gab es wirklich welche, die uns ernsthaft erzählten, wir würden jetzt bis Moskau marschieren. Unserer Kinder-Einheit würde auch ein Tiger-Panzer zugeteilt. Er hatte psychologisch eine merkwürdige Wirkung auf uns: Wir fühlten uns in seiner Nähe geborgen und sicher. Leider ging dem Tiger-Panzer bald der

Treibstoff aus, wir mußten ihn stehenlassen – und bekamen plötzlich furchtbare Angst."

Mit vorgehaltener Waffe zwangen die Begleitmannschaften der Kinder Bauern zur Herausgabe versteckter Lebensmittel. Gustav Schreiber: „Sonst hätten wir nichts zu essen bekommen." Der Kinderzug geriet in Tieffliegerangriffe, verbarg sich nachts in Kuhställen und dunklen Scheunen. Am Ostermontag verschwand Gustav Schreiber mit einem Freund und versteckte sich in einem Mühlengrund bei Unterleichtersbach in der Rhön. Seine Kameraden wurden wenige Tage später von den Amerikanern gefangengenommen und den Franzosen zur Bewachung übergeben. Acht der KLV-Schüler kamen nach Frankreich in ein Gefangenenlager, lebten dort nach eigenen Angaben von Wasser und Brennesseln und wurden im Spätherbst 1945 entlassen.

Gustav Schreiber erwarteten in seinem Mühlenversteck seltsame Tage. Versprengte Soldaten tauchten auf, tauschten ihre Uniformen gegen Zivilsachen um und verschwanden wieder. SS-Trupps baten um Verpflegung oder nahmen sie sich einfach; sie suchten die Front, wollten unbedingt weiterkämpfen. Dann kam keiner mehr. Es trat eine unheimliche Stille ein: „Plötzlich lag das Tal wie im tiefsten Frieden da. Wir hackten Holz, färbten die umgenähten Wehrmachtskleider mit Gras grün und aßen soviel wir wollten. Die Front mußte in der Nähe sein. Die Deutschen hatten keine Macht mehr, die Amerikaner waren noch nicht da. Keiner wagte sich mehr aus dem Tal. Eier, Milch und Fleisch blieben für uns in jeder Menge übrig."

Die Kindereinheiten in den ländlichen Gebieten stellten zwar keine große Gefahr dar, aber natürlich wollte kein alliierter Soldat in diesen letzten Tagen sein Leben riskieren, und deshalb wurden die meisten KLV-Lagerinsassen in Gasthöfen, Jugendherbergen oder Schulen eingesperrt, durften tagelang die Gebäude nicht verlassen. Über die erste Begegnung mit amerikanischen Soldaten berichten die KLV-Schüler übrigens fast ausnahmslos positiv.

„Wir hörten seit Tagen das Grollen der näherrückenden Front", heißt es in einer Schilderung. „Wir hatten einen alten, feuchten Keller abgestützt und verbrachten dort die meiste Zeit. Zuerst kam ein Trupp junger deutscher Offiziere. Sie glaubten noch an den Sieg Hitlers. Dann zogen verwundete deutsche Soldaten durch unser Lager. Sie glaubten an nichts mehr. Es trat eine fast gespenstische Stille und Ruhe ein. Ich las später einmal Richards Hughes' berühmtes Buch *Von Dienstag bis Dienstag* und darin eine Beschreibung über die unheimliche Stille im Zentrum eines Taifuns. So ungefähr war es auch bei uns. Kein Wagen fuhr mehr, keiner ging mehr auf der Dorfstraße, aus den Ställen blökten wie vergessen die Kühe. Am Wegrand standen Milchkannen, die keiner mehr abholte. Wir waren alle mit den Nerven fertig, viele weinten, denn diese unerträgliche Ruhe dauerte einige Tage."

Marion M. aus Erlangen: „Am 16. April rückten amerikanische Panzerspitzen in Elsterberg ein. Natürlich stellten wir uns auf Grund unserer politischen Erziehung unter Amerikanern die reinsten Ungeheuer vor. Am Tage des Einmarsches waren wir Mädchen im Kohlenkeller des Schulgebäudes versteckt. Unser Lehrer postierte sich am Kellereingang. Ich erinnere mich, daß er sehr schlecht aussah. Dann kamen die ersten amerikanischen Soldaten herein. Es waren viele Schwarze dabei. Uns allen blieb fast das Herz stehen, zumal wir noch nie einen Neger gesehen hatten. Zu unserem allergrößten Erstaunen grinsten sie freundlich und warfen uns Schokolade zu (diese flachen, runden seedichten Packungen). Später konnten wir in unsere Schlafsäle zurückkehren. Es war eine Erlösung."

Ein anderer KLV-Schüler berichtet: „Kurz vor Einmarsch der Amerikaner befahl unser Lagerleiter, wir sollten uns alle unsere HJ-Winteruniform anziehen. Er glaubte wohl, mit diesen festen Kleidern seien wir für die kommenden ungewissen Wochen am besten gerüstet. Die Amerikaner sahen es anders. Sie glaubten, wir seien ein Kinder-Kampfbataillon, und steckten uns erst einmal alle in ein Gefangenenlager. Erst nach Tagen kamen wir wieder frei und mußten alle im Tanzsaal eines Gasthofes leben. Verpflegung bekamen wir nicht."

Mehrere Klassen der Hamburger Oberschule Lerchenfeld waren in KLV-Lagern in der Fränkischen Schweiz evakuiert. In der Chronik der Schule steht über die Besetzung: „Flüchtlinge aus dem Osten zogen mit ihren Gespannen, mit Vieh und dem letzten Rest ihrer Habe durch das Wisenttal. Zuerst waren es vereinzelte, kleine Gruppen, bald gehörten die Flüchtlingszüge zum gewohnten Bild, wenn die Kinder beim Unterricht auf die Straße schauten. Wenn die Lehrkräfte über die Dooser Hochfläche von einem Lager in das andere wanderten, um dort zu unterrichten, hörten sie den Kanonendonner von den Fronten in West und Ost. Solange es möglich war, wurde ein geregelter Unterricht aufrechterhalten; der gewohnte Tagesablauf war das beste Mittel, die Kinder einigermaßen ruhig zu halten. Wir mußten immer enger zusammenrücken. Neue KLV-Klassen kamen und mußten bei uns untergebracht werden. Am 13. April 1945 kamen die Amerikaner. Nun gab es keine für die Versorgung der Bevölkerung verantwortliche Stelle mehr. Keine Dienststelle, an die man sich wenden konnte. Wer ernährte jetzt die vielen Mädchen? Manche Lehrkräfte hatten Vorsorge getroffen. Eine KLV-Leiterin beorderte vor dem Einmarsch der Amerikaner nachts zwei Lastwagen mit Lebensmitteln aus dem Zentrallager in Bayreuth nach Muggendorf. Die Lehrbücher wurden eilig vergraben. Vor dem Einmarsch der Besatzung verließen Schülerinnen und Lehrerinnen das Lager und übernachteten in einer der riesigen Höhlen, an denen die Kalkfelsen der Fränkischen Schweiz so reich sind. Zu einer anderen Zeit wäre das sicherlich eine Riesengaudi gewesen, aber jetzt geschah es im bitteren Ernst."

Der Hamburger Redakteur Bernd Schmidt erlebte den Einmarsch im KLV-Lager „Hotel Stern" in Gößweinstein in der Fränkischen Schweiz: „In der Luft kreiste seit Tagen eine amerikanische Aufklärungsmaschine und kündigte so das Anrücken der Amerikaner an. Das Dorf sollte unbedingt verteidigt werden, wir Schüler wurden noch von verwundeten Soldaten in Schnellkursen am Gewehr ausgebildet. Aber als es ernst wurde, postierte sich nur ein einziger Soldat am Dorfausgang neben der Mühle. Wir

Kinder verbrachten die Tage in einer Höhle, von deren Decke ständig kalte Wassertropfen fielen. Wir froren erbärmlich und hatten furchtbare Angst. Der einsame Soldat gab mit der Panzerfaust tatsächlich noch einen Schuß ab, der aber – Gott sei Dank – sein Ziel verfehlte. Der Ortspfarrer hatte inzwischen auf dem Kirchturm ein weißes Bettlaken angebracht. Von unserem Höhleneingang sahen wir, wie die Panzer um das Dorf herum im Tal weiterfuhren. In der Höhle und später wieder im KLV-Lager lebten wir von Brennesseln und roten Rüben. Die Einheimischen gaben uns nichts zu essen. Die Amerikaner aber waren nett. Sie ließen uns in ihren Abfallhaufen wühlen. Heute klingt das vielleicht makaber, damals war es für uns wie im Paradies."

Bernd Schmidt über die folgenden Wochen: „Wir waren von allen abgeschnitten. Wir hatten keinen Kontakt nach Hamburg. Unser Lehrer war von den Amerikanern seines Amtes enthoben; wir gehorchten ihm aber, weil wir ihn alle mochten. Eines Abends wollten drei Jungens abhauen. Wir seilten sie aus dem Fenster des Schlafsaales heimlich ab. Einer von ihnen, ich weiß seinen Namen nicht mehr, starb auf dem Marsch nach Hause."

Eine Aktennotiz der Hamburger Schulverwaltung gibt Auskunft über diesen Fall: „Der Schüler Willy Wegner, geboren am 3. September 1932, berichtet, daß er mit seinen Kameraden Claus Ammann und Rudolf Voss Ende Mai 1945 das KLV-Lager in Gößweinstein ohne Genehmigung des Lagerleiters verlassen habe und mit ihnen nach Hamburg gewandert sei. Willy Wegner und Claus Ammann sind am 12. Juni 1945 über Bayreuth, Göttingen, Hannover in Hamburg eingetroffen, aber ohne ihren Kameraden Rudolf Voss, dem unterwegs ein tödlicher Unfall zugestoßen ist. In Kirchshorn bei Waischenfeld waren amerikanische Panzer aufgefahren, bei denen sich die Jungen mit vielen anderen Zuschauern aufhielten. Ein amerikanischer Soldat hantierte mit einer deutschen Armeepistole, mit der er offenbar nicht genau Bescheid wußte. Dabei löste sich ein Schuß, durch den der Schüler Rudolf Voss verletzt wurde. Sofortige ärztliche Hilfe war zur Stelle. Die Milz war getroffen und mußte herausgenommen werden. Der

Junge lebte noch einen Tag und eine Nacht und verstarb am 30. Mai im Luftwaffenlazarett. Er wurde am 1. Juni in Waischenfeld beigesetzt."

Aus allen Lagern der KLV flohen in diesen Wochen Kinder, zuweilen mit dem stillen Einverständnis der Lehrer. In den erhaltenen Unterlagen finden sich zahlreiche Erwähnungen solcher Fluchten. Zum Lager Puttenhausen beispielsweise findet sich der Vermerk: „Vier Schüler, Günther Horstmann, Lothar Denk, Herbert Klinner und Harry Senft, entwichen und gingen zu Fuß nach Hamburg. Alle wohlauf angekommen."

In den Akten über das Lager Unterrowen steht: „Schüler Günter Klappert floh vor der Besetzung mit dem Schüler Hermann Zaddach, verlor ihn aber unterwegs." Und der Schüler Lothar Todt berichtete am 6. Juni 1945 der Hamburger Schulbehörde: „Ich verließ mit meinem Kameraden Christian Kurz unser KLV-Lager. Bis zu unserer Flucht gab es keine Kampfhandlung. Das Lager war aber zum Volkssturm eingesetzt."

Der Schüler Emil Weber verließ im Bayerischen Wald sein KLV-Lager, ging zu Fuß quer durch Süddeutschland, holte seinen kleineren Bruder aus einem Lager bei Garmisch ab und wanderte mit ihm weiter durch das zerstörte Land: „Nachts versteckten wir uns in Scheunen, tagsüber bettelten wir amerikanische Soldaten an. In München wollten wir unsere Tante suchen. Wir irrten durch die Trümmer, setzten uns dann in eine Ecke und weinten. Eine alte Frau nahm uns mit nach Hause, kochte uns eine Wassersuppe, ließ uns eine Nacht bei sich auf dem Fußboden schlafen. Am nächsten Tag wollte sie uns zur Sammelstelle bringen. Wir hauten aber ab und gingen weiter in Richtung Norden. Erst vier Wochen später kamen wir in Düsseldorf an. In den Trümmern fanden wir nur mühsam unsere Straße, unser Haus stand nicht mehr, meine Mutter war auch nicht da. Nachbarn sagten uns, daß sie in die Nähe von Euskirchen evakuiert worden sei. Als wir das hörten, versagten meine Kräfte. Ich bekam einen Weinkrampf. Damals war ich erst dreizehn Jahre alt. Mein kleiner Bruder war gerade zehn geworden."

Von den Tausenden KLV-Schülern, die in diesen Wochen zu Fuß oder auf offenen Güterwagen durch Deutschland zogen, mochten zwar einige aus Abenteuerlust aus den Lagern ausgerissen sein. Bei der Mehrheit aber hatten ganz andere Fluchtmotive gewaltet. Da war zunächst einmal die Ungewißheit über das Schicksal ihrer Familien, denn es gab in der ersten Zeit der Besetzung ja keinerlei Telefon- oder Briefverbindung. Und dann die Ungewißheit – und Unsicherheit – in den Lagern selbst.

Jahrelang waren die Kinder mehr oder minder radikal mit den Parolen des Führers vertraut gemacht und mit der Propaganda über den nahen Endsieg vollgestopft worden. Noch am 20. April hörten viele in den Lagern – oft schon unter amerikanischer Besetzung – Goebbels' Rede zum Geburtstag des Führers. Sie hörten sein Treuegelöbnis und sein Siegesversprechen. Noch einmal entflammte der große Propagandist dieses Jahrhunderts einen Teil der Deutschen – und nicht wenige Kinder in den KLV-Lagern. Dort spukten ohnehin mehr als anderswo die geheimnisvollen Geschichten über die Wunderwaffe des Führers, über eine plötzliche Wende ... Wie nahmen die Kinder diese Goebbels-Rede auf? Hier einige Erinnerungen, vielleicht sehr zufällig, vielleicht aber doch typisch für den inneren Zusammenbruch vieler Menschen.

Gerhard M.: „Unser Lagerleiter stellte am 20. April das Radio an – wie in allen Jahren zuvor. Wir mußten auf dem Hof antreten, hißten die nationalsozialistische Fahne und hörten die uns so vertrauten Laute Goebbels'. In diesem Moment fühlte ich mich unendlich stolz, hatte nur einen Gedanken – mitzukämpfen. Ich wollte mein Leben opfern. Dazu aber hatte ich keine Gelegenheit mehr. Zwei Tage später besetzten die Amerikaner unser Lager. Sie waren sehr freundlich, was mich dann vollends verwirrte."

Irmgard N.: „Wir hörten die Rede Goebbels' wie in einer stillen Andacht, manche weinten."

Dieter B.: „Die Amerikaner hatten uns das offizielle Lagerradio abgenommen; wir hatten aber noch ein anderes und hörten deshalb heimlich die Rede Goebbels'; zwei Jungen flohen in dieser Nacht; sie wollten sich zu einer SS-Einheit durchschlagen."

Herbert K.: „Wir Schüler hatten eigenmächtig die Rede eingestellt, lauschten gierig und voller Spannung. Unser Lehrer kam in das Zimmer. Es war ein alter Herr, der in den Jahren zuvor auffallend still war, jede Aussage über den Nationalsozialismus möglichst vermied und mit uns die deutschen Klassiker wie in einem stummen Protest paukte. Jetzt sah ich ihn zum ersten Mal hochrot und zornig; er stellte das Radio ab, zog wie zur Bestätigung den Stecker aus der Dose und sagte nur: ‚Nun ist aber endgültig Schluß mit diesem Spuk!' Damals waren wir über seine Reaktion empört. Erst Jahre später ging mir auf, was für eine bedeutende Persönlichkeit er gewesen sein muß. Leider wurde er 1946 von den Russen verschleppt, wir sahen ihn nie wieder."

Welch ein Abgrund menschlicher Verworfenheit, welcher Zynismus. Nachdem Hitler und sein Propagandachef Millionen Männer in den Tod befohlen hatten, riefen sie nun die Kinder in eine Schlacht, an die sie nicht mal selber mehr glaubten.

Wie es um den Führer an seinem letzten Geburtstag wirklich aussah, schilderte sein Rüstungsminister Albert Speer später in seinen *Erinnerungen*: „Eigentlich wurde Hitlers letzter Geburtstag nicht mehr gefeiert. Wo an diesem Tag sonst zahlreiche Autos vorfuhren, die Ehrenwache präsentierte, Würdenträger des Reiches und des Auslands ihre Glückwünsche vorbrachten, herrschte Ruhe. Hitler hatte sich zwar vom Bunker mit seiner fünf Meter dicken Betondecke in die oberen Räume begeben, die in ihrer Vernachlässigung einen passenden Rahmen zu seinem bejammernswerten Zustand gaben. Eine Abordnung der Hitler-Jugend, die sich im Kampf bewährt hatte, wurde ihm im Garten vorgestellt. Hitler sprach einige Worte, tätschelte den einen oder anderen. Seine Stimme war leise. Nach kurzer Zeit brach er ab. Er hatte wohl das Gefühl, nicht mehr überzeugen zu können, es sei denn im Mitleid. Niemand wußte recht, was er sagen sollte. Hitler nahm die Glückwünsche, den Umständen entsprechend, kühl und fast abwehrend entgegen."

Am nächsten Tag, nur wenige Stunden also nach seiner Siegesrede, ließ auch Goebbels die Maske fallen – vorerst jedoch nur im Kreise seines Ministeriums. Um elf Uhr fand, wie gewöhnlich, die Sitzung der Abteilungsleiter statt. Goebbels erschien in einem Saal, dessen Fenster zersprungen waren und wo auf dem Parkett Staub und Stuck lagen. Er schrie, als befände sich vor ihm eine tausendköpfige Menge im Sportpalast und nicht ein kleines Häuflein blasser, übermüdeter Mitarbeiter. Seine Stimme steigerte sich zwischen den Trümmern zu einem Wutgebrüll: „Alles ist verloren ... Ein Volk von Feiglingen! Es läßt seine Frauen vergewaltigen. Es läßt seine Erde beschmutzen. Im Osten flieht es. Im Westen ergibt es sich. Es war des Nationalsozialismus nicht wert. Aber seine Feigheit, seine Niederlage, seine Demütigung werden ihm teurer zu stehen kommen als ein Sieg, dessen Preis diesem Volk zu hoch war.“ Während dieser entlarvenden Worte kämpften noch Hunderttausende von Soldaten, vielleicht nicht mehr für die Ideen des Herrn Goebbels, sicher aber um die Besetzung ihres Vaterlandes durch russische Truppen hinauszuzögern.

Nach der Kapitulation brach in den KLV-Lagern die schwerste Zeit an. Die Institution der Kinderlandverschickung hatte laut alliiertem Befehl aufgehört zu existieren. Das war einfach gesagt und sicherlich auch einfach befohlen. Aber: In den Lagern lebten Millionen Kinder. Da die Besatzungssoldaten einen Teil der Gebäude beanspruchten und Millionen Flüchtlinge wenigstens ein Dach suchten, mußten die Kinder in den folgenden Monaten oft so eng zusammenleben, wie es heute ein Jugendlicher kaum für möglich halten würde.

Der Lehrer Ziemkendorf berichtete am 21. Juni 1945: „Seit vier Wochen hocken wir tags und nachts in drei kleinen Schlafräumen ohne Möbel. Das Gebäude durften wir in der ersten Zeit nicht verlassen. Seit vierzehn Tagen sind sämtliche Toiletten unbenutzbar, die Jungens müssen also nachts einen im Zimmer stehenden Eimer benutzen.“

Der Schüler Jürgen B.: „Zum Glück hatten wir einen Biologielehrer im Lager. Er zeigte uns, wie wir Brennesseln essen konnten. Später haben wir den Amis einfach Lebensmittel geklaut. Das haben sie überhaupt nicht gemerkt."

Heinrich D.: „Wir waren achtzig Kinder und vier Erwachsene. Wir mußten alle zusammen zwei Monate lang in einer Wirtshausstube schlafen und uns dort auch tagsüber aufhalten. Es gab keine Toilette, und der Gastwirt weigerte sich, uns irgend etwas zu essen zu geben. Nachts zogen wir heimlich bis zu 30 Kilometer weit über die Felder, klaubten Wurzeln zusammen und bettelten – meistens vergebens – bei den Bauern. Später durften wir tagsüber auf die Straße, der Hunger aber blieb bis September, als wir wieder zurück nach Dortmund fahren konnten."

In diesen Wochen waren die Lager vom Wohlwollen der neuen Bürgermeister oder von ihren bisherigen Gastgebern abhängig. Entsprechend der menschlichen Natur waren die Erfahrungen sehr unterschiedlich. In Pielenhofen drohte der Ökonom Dr. Eisenbarth, die Mädchen auf Arbeitsstellen verteilen zu lassen, um die Schulden für sein Kloster wieder hereinzuholen. Im Lager Perlesreuth dagegen versprach der Gastwirt Hilz, für die Kinder „ohne Rücksicht auf die finanzielle Angelegenheit so lange zu kochen, bis seine Schutzbefohlenen wieder nach Hause fahren". Das Lager Margaretenbad bei Prachawitz war im April 1945 aufgelöst worden. Die Kinder nähten sich in aller Eile aus ihren Kopfkissenbezügen Behelfsrucksäcke und marschierten nach Zwiesel und Heinrichsreuth. Der Lehrer: „Der neue Bürgermeister von Zwiesel ist unfreundlich und droht täglich, die Kinder nicht mehr zu verpflegen und aus dem Ort zu entfernen. Ich mußte jeden Tag damit rechnen, mit den erschöpften und halbverhungerten Kindern wieder auf den Treck zu gehen."

In den ersten Monaten nach der Kapitulation lebte man im besetzten Deutschland nicht ungefährlich. Überall lagen noch Waffen herum, Abenteurer durchstreiften das Land. Befreite Kriegsgefangene hielten sich schadlos, und vor allem im sowjetischen Besatzungsbereich verhielten sich die Soldaten so, wie es Marschall

Georgij K. Schukow in einem Tagesbefehl geboten hatte: „Räche Dich! Verhalte Dich so, daß der Einbruch unserer Armeen nicht nur den heutigen Deutschen, sondern auch ihren fernen Enkeln in Erinnerung bleibt. Denke daran, daß alles, was die deutschen Untermenschen besitzen, Dir gehört... Habe kein Mitleid im Herzen."

Über die Verbrechen sowjetischer Soldaten in ihrem Besatzungsbereich gibt es inzwischen eine Reihe seriöser Darstellungen. Nicht bekannt ist bisher, ob auch KLV-Lager von den Ausschreitungen betroffen waren. Ebensowenig wissen wir, ob tatsächlich alle KLV-Kinder rechtzeitig aus Böhmen und Mähren herausgebracht werden konnten. Bekannt ist, daß noch Ende April und Anfang Mai KLV-Züge von Prag aus in Richtung Westen fuhren. Es ist unwahrscheinlich, daß sich noch ein ganzes Lager nach Schließung der Grenzen auf dem Gebiet der heutigen ČSSR befand. Aber hatte man auch all jene KLV-Kinder herausgeholt, die in Prag in Krankenhäusern lagen?

Ähnlich wie in Jugoslawien ereigneten sich nach der deutschen Niederlage auch in der Tschechoslowakei und vor allem in Prag unvorstellbare Szenen. Einheiten der Wlassow-Armee führten in Prag einen Zwei-Fronten-Krieg, kämpften gleichzeitig gegen Waffen-SS und gegen tschechische Widerstandskämpfer. Bald flohen Wlassow-Truppen und deutsche Verbände gemeinsam nach Westen. Was dann in Prag geschah, schildert der Historiker Helmuth Günther Dahms in seiner *Geschichte des Zweiten Weltkrieges*: „Zahlreiche Deutsche waren eingeschlossen. Ein orgiastischer Blutrausch hatte den Janhagel erfaßt. Einige der achtzehn Lazarette wurden geplündert, ihre Verwundeten zu Tode gequält. In den Nächten hingen von den Laternenpfählen am Wenzelsplatz die benzinübergossenen Körper brennender SS-Leute; nackte Frauen, denen man die Sehnen durchgeschnitten hatte, krochen unter den Fußtritten des Pöbels über das Pflaster; in den Löschteichen schwammen die Leichen der Ertränkten. Hinter dem Wolschaner Friedhof und beim Strakov-Stadion wurden Hunderte, darunter Schüler und Krankenschwestern, erschossen. Eine johlende Menge stürzte mit Stacheldraht zusammengeschnürte Menschenbündel über die Brüstungen der Moldaubrücke."

Ob es sich bei den erwähnten Schülern um letzte Angehörige der KLV gehandelt hat? Dieser Blutrausch war für den Moment der Niederlage seit Monaten vorhersehbar gewesen. Hitler aber hatte einen geordneten Rückzug verboten.

Gerhard Dabel, der letzte Leiter der Reichsdienststelle der KLV in Berlin, berichtet: „In einer Tagesfahrt fuhr ich mit einer alten Victoria 350 nach Wien und erreichte den Sitz des obersten Verantwortlichen für die KLV wenige Tage vor dem Einmarsch der Russen in die Donaumetropole. Diese Begegnung mit dem von mir hochgeschätzten Baldur von Schirach war erschütternd. Pflichtgemäß war ich erschienen, um mir verbindliche Weisung einzuholen, wann und wohin die KLV-Lager zu verlegen seien, die sich außerhalb der alten Reichsgrenzen von 1937 befanden. Baldur von Schirach erklärte mir, daß er keinerlei Draht mehr zu Hitler und Bormann habe. Eine Generalvollmacht für notwendige Rückführungen könne er mir aus diesem Grund nicht geben, aber er hoffe, daß ich das Richtige tun werde."

Zu dieser Zeit galt der Grundbefehl Hitlers, daß „Räumungen" und „Rückführungen" nur mit ausdrücklicher Genehmigung seiner Parteikanzlei statthaft seien. Gerhard Dabel handelte damals aus eigener Initiative, ließ die Lager auflösen und dirigierte die KLV-Züge in Richtung Westen. Hätte er damals nicht selbständig gehandelt, hätte mindestens 50000 KLV-Kinder in Böhmen ein unvorstellbares Ende erwartet.

Gerhard Dabel: „Die Reichsdienststelle KLV hat bis zum 8. Mai 1945 in Bad Podiebrad gearbeitet, zu einem Zeitpunkt, als die letzten KLV-Lager das Erzgebirge und den Böhmerwald in Richtung Reich überquerten. Die erwachsenen Mitarbeiter der Dienststelle, zum Teil mit Familien, begaben sich erst dann auf den Heimmarsch zu Fuß und mit Handwagen."

In Bad Podiebrad oder in dessen Nähe blieb die berühmte Hobrecker-Sammlung alter Bilderbücher zurück, die Baldur von Schirach einst für die Hitler-Jugend aufgekauft hatte. Wie bei so vielen Schätzen des Dritten Reiches war auch bei diesen wertvollen Büchern – unter denen sich das Urmanuskript des *Struwwelpeters* befand – die Frage aufgetaucht, wohin sie in Sicherheit gebracht werden könnten, denn das Reich bot ja nicht mehr genug Schutz. So hatte Schirach die Sammlung dann nach Böhmen in ein KLV-Lager schaffen lassen. Sie ist bis heute verschollen. Vielleicht lagert sie immer noch in einem kleinen Städtchen der ČSSR auf dem staubigen Boden irgendeiner Behörde.

Unterdessen wurde im Sommer und Herbst 1945 die Lage in den Notunterkünften der KLV im Restreich immer prekärer. Die Heimatstädte erstickten in Trümmern, nur langsam bekamen die neuen Verwaltungen Macht und Kraft. In diesen Wirren mußten die meisten Kinder bis zum Spätherbst in den Lagern ausharren – viele sogar bis 1946. Die Heimatstädte bemühten sich, erste Lastwagen oder Busse zu den Kindern zu schicken, die Alliierten stellten Züge zur Verfügung. Eine Fahrt durch Deutschland aber war ein großes Abenteuer. Nur wenige Schienenstränge waren intakt, nur wenige Straßen notdürftig ausgebessert.

Der Lehrer Helmut Brodermann fuhr nach wochenlangem Warten mit seiner Gruppe am 10. Juli von Mainburg ab. Auf dem Landshuter Bahnhof warteten bereits 322 andere KLV-Kinder. Sie warteten einen Monat. Am 11. August endlich ging der Sonderzug ab. In neun Waggons saßen 368 Lehrer und Schüler. Der Zug brauchte vier Tage bis Hamburg. Während dieser Zeit gab es nichts zu essen.

Die Lehrerin Mercedes Wolf wartete mit ihrer KLV-Gruppe in Bachhausen bei Beilngries bis zum 5. November 1945 auf die Rückführung: „Am Montag morgen hielten wir uns wieder bereit, wie so oft in den letzten Monaten. Jedesmal hatten die Kinder tagelang auf ihrer armseligen Habe gesessen und auf die Ankunft eines Lastwagens gewartet. Jedesmal mußten wir wieder zurückgehen in unser Quartier. Es war furchtbar. Wir wußten alle nichts über das Schicksal unserer Angehörigen und warteten und warteten. An jenem Montag aber, im November, kam gegen 17 Uhr tatsächlich ein Lastwagen. Trotz der Kälte hatte er keine Plane, wir mußten am nächsten Morgen auf der Ladefläche ungeschützt über Regensburg bis nach Schwandorf fahren. Der Sonderzug für die 800 wartenden Kinder war abgesagt worden, statt dessen kam ein Güterzug. Wir hausten in einem dieser Waggons mit den vierzig Kindern drei Tage. Täglich strömten neue Kinderscharen zu dem Zug. Als wir am 9. November abfuhren, befanden sich mehr als zweitausend Kinder eng zusammengepfercht in den Waggons. Wir fuhren zwei Tage und Nächte. Die Wagen hatten keine Türen, der November war bitter kalt. Für jeden Waggon gab es pro Tag nur ein Brot – es waren Krümel für jeden."

Annemarie F. erinnert sich: „Endlich, gegen 11 Uhr, hörten wir den Lastwagen anbrummen, und fort ging es. Abends am Main. Englische Besatzungszone. Kontrolle. Wir wurden in ein Gefangenenlager dirigiert. Die ganze Nacht verbrachten wir unruhig im Wagen hinter Stacheldraht und Wachtürmen. Spät in der nächsten Nacht kamen wir auf wie immer schlechten Straßen im zerstörten Bielefeld an. Wir erkannten überhaupt nichts mehr. Kein Mensch auf der Straße. Wir hielten in einer Seitengasse der Innenstadt. Sperrstunde. Bis zum frühen Morgen blieben wir notgedrungen wieder auf unseren Plätzen. Die grünen Äpfel, die wir uns während der Fahrt von den Bäumen an der Landstraße gepflückt hatten, machten uns zu schaffen. Um sechs Uhr stoben wir auseinander. Mit einer Freundin nahm ich die erste Straßenbahn nach Schildesche. Die Kirche und das Haus daneben sahen so winzig aus. Alles stand noch auf dem gleichen Platz. Meine Eltern und Schwestern lebten. Aber meine Freundin, wie manche anderen meiner Schule, fand weder ihr Haus noch ihre Familie."

Eduard S. kam im September 1945 nach Berlin zurück: „Vom Bahnhof aus ging ich mit zwei Freunden durch die Trümmer. In unserer Straße stand kein einziges Haus mehr. Wir wußten auch nicht, wen wir fragen konnten. In der Nähe bauten wir uns aus Brettern an einer Steinmauer eine Bude, klauten uns einen alten Ofen. Nach wenigen Wochen waren wir eine richtige kleine Diebesbande, immer zwischen neun und vierzehn Mann. Wir glaubten immer noch an den Nationalsozialismus und hielten die Besatzungssoldaten für Verbrecher. Wir klauten ihnen Lebensmittel und stachen Reifen von Militärwagen kaputt. Eines Tages traf ich einen Bekannten meiner Eltern. Er sagte mir, meine Mutter lebe in der Nähe von Aachen. Ich machte mich auf den Weg. Wenn ich in Berlin geblieben wäre, wäre ich sicherlich noch weiter auf der schiefen Bahn abgerutscht."

Über eine ähnliche Bandenbildung berichtet Erich M. aus Köln: „Meine Eltern waren bei den Luftangriffen in Köln ums Leben gekommen, mein älterer Bruder an der Ostfront vermißt. Zusammen mit anderen ehemaligen KLV-Schülern, die ein ähnliches Schicksal hatten, machten wir Köln unsicher. Wir beschafften den Besatzungssoldaten Mädchen und handelten mit Alkohol. Nicht alle von uns fanden den Weg zurück in das normale Leben."

An den Schulen der Städte begann zwar langsam wieder der erste dürftige Unterricht, aber wer von den Jugendlichen allein war oder nur mit ehemaligen KLV-Kameraden zusammenlebte, führte in dieser Zeit ein vogelfreies, jedoch hungriges Leben. Erst langsam kehrten Eltern und Angehörige zurück und bildeten wieder ein natürliches Regulativ.

Andere KLV-Kinder saßen aber noch bis Mitte 1946 in ihren ehemaligen Lagern oder mittlerweile bei Bauern und arbeiteten für das tägliche Essen auf den Feldern. Eine Berliner KLV-Gruppe erlebte das Kriegsende und die vielen Monate danach in dem Städtchen Neumarkt. Sie kam erst im Frühjahr 1946 in ihre Heimat zurück. Wer den Bericht des Lehrers Erich Hallmich heute liest, wird die Erlebnisse dieser Gruppe für ein seltenes Abenteuer halten. Ein Abenteuer war es, ja, aber ein seltenes in jenen Tagen bestimmt nicht. Millionen andere KLV-Schüler können ähnliches erzählen.

Zuerst die letzten Kämpfe: „Statt Friedensglocken wieder und immer noch Luftangriffe. Hundertfünfzig Meter vom Kloster entfernt fielen die Bomben in den Wald, erschütterten unsere Gebäude bis in die Grundmauern. Haustiefe Trichter und umgekippte Bäume blieben zurück. Eine kleine Gruppe unserer KLV-Schüler erwischte es mitten im Walde, als sie von Besorgungen aus Neumarkt heraufkamen. Einer wurde von den Erdmassen verschüttet, aber von seinen Kameraden wieder ausgegraben. Sie weinten hemmungslos. Der arme Junge wollte heim zu seiner Mutter, er zitterte am ganzen Leibe und erbrach mehrere Male. Ja, der Krieg hatte uns in unserem Versteck entdeckt. Eines Tages überraschte es uns im Garten. Auf das Sirenensignal warfen wir uns zunächst alle platt auf den Boden und starrten nach oben. Da sahen wir völlig überrascht eine Riesenbombe auf uns herniedersausen. Da explodierte das Ding schon etwa fünfzig Meter über uns – mit harmlosem Knall in viele tausend Zeitungen auseinander, die wie ein Schneegestöber auf uns fielen. Die Jungen waren am Ende ihrer Kräfte und Beherrschung. Der kleine Münster lief laut schreiend im Garten hin und her, ein anderer herzzerreißend weinend auf das Haus zu, mehrere stürzten sich auf mich, hemmungslos schluchzend. Die Fronten hatten sich in Neumarkt festgebissen, oben in der Küche gab es nur noch Kartoffeln und etwas Meerrettich. Wir zählten im Keller die Einschläge am Haus und im Garten. Wir zählten bis 125."

Im Ort war der Getreidespeicher zerstört worden, und die abziehende deutsche Wehrmacht erlaubte der Bevölkerung und den Kindern die Selbstversorgung. „In Bettüchern, Kopfkissen und irgendwelchen Gefäßen trugen die Kinder bis in den späten Abend einen kleinen Getreidehaufen in das Kloster." Nicht alle Menschen dachten in diesen Tagen der Auflösung nur an ihr eigenes Wohl. Die Inhaberin einer Verpflegungsfirma schenkte den KLV-Schülern zwei Zentner Zucker, fünfzig Pfund Reis, Suppenpulver sowie einen Zentner Marmelade und antwortete, nach der Rechnung befragt: „Vergessen Sie es."

Stunden vor dem Einmarsch der Amerikaner setzte erneut Granatfeuer ein, der Kirchturm des Klosters ging in Flammen auf, die Kinder löschten mit Handspritzen und Eimern. In der Nacht erkrankte der kleine Sohn des Lehrers an einem Nervenfieber und starb. Dann kamen die Amerikaner. Der Lehrer: „Mich holten die Soldaten aus dem Keller. An einem Baum machten sie halt. Ich mußte mich auf ihr Geheiß an die Mauer stellen, und dann hantierten sie an ihren Maschinenpistolen. Mir wurden die Knie weich, ich konnte mich nicht mehr auf den Füßen halten und sackte zusammen. Und dann hatten sie wohl genug an dem grausamen Spiel, sie gingen mit mir weiter. Mir wurde übel, ich erbrach mich. Sie brachten mich in ein provisorisches Internierungslager. Nachts verschwand ich heimlich und kehrte zu meinen KLV-Kindern zurück."

Das Kloster wurde von den Amerikanern wieder den Mönchen übergeben. „Am Mittag suchte uns ein Pater auf, sozusagen dienstlich, und teilte uns mit, daß das Kloster ihnen gehörte, von den Nazis beschlagnahmt worden wäre und daß wir es binnen 24 Stunden zu räumen hätten. Alle waren wir sprachlos vor Schreck und Unvermögen, diese Haltung zu verstehen. Auch die katholische Bevölkerung der Umgebung konnte das nicht begreifen. Wo sollte ich mit den Kindern hin? Das interessierte nicht, und es war auch nicht, wie man mich belehrte, die Aufgabe der Mönche. Woher sollten wir jetzt noch eine neue Unterkunft finden, wo ganz Deutschland ein Trümmerhaufen war? Ich fragte unter anderem den Gastwirt Nisslbek im benachbarten Höhenberg. Der gute Mann hatte das erlösende Wort für mich: ‚Kommen Sie mit Ihren Kindern zu mir. Die Kinder können im Wirtshaussaal und in der Scheune schlafen!'"

Die Kirche, die im Zweiten Weltkrieg große stille Werke der Nächstenhilfe geleistet hatte, die in vielen Fällen auch KLV-Gruppen Schutz und Nahrung gewährte, ohne nach Geld oder Gegenleistung zu fragen, kommt nicht um die Tatsache herum, daß sie in einigen Fällen auf tragische Art versagt hat.

Nach dem Rausschmiß aus dem Kloster lebte die Berliner Gruppe, wie die meisten anderen KLV-Lager, ohne eine Nachricht aus der Heimat. Damals kam eine Einrichtung auf, die bis weit in die fünfziger Jahre hinein von den deutschen Rundfunkanstalten beibehalten wurde und heute von den meisten Menschen wieder vergessen ist: der Suchdienst. 1945 gab es in einigen Rundfunkanstalten, wie zum Beispiel im Bayerischen Rundfunk, einen speziellen Suchdienst nur für KLV-Kinder. Abends, nach der regulären Sendezeit, wurden lange Listen vorgelesen mit Namen von Kindern, die von ihren Eltern gesucht wurden. Die Durchsagen waren nur kurz, beschränkten sich auf den Hinweis, daß die Eltern noch am Leben seien, und nannten gegebenenfalls deren neue Adresse. Die Eltern hatten dabei die Hoffnung, die Kinder würden die Sendung hören. Tatsächlich gab es während jener Monate in den meisten Lagern einen regelrechten Abhördienst.

KLV-Lehrer Hallmich berichtet: „Jetzt kam zu unseren Pflichten eine neue hinzu, nämlich das Abhören der Meldungen in der Nacht. Wir richteten einen Schichtdienst ein, der sich bis zum Beginn der Durchsage mit Schachspielen wachhielt. Meist mußten wir den Apparat enttäuscht abschalten. Wenn aber einer unserer Namen dabei war, steckten wir unsere Köpfe fast in den krächzenden Lautsprecher. Etwa zwölfmal hatten wir mit unserem Abhördienst Erfolg. Noch in der Nacht weckten wir den betroffenen Kameraden, das hatten sich alle so gewünscht. Mit der Taschenlampe in der Hand suchte ich den Schlafenden in einer der Scheunen, weckte ihn so zart wie möglich und hatte ihn dann meist spontan am Hals hängen, wo er seine plötzliche Freude ausweinen konnte."

Das Verpflegungsproblem wurde in den meisten Lagern immer schwieriger. Selbst Gemeinden, die anfangs noch gutwillig Lebensmittel an die Kinder abgegeben hatten, wurden nach so langen Monaten der Ungewißheit mürrisch und drängten auf Abreise. Gastwirtschaften oder Hotels, die bis dahin freiwillig und ohne Bezahlung die Kinder verköstigt hatten, gingen Geld und Proviant aus.

Vielen Lehrern blieb nun nichts anderes übrig, als die Kinder als billige Arbeitskräfte auf die Höfe in der Umgebung zu verteilen. Die meisten KLV-Schüler haben an diese Wochen oder Monate schlechte Erinnerungen. Nicht in jedem Fall ist das dem betroffenen Landwirt anzulasten. Die Kinder, desillusioniert, abgeschnitten von ihren Eltern, müde von den vielen Lagern, fühlten sich auch bei fürsorglichen Bauern nicht mehr wohl – sie wollten, wer könnte das nicht verstehen, nach Hause. Es ist nicht die Aufgabe dieses Buches, zusammenzuzählen, wie viele gute und wie viele schlechte Fälle es gab. Hier seien nur einige Beispiele zitiert.

Bernd S.: „Die Amerikaner brachten uns Kernseife und einige Dosen. Auf die Dauer reichte das aber nicht aus. Da auch der Bürgermeister nicht für uns aufkommen wollte, wurden wir auf die Gehöfte im Umkreis verteilt. Ich kam zu einem Landwirt, der bereits zwei Flüchtlingsfamilien beherbergte. Deshalb mußte ich in der Küche schlafen. Das war der wärmste Platz im ganzen Haus. Ich bekam genug zu essen, alle waren sehr freundlich zu mir."

Lehrer Dr. Gustav Schmidt: „Anfangs fanden wir fast nur Quartiere bei kleinen Bauern und armen Häuslern, während die Reichen sich weigerten. Später wurden auch sie gezwungen, Kinder aufzunehmen."

Lehrerin Annemarie Ludwig: „Anfang 1945 hatten wir unser gesamtes Gepäck schon zurück nach Berlin geschickt. Es war aber, wie wir später erfuhren, bei einem Fliegerangriff völlig verbrannt. Wir hatten die Sachen abgeschickt, weil wir jeden Tag mit unserer Rückführung nach Berlin gerechnet hatten. Nun saßen wir bis 1946 in dem kleinen Dorf fest. Im Sommer 1945 hatten wir uns mit Barfußgehen durchgeholfen. Pellkartoffeln, einige Zwiebeln und manchmal selbstgesammelte Pilze waren über Wochen unsere einzigen Nahrungsmittel. So lebten wir auch im Winter. Mehreren Kindern schnitt ich Ersatzschuhe aus alten Wehrmachtsreifen, nicht wenige trugen Wolldecken als Mäntel."

Jürgen Bossert: „Im Herbst 1945 wurden wir Bauern zugeteilt. Ich mußte morgens um vier Uhr aufstehen und, obwohl erst dreizehn Jahre alt, bis in den Abend hinein arbeiten. Zu essen gab es wenig. Manchmal wache ich noch heute nachts auf und glaube, diesen Hunger zu spüren, der mich damals über Monate quälte."

Hannelore Weber: „Ich kam zu einem Ehepaar, das im Krieg drei Söhne verloren hatte. Schweigend saßen sie am Tisch, redeten nicht mehr miteinander und auch nicht mit mir. Ich hatte furchtbare Angst vor ihnen; manchmal glaubte ich, sie nähmen mich überhaupt nicht mehr wahr."

Hans Schröder: „Am zweiten Tag verprügelte mich der Bauer, weil ich nicht schnell genug gearbeitet hatte. Morgens bekam ich ein Stück trocken Brot, abends eine Suppe. Nach wenigen Tagen hatte ich Läuse und einen Hautausschlag. Ich flüchtete nach vier Wochen. Und da unser Lehrer mir auch nicht helfen konnte, zog ich weiter Richtung Norden, um zu Fuß nach Berlin zu kommen. In Thüringen verhaftete mich eine Streife der Russen. Sie sahen mein Pimpfen-Hemd und glaubten, ich sei Nationalsozialist. Nach vier Wochen Lagerhaft haute ich auf dem Weg zu einem Verhör auf der Kommandantur einfach ab. Ich hatte so große Angst, daß ich mich nicht mehr in die Nähe von Städten und Dörfern getraute. Dann erwischte mich die Besatzung eines russischen Lastwagens. Sie waren sehr freundlich zu mir, gaben mir zu essen und nahmen mich mit bis in die Nähe von Berlin."

Ein Beauftragter der Stadt Frankfurt, der die Lage der KLV-Kinder hatte untersuchen sollen, konstatierte in seinem Bericht: „Die Landräte und Bürgermeister haben die Zahlungen an die Pflegeeltern eingestellt. So werden die Kinder in der Regel von ihren Pflegeeltern als eine unbequeme Last und als unnütze Mitesser angesehen und behandelt, von denen sie möglichst große Gegenleistung in der Form der Mitarbeit im Betrieb verlangen. Die Kinder laufen so Gefahr, ausgebeutet zu werden. Dieser Gefahr können auch die Betreuungslehrer nicht mehr entgegentreten. Besonders die kleinen Kinder werden überall abgeschoben."

Im Winter 1945/46 hatten die meisten Städte ihre Kinder heimgeholt. Am einfachsten gestaltete sich die Rückführung jener KLV-Lager, die in der Schlußphase nicht gar so weit von den Städten angelegt worden waren – die Kinder dort machten sich fast ausnahmslos zu Fuß auf den Heimweg. Manche hatten dabei allerdings beträchtliche Entfernungen zurückzulegen. So zogen in langen Märschen Hamburger Klassen aus Lüneburg oder Uelzen und

Frankfurter Klassen aus den Kreisen Gießen, Büdingen oder Alsfeld nach Hause. In den ehemaligen KLV-Verwaltungen der Städte sammelten die außer Dienst gesetzten KLV-Lehrer lose Blätter, auf denen handschriftlich die Rückkehr eines jeden Schülers registriert wurde.

Berlin aber, die viergeteilte Stadt, holte viele ihrer Gruppen erst im Sommer 1946 zurück. Der Berliner Verwaltung wäre ein noch späterer Termin lieber gewesen; sie wollte die Kinder erst im Frühjahr 1947 aus den ländlichen Räumen – vor allem in Bayern – zurückholen. Die Behörden in München wehrten sich, und so fuhren die letzten KLV-Klassen im Spätsommer 1946, nach sechs Jahren der Evakuierung, ab – in eine Stadt, die sie kaum noch als ihre Heimat wiedererkennen konnten.

Über das Leben der Gruppen in diesen letzten Monaten liegen sehr viele traurige Berichte vor. Jahrelang waren die Kinder mit der nationalsozialistischen Propaganda gefüttert worden; sie hatten Ideale, glaubten an eine Kameradschaft und Treue, die es draußen im wirklichen Leben gar nicht gab, die sie sich in der Isoliertheit der Lager vorgegaukelt hatten. Für viele begann nach der Kapitulation eine Zeit wie nach einem seltsamen, absurden Traum. Nichts galt mehr, was gestern galt. Hinzu kam, daß die Besatzungssoldaten, speziell die Amerikaner, ihnen eine Lebensweise vorführten, die den Deutschen auch vor dem Krieg fremd gewesen wäre. Wie aber mußte das jetzt auf die Kinder wirken: der rücksichtslose Verschleiß von Maschinen und Gerät, ein Füllhorn mit Lebensmitteln, wohl auch die sexuelle Freizügigkeit, die es immer geben wird, wenn Soldaten ein Land besetzen. KLV-Lehrer, aus dem Dienst entlassen, gaben nun ihren ehemaligen KLV-Schülerinnen Englischunterricht, weil die Mädchen einen amerikanischen Freund hatten. Unscheinbar wirkende Männer, die als Flüchtlinge in den Dörfern lebten, wurden plötzlich verhaftet, weil sie im Verdacht standen, SS-Mörder gewesen zu sein. Aber diese jetzt so unscheinbar wirkenden Männer waren bis vor wenigen Monaten die gloriosen Vorbilder der Kinder gewesen.

Horst T. aus Berlin: „Unser Dorf war auch 1946 voll mit

Flüchtlingen. Wir spürten zwar immer Hunger, aber als ich später erfuhr, wie wenig die Menschen in den Städten zu essen hatten, dann glaubte ich, daß es uns nicht schlecht ging. Eines Tages fuhr ein amerikanischer Jeep in unser Dorf, gefolgt von einem Lastwagen mit amerikanischen Soldaten. Sie suchten die Häuser ab und verhafteten einen Mann in einer ärmlichen, geflickten Jacke. Fast alle standen auf der Dorfstraße und schauten zu. Der Mann hatte sich als ein baltischer Schuster ausgegeben und im Dorf und auch für unser KLV-Lager Schuhe geflickt. Nun erfuhren wir, daß er in der SS gedient hatte und im Osten an Massenerschießungen beteiligt gewesen sein sollte."

Die Kinder hörten erstmals von der Existenz der KZs und daß dort nach der Besetzung verdächtige Personen über einen Laufsteg gehen mußten, um die Identifizierung durch die ehemaligen Häftlinge zu erleichtern. In Bayern und Österreich entstanden mindestens zwanzig Frauenlager, in denen Angehörige von höheren Nazi-Funktionären festgehalten wurden. All das mußten die Kinder im Schnellverfahren in sich aufnehmen und verarbeiten. Trotzdem: In all den KLV-Dokumenten finden sich kaum negative Äußerungen über die amerikanischen, englischen oder französischen Besatzungssoldaten.

Auch für diese Zeit gilt: Nicht alle lebten hungrig und verlassen, heimatlos. In den ehemaligen KLV-Lagern in Bayern entwikkelten Kinder ungewöhnliche Initiativen. Einen dieser Fälle wollen wir etwas ausführlicher wiedergeben. Es ist ein seltenes Stück Zeitgeschichte.

Fünfzig Berliner Jungen im Alter zwischen zwölf und fünfzehn lebten mit ihrem Lehrer Hallmich in jenem Gasthof, den sie nach Verlassen des Klosters bezogen hatten. Im Sommer 1945 organisierten sie einen Blaubeerdienst. Eine Gruppe zog täglich in den Wald, sammelte Beeren und bereitete sie für den nächsten Morgen vor. Eine andere Gruppe zog mit der Ernte des Vortages auf Milchwagen oder Armeelastern nach Altdorf oder Nürnberg, stellte sich an einer der zerbombten Straßen auf und verkaufte die Früchte des Waldes. Der Lehrer: „Die Blaubeeren gab es im Wald in Hülle und Fülle. Unsere Wirtschafterin Lisl mußte den Kaffee statt um sieben Uhr jetzt schon um drei Uhr in der Früh ausgeben. Um vier Uhr waren die meisten schon im Wald. Einmal pflückten sie einen Spitzenrekord: fünf Zentner und zehn Pfund. Was macht man aber mit solchen Mengen? Alle Flaschen und Töpfe der Speisekammer waren rasch gefüllt mit Blaubeermarmelade, die wir den ganzen Winter über genossen. Wir kamen auf die Idee, die Beeren in der Stadt zu verkaufen. Wir boten dem Milchmann an, auf seiner Fahrt die Kannen jeweils auf- und abzuladen. Dafür durften wir unsere Blaubeeren transportieren. In den ersten Tagen flossen 300 Mark in unsere Lagerkasse, am Ende der Blaubeersaison waren es 3000 Mark. Was tun? Die Geldentwertung nahm bestürzend schnell zu. In Ammelhofen, einer kleinen Schäferei, kauften wir Hammel, bei einem Bauern zwei Läuferschweine."

Die Gruppe pachtete bei einem Bauern eine Reihe Obstbäume an der Landstraße und fand wenig später einen neuen Erwerb: „Die Blaubeeren waren fast schon vergessen, da entdeckte die Obersekundaklasse auf einem Spaziergang Steinpilze. Am nächsten Morgen zogen wir gemeinsam in den Wald. In zugebundenen Jacken und Hemden, Pullovern und Hosen schleppten wir die Ernte ins Tal; am nächsten Morgen nahmen wir Handkarren und Behälter mit. Wieder organisierten wir den Verkauf in der Stadt, unser Schweinestall vergrößerte sich um zwei Tiere."

Eines Tages tauchte ein Junge mit einem Knotenstock auf der Dorfstraße auf – ein ehemaliger Schüler des Lagers, der kurz vor Kriegsende eingezogen worden war und an der Westfront gekämpft hatte. Bei einem Förster fragten die Schüler, ob sie sich Holz für den Winter sammeln durften. Der Lehrer: „Beim Eintritt in das Haus erlitt die Försterfrau einen Weinkrampf und war nur schwer zu beruhigen. Sie hatte in unserem Horst Kloss ihren gefallenen Sohn wiederzuerkennen geglaubt, der, wie wir uns nachher auf Fotos überzeugten, eine verblüffende Ähnlichkeit mit Horst hatte." Horst Kloss starb ein Jahr später in einem russischen Internierungslager.

Der KLV-Gruppe wurde durch die Amerikaner ein neues, ein

festes Haus zugewiesen. Die Jungen brauchten nicht mehr in Scheunen zu leben, hatten jetzt trockene Zimmer, eine richtige Küche. In das Haus zogen auch eine Mutter und ihre Tochter aus Nürnberg. Der Lehrer: „Wie sie richtig hießen, wurde uns nie bekannt, aber man nannte solche ‚Damen' in jener Zeit ‚Veronikas'. Nun waren die Besuche der Soldaten kein geeigneter Anschauungsunterricht für unsere Kinder. Die aufgedunsenen Damen waren öfter betrunken als nüchtern, die Soldaten aber, aufgeputscht von ihren Veronikas, nannten unsere Jungens und mich Nazischweine und wurden handgreiflich."

Im Winter nähten die Kinder aus alten Decken Mäntel, und es kamen die ersten Briefe aus Berlin. Weihnachten feierten sie zusammen: Sie hatten einen Christbaum, Teller mit Äpfeln und Pfefferkuchen, einen großen Braten, Batterien von Flaschen Apfelsaft, Blaubeeren und Apfelmus als Kompott. „Ohne unsere gemeinsame Arbeit im Sommer wären wir vor leeren Tellern gesessen. Silvester aßen wir Pfannkuchen, ein Schwein wurde geschlachtet."

1946 gab es wieder eine Bahnverbindung nach Berlin, die Gruppe wurde einem Zug zugeteilt. Drei Tage und Nächte dauerte die Fahrt. Die Schüler übernachteten in Wartesälen und Bahnhofsfluren. Am Bahnhof Berlin-Friedrichsstraße endete diese seltsame Robinsonade. Ein letzter Händedruck, eine schnelle Umarmung – und dann verschwanden die Kinder zwischen den Trümmern auf der Suche nach Heim und Eltern.

Und in Hamburg heftete im Spätherbst 1946 der ehemalige KLV-Beauftragte, Dr. Sahrhage, die letzten Berichte seiner Lehrer über die Zeit der Kinderlandverschickung ab, ließ die 40 schweren Aktenordner über die Zeit vom 27. September 1940 bis zum Herbst 1946 bündeln, verschnüren und in einen Keller schaffen.

Die Evakuierung von über fünf Millionen deutscher Kinder zwischen 1940 und 1946 war Vergangenheit geworden.

16

Wie sie es heute sehen

Erinnerungsfahrt nach Eisenach · Warum die nationalsozialistische Erziehung gescheitert ist · Die Lehren · „Ein Mischmasch aus Abenteuer und politischer Erziehung" · Die Kameradschaft · Die KLV-Zeit als Hilfe für das weitere Leben

An einem Herbsttag fuhr ein Omnibus aus Flensburg zur Wartburg im thüringischen Eisenach. Die Passagiere waren Männer und Frauen mittleren Alters, die, wie so viele andere westdeutsche Gruppen in den letzten Jahren auch, in der DDR die Bauwerke gesamtdeutscher Vergangenheit besichtigen wollten. Bei der Flensburger Reisegesellschaft gab es für den Besuch noch einen zusätzlichen Grund: Vor vierzig Jahren hatten sie alle in der Umgebung von Eisenach in einem KLV-Lager gelebt. Nach dem Krieg, wohlbehalten in ihre Heimat zurückgekehrt, gründeten sie einen KLV-Freundeskreis und trafen sich regelmäßig wie viele andere KLV-Gruppen in anderen Städten der Bundesrepublik. In Hamburg versammelt die KLV-Lehrerin Gertrud Künner häufig ihre ehemaligen Schülerinnen um sich. Im bayerischen Reit im Winkl bezog die KLV-Gruppe der Lehrerin Elisabeth Kußmann für ein paar Tage das gleiche Quartier, in dem sie während des Krieges evakuiert worden war. Die Gruppe stellte für die Lehrerin einen Erinnerungsband zusammen: „Unserer lieben Elisabeth Kußmann zur Erinnerung an die KLV-Zeit in den Kriegsjahren

1943 bis 1945, gewidmet von ihren damaligen Schülerinnen und Schützlingen."

In Freiburg bildete sich vor einigen Jahren eine Arbeitsgemeinschaft KLV unter Gerhard Dabel, die es sich zur Aufgabe gemacht hat, in mühsamer Kleinarbeit Dokumente aus jenen Jahren zu sammeln und ehemalige KLV-Schüler zum Aufschreiben ihrer Erinnerungen anzuregen. Herausgekommen ist dabei eine hervorragende Dokumentation: *KLV – die erweiterte Kinderlandverschickung*, erschienen im Verlag Karl Schillinger, Freiburg.

Ohne diese Initiativen und Anregungen wäre die Geschichte der Evakuierung von über fünf Millionen deutschen Kindern wahrscheinlich vergessen worden. In zehn, zwanzig Jahren gäbe es kaum noch lebende Zeugen, alte Briefe und Tagebücher wären unerkannt bei einer Entrümpelung vernichtet oder ohne das Wissen um die Zusammenhänge als Andenken oder nostalgisches Wertobjekt liegengeblieben. Ein wichtiges Stück deutscher Geschichte wäre verlöscht.

Wie reagieren heute ehemalige KLV-Kinder, wenn man sie nach diesen Jahren fern von ihrem Elternhaus fragt? Wie urteilen sie heute, vierzig Jahre danach, welche Lehren ziehen sie?

Natürlich gibt es erst einmal die Reaktion, die man heute in der Auseinandersetzung über das Dritte Reich insgesamt findet: Eine schnelle, schroffe Stellungnahme, negativ oder positiv, in fast allen Fällen aus dem Gefühl, die Zeit verzerrt oder unwahr in den vielen Berichten und Büchern wiederzufinden. Nach einem Moment des Zögerns, des Nachdenkens aber kamen bei den meisten längst vergessen geglaubte Bilder hervor. Sie begannen zu erzählen, oft erst zusammenhanglos, einzelne Episoden, dann immer dichter, geschlossener. Einige weinten und sagten, sie hätten versucht, ihren Kindern über diese Jahre zu erzählen – allerdings fast immer ohne sichtbare Reaktion. Viele, sicher die meisten, sagten, sie hätten nach dem Krieg nie mehr ausführlich über diese Jahre nachgedacht, so wie Jens Boettcher, der heute in Besançon lebt: „Ich bin jetzt fünfzig Jahre alt. Ich entdeckte erst jetzt eine verdrängte Zeit in meinem Leben, die mich dennoch tief geprägt hat."

Fragt man weiter, wie die Bilder von dem Ende des Krieges heute in ihnen nachwirken, so kommen fast ausnahmslos verblüffende Reaktionen. Plötzlich erinnern sie sich, wie sie abends im Bett vor Heimweh weinten, wie sie verstohlen für Vater oder Mutter beteten. Oder wie sie als Lehrer oder Helfer den Kindern Todesnachrichten überbringen mußten. Nicht immer verlief es so, wie man es sich allgemein vorstellt. Die ehemalige KLV-Lehrerin Gertrud Künner erinnert sich an ein Erlebnis, das sie viele Jahre nicht verkraften konnte: „Ein Vater schrieb mir 1944 aus dem Feld, daß ich seiner elfjährigen Tochter den Tod der Mutter mitteilen möge. Ich nahm das Kind auf den Schoß, sagte ihm die furchtbare Nachricht. Das Mädchen aber rutschte von meinen Knien und fragte, ob es jetzt wieder Völkerball spielen dürfe." Nicht nur Psychologen wissen, daß dies nicht die letzte Reaktion des Mädchens gewesen sein wird – die Auseinandersetzung kann Jahre später ausbrechen, in extremen Fällen auch erst jetzt, nach rund vier Jahrzehnten.

Ute Buhmann aus Oberursel schrieb, nach ihrer KLV-Zeit gefragt: „Der Anstoß, über meine Erlebnisse zu berichten, hat zu meinem Erstaunen die Erinnerung an viele Geschehnisse und Namen in mir geweckt, die mich auf den Gedanken gebracht haben, für meine Kinder könne es interessant sein zu erfahren, was ihre Mutter in entscheidenden Entwicklungsjahren beeinflußt und geformt hat."

Fast alle ehemaligen KLV-Schüler sehen auch heute noch den Sinn der Evakuierung ein: Es war Krieg und unter den Umständen war die Verschickung das beste für die Kinder. In den Feuerstürmen der Städte starben 500 000 Zivilisten. Die Zahl würde wesentlich höher liegen, wenn kein Kind evakuiert worden wäre. Die meisten Kinder haben auch sehr positive Erinnerungen: Kameradschaft, das Leben auf dem Land, die Befriedigung der Abenteuerlust, das Gefühl, wichtig genommen zu werden. Deshalb reagieren auch viele empört, wenn sie von negativen Erlebnissen hören, wenn auch über das Leid in den KLV-Lagern berichtet wird. Beide Reaktionen schließen einander aber nicht aus. Warum sollen die Kinder letztlich in ihrer KLV-Zeit nicht viel Spaß gehabt haben und trotzdem durch die Trennung von den Eltern oder durch unterdrückte Angstgefühle oder weil sie von ihrem Wesen her Einzelgänger waren, nicht auch gelitten haben – unterdrückte Gefühle, die vielleicht bis heute nachwirken? Wie auch negative Auswirkungen der Erziehung durch die Staatsorgane, das ungefilterte Einschwören auf Führer und Krieg, das direkte oder indirekte Fernhalten der Religion, die fehlende Wärme einer Familie, die abgerissenen Bindungen zu Onkel, Tante, Großmutter, Geschwister oder Nachbarn nicht auszuschließen sind. Es sind kompakte, schwere Problembündel – niemals aufgeschnürt, von nicht allen erkannt.

Selbst wenn man davon ausgeht, daß die KLV-Aktion richtig war, wäre es unsinnig, über Wohl und Unwohl der Kinder in den Lagern ein einheitliches Urteil zu fällen. Es waren schließlich über fünf Millionen Kinder und mehr als einhunderttausend Lehrer und Helfer. Es gab Richtlinien, und diese Richtlinien waren nicht in jedem Falle zum Wohle der Kinder bestimmt. Dennoch konnte keine Dienststelle, kein Verordnungsblatt einem Lehrer oder Helfer befehlen oder ihn daran hindern, sich abends an das Bett der Kinder zu setzen, sich mit ihnen zu unterhalten, sie zu trösten. Ein Teil ging so vor, der andere nicht. Manche Lehrer ließen den unablässigen Strom der staatlichen Propaganda ungefiltert in die Ohren der Kinder fließen, andere wiederum kanalisierten vieles. Selbst die Struktur der Lager war so unterschiedlich, daß Kinder innerhalb von zehn oder fünfundzwanzig Kilometern völlig andere Erlebnisse haben konnten. Manche wohnten in riesigen Gebäudekomplexen, standen unter Aufsicht einer großen Organisation, lebten in Verbänden von mehr als tausend Kindern. Andere wiederum hatten auf irgendeinem Dorf nur einen Gasthof bezogen, lebten zu zwanzig oder dreißig mit dem aus der Heimat vertrauten Lehrer zusammen und freuten sich über Landschaft, Natur und reichliches Essen. Andere wiederum lebten auf den Dörfern von Wassersuppe, aßen trocken Brot und Kohl und erinnern sich heute nur noch an einen jahrelang anhaltenden nagenden Hunger. Die Lagerküchen unterstanden einer eigens dafür engagierten Wirtschafterin. Sie bekam zwar für jedes Kind einen bestimmten Pflegesatz, mußte auch dem Lagerleiter Rechenschaft ablegen – doch auch hier war es wie in jeder Familie: Die eine vollbrachte mit dem Geld große Wunder, kochte sparsam und deshalb reichlich; die andere wiederum tat das Gegenteil.

Die meisten Lehrer zeigten unter dieser außerordentlichen Belastung ein ungewöhnlich hohes Verantwortungsbewußtsein. Aber wie in den vorhergehenden Kapiteln nachgewiesen, gab es auch einige, die ein besonders hohes Maß an Verantwortungslosigkeit zeigten: Sie ließen ihre Kinder verlausen, hungern und machten sich bei Kriegsende einfach aus dem Staub – in einer Zeit, in der die ihnen anvertrauten Schüler mehr denn je eine Bezugsperson gebraucht hätten. Wer nun ein derartiges negatives Erlebnis hatte, wird heute nicht sehr freundlich über seine KLV-Zeit sprechen. Wer eine bedeutende Persönlichkeit als Lehrer hatte, spricht heute vielleicht immer noch voller Lob über jene Jahre, empfindet sie sogar als die schönste Zeit seines Lebens.

Lehrer werden nicht dazu ausgebildet, Tag und Nacht Kinder zu betreuen, also auch die Eltern zu ersetzen. Es ist ein großer Unterschied, Klassen zwischen 8 und 12 Uhr zu unterrichten oder sich, unter den Gefahren, den Nöten und Ängsten eines Krieges, mit den Kindern auch während des Frühstücks, des Abendbrotes oder der nachmittäglichen Spielstunden auseinanderzusetzen.

Deshalb gibt es heute auch so unterschiedliche Urteile über das Verhältnis zu den Lehrern: „Unsere Lehrerin", schrieb eine Frau aus der Nähe von Bonn, „hatte einen Freund bei der SS. Sie wollte ihm imponieren und schikanierte uns deshalb wie auf dem Kasernenhof. Mehrere Mädchen hielten es nicht mehr aus und verließen heimlich das Lager."

Eine ehemalige KLV-Schülerin aus Hamburg urteilt heute so: „Erst in den späteren Jahren, lange nach der KLV-Zeit, ist mir klargeworden, welch ungeheuer große Verantwortung auf den

Lehrkräften lastete, denen wir anvertraut worden waren. Ich glaube, sie haben ihre schwere Aufgabe gut gelöst. Einige waren überzeugte Nationalsozialisten, andere verhielten sich eher neutral. Aber nie sind wir von ihnen angehalten worden, politische Äußerungen unserer Eltern, die sie den Kopf hätten kosten können, wiederzugeben, wie es uns auf Heimabenden in Hamburg nahegelegt worden war. Natürlich war die KLV-Zeit für die politische Führung eine einmalige Gelegenheit, einen unvorstellbar großen Einfluß auf die Jugend auszuüben. Religionsunterricht hatten wir keinen, zur Kirche gingen wir nie. Zweifel hatten wir keine, sie wurden in uns auch nicht gefördert."

Entsprechend vielschichtig sehen die ehemaligen KLV-Angehörigen auch insgesamt die Evakuierung jener Jahre. Hier einige Stimmen vierzig Jahre danach:

„Mein Vater fiel gleich zu Beginn des Krieges, meine Mutter mußte arbeiten. Ich war in der KLV am besten aufgehoben."

„Ich kann nur Positives berichten. Ich habe in der KLV viel erlebt."

„Die Kameradschaft in den Lagern hat mir gut gefallen, aber durch die nationalsozialistische Erziehung wurden wir verdorben."

„Die Erziehung zur Härte hat mir im weiteren Lebensweg sehr geholfen."

„Unsere Lehrer waren nett, aber der Lagermannschaftsführer der Hitler-Jugend tyrannisierte uns. Deshalb reagiere ich noch heute allergisch auf jeden Befehlston."

„Wer sich in einem Brief an seine Eltern beschwerte, mußte beim Morgenappell vortreten und sich vor allen Kameraden rechtfertigen. Bald waren wir alle eingeschüchtert; ich wagte noch viele Jahre nach dem Krieg nicht, mal eine eigene Meinung zu vertreten."

„Sollte je eine ähnliche Situation entstehen, ich würde meine Kinder nicht weggeben. Das ist meine Lehre aus den KLV-Jahren."

„Noch heute sehne ich mich manchmal nach jenen unbeschwerten Tagen."

Der Diplom-Kaufmann Herbert Henk urteilt heute: „Die Kinderlandverschleppung, so nannten wir sie damals schon, war ein Mischmasch aus Abenteuer, politischer Schulung, Liedern – aber auch aus Kameradschaft. Das KLV-Lager Nußknackerbaude war kein Erholungsheim. Wir froren in ungeheizten Räumen, schliefen auf Seegrasmatratzen in Doppeldeckerbetten und schimpften auf das schlechte Essen. Anläßlich eines Zusammentreffens unserer Klasse zum 30. Abiturtag im vergangenen Jahr formulierte einer der Ehemaligen: ‚Wir zogen als Kinder aus und kamen als Erwachsene zurück'."

Ingrid Böger aus Hamburg sieht in der Erinnerung ihre Evakuierungszeit in der Sächsischen Schweiz so: „Ich habe nach 43 Jahren eine so stark ausgeprägte Erinnerung, und käme ich heute in meinen damaligen KLV-Ort Mittweida, so wäre ich imstande, meine Schritte wissend an die schönen Stätten meiner Kindheitserinnerungen lenken zu können. Die Kinderlandverschickung war sicher für viele Großstadtkinder, die nie etwas anderes als ihr Stadtviertel gesehen hatten, ein schönes Erlebnis."

Mädi Hedley aus Surrey in England schreibt: „Bezeichnend für unser geistiges Umfeld sind unter anderem die Briefe an die Eltern, die wir regelmäßig zweimal in der Woche zu schreiben hatten und die zensiert wurden."

Ingeborg Nusser-Kugelberg kam als junge Lehrerin in ein KLV-Lager: „Das letzte Lager, das ich übernahm, stellte die größte Anforderung. Es war ein primitives Haus, einsam an der Autobahn Berlin–Nürnberg gelegen. Zunächst lebten dort 30 Mädchen, dann kamen noch 60 Jungen hinzu, die aus ihrem Lager herausgeflogen waren. Da wir nicht wußten, ob Russen oder Amerikaner zuerst erscheinen würden, hatten wir uns für alle Fälle Unterstände im Wald gegraben. Am 15. April erschienen glücklicherweise die Amerikaner zuerst. Sie machten uns keine Schwierigkeiten, wohl aber der gerade aus dem KZ entkommene Landrat sowie der Pfarrer des nächsten Dorfes, die uns alle für Supernazis hielten."

Der ehemalige KLV-Schüler Gustav Schreiber wiederum fällt sein Urteil unter einem anderen Aspekt: „Die KLV-Zeit hat mich bis heute geprägt. Gefragt, ob ich es als einen Gewinn oder Verlust betrachte, antworte ich, es war ein Gewinn. Die Lebenserwartungen wurden von einem tiefen Niveau materieller Segnungen aus getroffen, der Reifeprozeß des Charakters aber in einer Art ‚Schnellverfahren' vorgezogen. Beides trug dazu bei, nach 1945 eher zufrieden zu sein mit dem Erreichten. Das sage ich trotz aller Kritik an den Zeitumständen."

Weit verbreitet ist die Vorstellung, durch die KLV-Zeit und das abrupte Erwachsenwerden in der Endphase des Krieges sei man besser gerüstet gewesen für die Wiederaufbauphase, für die ersten Jahre der Entbehrung. Und: Man sei auch zufriedener und glücklicher gewesen bei einfachen materiellen Erfolgen.

Selbst wenn sich im Laufe der Jahrzehnte das eine oder andere verklärt haben sollte oder manches heute unter dem Gefühl des materiellen Überdrusses anders in der Erinnerung wirkt, sind fast alle Zeugnisse ernstzunehmen. Auch bei gezielten Fragen kann heute in der Antwort nicht die wirkliche Empfindung von damals wiedergegeben werden. Zu vieles hat sich verschoben, neue Eindrücke, neue Perspektiven leuchten Szenen und Erinnerungen anders aus. Hinzu kommt, daß Menschen dazu neigen, bei bestimmten Fragen so zu antworten, wie es ein vermeintlicher Sittenkodex erfordert. Also Tod gleich Trauer, Wanderung gleich Freude, Trennung gleich Schmerz. Kinder (auch Erwachsene) reagieren aber manchmal ganz anders.

Eine Frau aus der Umgebung von Bonn durchbrach diese Hemmschwelle und kam zu folgendem Urteil: „Ich erinnere mich an die Mitteilung über den Tod eines Nachbarn und einer Tante. Ich war erschrocken, weinte einige Tränen, trauerte aber nicht. Betroffener war ich, als ich hörte, der alte Glaser Löhr sei unter den Trümmern seines Hauses umgekommen. Er hatte das ganze Fenster voller Hitlerbilder mit Kindern, mit Schäferhund." Diese Frau bekam damals auch die Nachricht über die Verwundung ihres Vaters. Sie war zwölf Jahre alt. „Ganz klar in meinem Gedächtnis ist der Tag, an dem ich die Nachricht erhielt, daß mein Vater bei einem Bombenangriff schwer verletzt worden war. Es war im Frühjahr 1944. Wir schrieben eine Mathe-Arbeit. Ich hatte keine Ahnung, wieviel Grad, wieviel Minuten welcher Ort von welchem entfernt war. Zu Hause erwartete man Zweier von mir; aber das würde klar eine Fünf werden. Da klopfte es. Ich wurde herausgebeten. Ein Telegramm ‚Vati schwer verletzt. Lungenriß, Rippenbrüche'. Unsere liebe Frau Strecker! Sie war voller Mitgefühl. Selbstverständlich brauchte ich die Arbeit nicht weiterzuschreiben. Meine Erleichterung darüber war unendlich größer als die Sorge um meinen Vater. Ich war ihm geradezu dankbar, daß er sich hatte verwunden lassen. Später bekam ich dann doch Angst. Wenn wir im Wald Blaubeeren und Erdbeeren sammelten, gingen mir immer die Sprüche im Kopf herum: ‚Rot und Blau schmückt die Frau!' –, ‚Blau und Rot bringt den Tod!' Und mit dem Tod wollte ich ja nur nichts zu tun haben. Also mußten erst rote Erdbeeren in den Becher. Wenn jetzt aber der Spruch meinte: ‚Hauptsächlich Blau und weniger Rot bringt den Tod!', dann durfte ich auf keinen Fall zu viele Blaubeeren sammeln. Es war etwas verwirrend. Wir Kinder verkrafteten die Trennung von der Familie gut. Ich habe mich im Bekanntenkreis umgehört und kenne niemand, der stark unter der Trennung gelitten hätte."

Was stimmt, was stimmt nicht aus jenen Tagen? Die Antwort ist unbefriedigend, aber die einzig mögliche: Alle Reaktionen, alle Erinnerungen kommen der Wahrheit nahe. So würde sich die Evakuierung zwischen 1940 und 1946 in fünf Millionen Einzelschicksale auflösen, wenn es nicht ein anderes, übergreifendes Resümee gebe. Und zwar die Frage: Wie erfolgreich waren Hitler und Baldur von Schirach mit ihrem Erziehungsprogramm, mit ihrer Manipulation der Jugend im Dritten Reich und in den Lagern der KLV? Das angestrebte Ziel ist allgemein bekannt und in fast jeder Diktatur das gleiche: Die Kinder sollten zum willfährigen Werkzeug der neuen Machthaber erzogen werden. Regulative Einflüsse wie Elternhaus, Nachbarn, Verwandte oder die Kirche sollten ausgeschaltet oder zumindest eingeschränkt werden. Im Dritten Reich gehörte auch die Lehrerschaft, obwohl nicht selten nationalsozialistisch gesinnt, zu den regulativen Institutionen.

Hitler und vor allem sein Jugendführer, Baldur von Schirach, verfolgten ihren Weg konsequent, wie in den einzelnen Kapiteln deutlich wurde: Die Jugend solle sich selbst erziehen, hieß es in der nationalsozialistischen Propaganda. In Wahrheit hieß das nichts anderes als: Die Jugend soll nicht mehr auf Kirche, Elternhaus oder Lehrer hören. Staatsjugendtag, Zeltlager und HJ-Veranstaltungen dienten diesem Ziel und trugen vielfach Früchte – nicht selten denunzierten Kinder ihre regimekritischen Eltern, tyrannisierten HJ-Gruppen Lehrer oder Geistliche. Jugendliche erhielten hohe Posten und besaßen für ihr Alter relativ viel Macht und Einfluß. Dadurch entstand bei vielen Kindern der Eindruck, man könne auch ohne Schule, ohne die zur Vorsicht mahnenden Ratschläge der Eltern, Lehrer oder Geistlichen im Nationalsozialismus etwas werden; man müsse nur ein ganzer Kerl sein. Zumindest auf einem Gebiet hatte diese Erziehungsmethode auf tragische Weise Erfolg, und dieser Erfolg war von den nationalsozialistischen Führern gewünscht, auf ihn hatten sie hingearbeitet. Hitler-Jungen kämpften ab 1943 im Westen und später an der Oder, in Breslau oder an der Pichelsdorfer Brücke in Berlin. Viele von ihnen kämpften fanatisch – und starben. Am 17. April 1945 meldete der fränkische Gauleiter Holz nach München an die Parteikanzlei: „Die Hitler-Jungen sind vom besten Geist beseelt. Der Gau Franken hat innerhalb von sechs Wochen ein Regiment Panzervernichtungstrupps der HJ aufgestellt. Sie haben sich an verschiedenen Fronten bisher hervorragend geschlagen. Es ist aber sehr schade um dieses junge und kostbare Blut, wenn es in solchen Kämpfen dahinfließt. Ein Bataillon ist bereits nahezu aufgerieben."

Wie hatte doch Baldur von Schirach in den dreißiger Jahren auf den Tod mehrerer Hitler-Jungen in Straßenkämpfen reagiert? „Je mehr sterben für eine Bewegung, um so unsterblicher wird sie."

Nach dem Leitsatz, daß sich die Jugend selber erziehe, waren auch die KLV-Lager konzipiert. Zwar war der Lehrer Lagerleiter, aber vom vorgesehenen Konzept her sollte er hauptsächlich für den Unterricht zuständig sein. Der Nachmittag, der Abend, die politischen Veranstaltungen und Schulungen dagegen sollten vom Lagermannschaftsführer, also dem Vertreter der Hitler-Jugend, organisiert werden. Daß dieses Konzept anfangs von der Hitler-Jugend aggressiv verfochten, später aber in fast allen Fällen fallengelassen wurde, lag nicht an der besseren Einsicht Baldur von Schirachs, vielmehr hatte der Krieg einen Teil der Funktionäre an der Front verschlissen, und die restlichen HJ-Funktionäre erwiesen sich in vielen Fällen als unfähig, oder aber sie ordneten sich der Autorität der Lehrer unter. Je höher der Blutzoll des Krieges wurde, desto jüngere und unerfahrenere Lagermannschaftsführer kamen in die Lager. Die meisten waren selbst noch Kinder und wußten vom Nationalsozialismus nicht mehr als die ihnen anvertrauten KLV-Schüler. Waren sie verantwortungsbewußt, so hatten sie oft genug Angst, daß keinem der Kinder etwas beim Baden in der Ostsee oder bei Wanderungen im Gebirge passierte. Andere wiederum kümmerten sich herzlich wenig um die Kinder, überließen auch die Freizeitgestaltung den Lehrern. Im Laufe der KLV-Zeit konnten die Lehrer auch mehr und mehr mißliebige Lagermannschaftsführer absetzen oder zurückberufen lassen. Die meisten ihrer Beschwerden und Eingaben wurden von den KLV-Zentralen befürwortet, und die HJ mußte ihnen stattgeben.

Baldur von Schirachs Jugendkonzept war also in den KLV-Lagern gescheitert, wenn auch die Erziehung im nationalsozialistischen Sinne mehr als genug vorhanden war. Schirachs Jugendpolitik hatte aber im Grunde schon früher Schiffbruch erlitten. Die Mehrzahl der älteren Bundesbürger glaubt heute noch, in der Zeit des Dritten Reiches sei die Jugend fleißiger, ordentlicher und idealistischer erzogen worden. Stimmt das wirklich? Erst einmal: Hitler regierte in Deutschland nur zwölf Jahre, sechs davon waren Kriegsjahre. Läßt sich für einen so kurzen Zeitraum wirklich ein sinnvolles Urteil bilden? Wieviel von dem, was man heute als positiv aus jenen Jahren empfindet, stammte in Wirklichkeit aus der Zeit von vor 1933? Schließlich waren Eltern und fast alle Lehrer, die im Dritten Reich mit den Kindern zu tun hatten, vor 1933 herangewachsen oder ausgebildet worden.

Eines der am häufigsten genannten Argumente behauptet, daß in jenen Jahren die Kinder nicht kriminell geworden seien und auch noch nicht den Gefahren ausgesetzt gewesen wären, mit denen Kinder heute konfrontiert sind. Aber auch an dieser Vorstellung sind starke Zweifel erlaubt. Wie in einem der Kapitel dargestellt, nahm die Kriminalität unter Jugendlichen seit 1938 stark zu. Vor allem in den ersten Kriegsjahren gab es in den Städten viele Kinder, die herumlungerten, randalierten und stahlen. Bis 1945 wurde aus fast allen Gebieten von Polizei und Staatsanwaltschaft gemeldet, daß sich jugendliche Banden gebildet hätten. Diese Banden waren nach unseren heutigen Begriffen sicherlich harmlos, aber es gab sie. Die nationalsozialistische Führung gab diese Niederlage in ihrer Jugendarbeit zu und rückte während des Krieges von der Forderung ab, die Jugend müsse sich selbst erziehen. Nur sechs Jahre nach ihrem Beginn war die Jugendpolitik des Dritten Reiches bereits zusammengebrochen.

Die Jugend wurde zwar mit Idealen gefüttert, von vielen Erziehern sicherlich auch ehrlichen Herzens. Doch die typisch nationalsozialistischen Erfolge waren eben keine idealistischen Ergebnisse: verrohte HJ-Horden, die ihre Umgebung tyrannisierten, fanatische Kinder-Soldaten, Diebstahl und Bandenbildung in den Städten.

Viele Jugendliche aus jener Zeit wird diese Feststellung heute empören, sie haben es anders in Erinnerung. Das stimmt. Aber das meiste, was sie in den Lagern, während der Gemeinschaftsveranstaltungen oder in der KLV an Positivem erlebt haben, ist nicht zuletzt darauf zurückzuführen, daß humanistische Grundströmungen, christliche Wertvorstellungen oder einfach der Einfluß der Eltern stark geblieben waren – auch der Einfluß von nationalsozialistisch gesinnten Lehrern und Eltern, die sich bewußt oder auf Grund ihrer Vergangenheit auch unbewußt nicht mit den radikalen Plänen Baldur von Schirachs anfreunden konnten. Dies wurde nirgendwo deutlicher als bei den Auseinandersetzungen in den KLV-Lagern zwischen den Lehrern und der Hitler-Jugend. Anfangs war es zu für die Lehrer entwürdigenden Szenen gekommen – auch für Parteimitglieder unter den Lehrern. Gebietsleiter der HJ gaben ihnen den Befehl, sich außerhalb der Unterrichtsstunden nicht um die Kinder zu kümmern. Häufig wurde ihnen sogar eine Unterkunft im Lager verweigert, so daß sie in manchen Fällen kilometerweit vom Lager entfernt wohnen mußten. Vor allem in Berlin, Hamburg und im Ruhrgebiet entstand daraufhin erhebliche Unruhe unter den Lehrern, viele von ihnen zogen ihre freiwillige Meldung zur KLV wieder zurück. Damit lösten sie eine noch stärkere Unruhe unter Eltern aus, die ihre Kinder in den meisten Fällen nur dem ihnen schon bekannten Lehrer anvertrauen wollten. Auch viele Parteimitglieder beschwerten sich, als es um das Schicksal der eigenen Kinder ging, über den Machtanspruch der HJ.

Zieht man über die fünf Jahre KLV Bilanz, so ist das Urteil eindeutig: Die Hitlerjugend verlor diese Auseinandersetzung. In fast allen Lagern setzten sich die Lehrer durch. Die meisten Lehrer aber waren, wie berichtet, älter; viele hatte man aus der Pensionierung zurückgeholt. Mochten sie Nationalsozialisten sein oder nicht, auf jeden Fall hatten sie ein Alter erreicht, in dem man sich nicht mehr so leicht fanatischen Tagträumen hingibt. Sie standen, wie Ralf Dahrendorf heute feststellt, bereits etwas über den Dingen, hatten schon einmal einen Krieg miterlebt und wußten nicht selten um die Vergänglichkeit aller Parolen.

Dies sei heute ohne Einschränkung gesagt: Hätten sich die Nationalsozialisten mit ihren Konzepten in den KLV-Lagern völlig durchgesetzt, wäre ein Chaos ausgebrochen, wären Millionen von Eltern noch aufgebrachter gewesen, als sie es ohnehin schon waren. Dann wäre auch das Urteil der ehemaligen KLV-Schüler heute nicht differenziert und ausgewogen, sondern einhellig – in der Ablehnung.